自閉症のある子どもの関係発達

「育てる―育てられる」という枠組みでの自己感の形成

山崎徳子

|著|

ミネルヴァ書房

まえがき

　本書は，自閉症のある子どもの自己感の形成過程を，障碍児学童保育Ｐにおけるいくつかの実践事例を手がかりにして解明しようとしたものです。こういうと，いかにも難解な印象を持たれるかもしれませんが，すべて私が障碍児学童保育Ｐで出会った出来事と，そこに集っているお母さんたちとの対話がもとになっています。自閉症のある子どもが養育者や周囲他者との関係を生き，どのように育っていったかを記しました。そして，どの子どももその固有の生が肯定され，障碍のある人とそうでない人が「共に生きる」ということについて，私なりの一つの答えを示したいと思っています。

　第１章，第２章で，自閉症研究をめぐる問題を明らかにし，目的に到達するための理論的足場を築きました。
　自閉症については，これまで数多くの研究がなされ，知見が積みあげられてきましたが，そのほとんどは今ある子どもの「症状」について，その原因や成り立ちを究明し，その軽減を目指すものであり，子どもにかかわる者―とくに親をはじめとする養育者や保育者―の主観的な体験はいまだ十分に明らかにされていません。また，そこにおける子どもは，あたかも「症状」や「（不完全な）機能」の「束（寄せ集め）」であるかのように描かれており，一人の人間として，他者とさまざまな形でコミュニケーションをしながら営んでいるはずのその子の「生活」や，その積み重ねによって生み出されていく「心の育ち」が見えてこないという問題もあります。
　自閉症児の養育者は，先行研究が暗に前提しているようなたんなる「共同療育者」ではなく，わが子の幸せを願うと同時に，自分自身もまた固有の願いや苦悩を抱える一個の主体です。子どもの「心の育ち」は，そうした「育てる者」のひきこもごもの思いと切っても切り離せない関係にあるのです。

そこで本書では，スターン（Stern, D. N.）の提起した「自己感」という概念を，「自己」（および他者）にかかわる子どもの諸々の主観的体験と，「育てる者」に立ち現れるその都度の子どもの印象を説明するための鍵概念として位置づけました。自閉症のある子どもを療育対象と見る前に，「育てる―育てられる」という枠組みの中で固有の自己感を育んでいく存在ととらえ，その自己感の形成過程を明らかにすることにより，自閉症研究に他者との関係性から子どもをとらえるという視点を導入するための，理論的足場が得られると考えたのです。

　この問題にアプローチするために，まず，自閉症児の自己感の形成過程を，育てる者の実感に沿った形で扱うための理論的枠組みを準備しました。すなわち，自閉症児の自己感の形成について手掛かりを与えてくれそうないくつかの先行研究を概観し，スターンやワロン（Wallon, H.），村上靖彦や鯨岡峻などの理論と，私自身の養育経験を織り合わせながら，「育てる者」の実感に即した形で仮説的に一般的な子どもと自閉症のある子どもの自己感の形成過程を描出しました。その中で，自閉症児の場合には，一般的な子どもとは違ったプロセスが進行する可能性が浮かび上がってきました。

　第3章の方法論では，7年間にわたる障碍児学童保育Pでの「関与・観察」から，その観察の方法論を精緻化し，「関与・観察」に必要な方法的態度について検討しました。私が以前別の観察現場で感じた「おじゃまする感」や，障碍児学童保育Pで体験した「観られる経験」など，観察に伴われる違和感を詳細に分析し，「実践者」と「観察者」のあいだの溝が何によって生み出されるかを明らかにしました。ここで考えたことは，障碍を持つ子どもやその家族が世の中からどのようにまなざされているのかという，日頃の私の関心とも深くつながっています。

　第4章から第6章が具体的な事例です。ここまでの理論的整備を踏まえて，数年間をかけて得られた3人の子どもの障碍児学童保育Pにおける多数のエピ

ソードと，その母親へのインタビューを分析し，自閉症の子どもの個性的な自己感の形成過程を描き出しました。

　第4章の研究協力者は学童期の女児と，その母親です。桃は乳児期，養育者との間主観的な通じ合いが乏しいような子どもであったため，母親の薫さんは，構造化のプログラムを生活の中に取り入れていました。桃のPでのひと夏の間の変化を目の当たりにし，桃を動かしているものや，薫さんの心情について考察しました。

　第5章では思春期にある男児まさきが，「友だち」と呼んで同世代の子どもとかかわろうとするまでを，「私は私」と「私は私たち」という自己意識の観点から考察し，彼の周囲の人々のかかわりの意味を問いました。

　そして，第6章で，「軽度」と呼ばれる子どもの自己肯定感の形成について考察しました。きりたは，いわゆる「軽度発達障碍」の部類に入る，やはり自己感の成立に固有の困難を持っている子どもです。母親の恵さんには，きりたと繋がっている感じが常にある。きりたのふるまいへの感じ方が私と恵さんでは ちがっていることは，そのことに起因していると思われました。Pでの3年間の活動の中で，ゆっくりと他者を思いやる心を育んでいったあり様を描きました。

　第7章で，事例などから得られた理論的帰結—自閉症のある子どもの関係発達の様相—をまとめ，終章で，全体の総括として自閉症のある子どもへのまなざしについて考察しました。

　はなはだ手前味噌ですが，第3章から第6章の事例は読み物としておもしろいと思います。どうぞ，子どもたちの姿を思い浮かべ，また，お母さんたちの思いを感じながらお読みください。

目　次

まえがき

第1章　自閉症のとらえ方とアプローチ——その変遷と問題……1
1　自閉症——その成因論の変遷……1
（1）カナーの報告から，1990年代までの動向……1
（2）「脳科学」と自閉症……2
（3）多様性，個人差への着目……3
2　ある自閉症のある子どもと母親について——私の体験……3
3　自閉症を個でとらえることと関係からとらえること……5
4　日本における療育論
　　　　——その背景にある子どものとらえ方や他者の位置づけを中心に……8
（1）心理療法的アプローチ……9
（2）応用行動分析学を背景とした行動療法……11
（3）認知発達の視点から……13
（4）まとめ……17

第2章　「育てる—育てられる」という枠組みが持つ意味
　　　　——本書の問題意識……21
1　はじめに……21
2　子どもの自己感が育つ過程に「他者」はどういう意味を持つのか……22
（1）子どもは社会的・関係的な存在である……22
（2）乳児期の自己感……24
（3）「私」という意識はどのように形成されるのか……27
（4）「私」という意識の2つの面……30

（5）　家族から友だちの世界へ……32
　（6）　なりたい自己への志向性……33
　（7）　幼児期以降の間主観的関係——それゆえの危うさ……34
3　自閉症のある子どもの自己感の発達………………………………………35
　（1）　自閉症のある子どもが生きている経験の構造を
　　　　その「内側」から明らかにしようとすること……35
　（2）　間主観性がはたらきにくい状態からの出発……37
　（3）　対人関係を基盤とせずに行為主体である「私」を生みだす……39
　（4）　安心感のある構造を作り出そうとする……40
　（5）　他者に気づく……41
　（6）　親密な他者への愛着……41
　（7）　表象化された次元の獲得……41
　（8）　その後の感情の理解と対人関係……42
4　自閉症のある子どもを持つ養育者の従来の位置づけを見直す………45
　（1）　共同療育者としての養育者……45
　（2）　支援される者としての養育者……47
　（3）　「育てる者」としての適切なふるまいを求められる
　　　　——共同主観性の問題……48
5　日常を生きる自閉症のある子どもと「育てる者」の姿を
　　描くことの必要性……………………………………………………………51
　（1）　自閉症の「早期発見・早期支援」に振り回される現場で……51
　（2）　子どもの日常性，生活……53
6　Pの母親たちとの出会い…………………………………………………54
　（1）　障碍児学童保育Pという場……54
　（2）　Pの母親たち……55
7　本書の目的………………………………………………………………57

第3章　実践の場における関与・観察
——私の目指す方法的態度 …… 59

1. 関与しながらの観察の体験 …… 59
   - （1） 「おじゃまする」感 …… 59
   - （2） 参与の仕方と深さ …… 60
   - （3） もう一つの不安
     ——「私」がわかったとしていることの了解可能性 …… 62
   - （4） 研究協力者と見ていることを共有し，「共同する」こと …… 63
   - （5） 私が「観ること」はいかに可能になるのか …… 64
2. 「観られる者」になる体験 …… 65
   - （1） 事例：「トシの混乱」に人々は何を見たか …… 66
   - （2） 「観られる者」たちはいかなる体験をしたか …… 78
3. 総合考察 …… 95
   - （1） 私たち「観られる者」に届いたもの，届かなかったもの …… 95
   - （2） ゆかさん，ひろみさん，純さん　3人の「見ていたもの」…… 96
   - （3） 私の目指す方法的態度 …… 97

第4章　事例：構造化のプログラムを越えて
——学童期（桃・薫さん）…… 101

1. はじめに …… 101
2. 事　例 …… 102
   - （1） 研究協力者 …… 102
   - （2） エピソードと対話 …… 103
3. 総合考察 …… 126
   - （1） 桃，薫さん，私　三者の関係性の変容 …… 126
   - （2） 母親の「思い」…… 128
   - （3） 桃の自己感と表象の発達 …… 129
   - （4） 自閉症児への向かい方，まなざしについて …… 130

第5章　事例：「私は私たち」という意識はいかに育つか
　　　　　──思春期（まさき・純さん）………………… 133
　1　はじめに …………………………………………………………… 133
　2　事　例 ……………………………………………………………… 134
　　（1）研究協力者 ……… 134
　　（2）純さんとの対話──乳幼児期を中心に ……… 134
　　（3）まさきの乳幼児期の関係発達 ……… 142
　　（4）エピソード──2007年のPの事例を中心に ……… 143
　3　総合考察 …………………………………………………………… 170
　　（1）Pでのまさき（2007年まで）……… 170
　　（2）まさきの関係発達 ……… 170

第6章　事例：自己肯定感の形成
　　　　　──「軽度」と呼ばれる子ども（きりた・恵さん）……… 173
　1　はじめに …………………………………………………………… 173
　2　事　例 ……………………………………………………………… 175
　　（1）研究協力者 ……… 175
　　（2）小学校1年生（2009年）時のエピソード ……… 176
　　（3）小学校2年生（2010年）時のエピソード ……… 184
　　（4）小学校3年生（2011年）時のエピソード ……… 191
　　（5）恵さんとの対話 ……… 202
　3　総合考察 …………………………………………………………… 214
　　（1）恵さんにとってのきりた，私にとってのきりた ……… 214
　　（2）きりたの自己感 ……… 216
　　（3）きりたにとってのPという場の意味 ……… 217

第7章　自閉症のある子どもの関係発達の様相
　　　　——自己感をめぐって…………………………………………… 219
1　自閉症のある子どもの自己感の形成 ………………………………… 219
　（1）間主観性がはたらきにくい乳児期……219
　（2）「自らなす」自己感
　　　　——養育者との間主観的な関係を主軸としない自己感……220
　（3）子どもに世界の安定をもたらすための養育者のそれぞれの努力……221
　（4）「行為の主体としての」自己感から「手応えのある」自己感へ
　　　　——「共にある」体験の意義……222
　（5）表象された次元の獲得から「私」というものについての意識へ……225
　（6）その後の感情の理解と対人関係
　　　　——自分を直視することから生まれるゆずれる部分……227
2　自己感の発達を支えるために …………………………………………… 230
　（1）自閉症のある子どもの自己感の発達……230
　（2）子どもが独力で生み出さねばならない初期の安心感……231
　（3）かけがえのない存在として認められる体験の重要性……232

終　章　子どもの固有の生を肯定する ………………………………… 235
1　自閉症のある子どもを育てる ………………………………………… 235
　（1）方法論から切り開かれてきたもの……235
　（2）3つの事例から切り開かれてきたもの……236
2　自閉症のある子どもへのまなざし …………………………………… 240
　（1）人と人とが出会うこと……240
　（2）子どものペースを守る……241
　（3）療育論の対立を超えて……243
　（4）あらかじめの固定された枠組みから離れる……244
　（5）自閉症のある子どもとして見ることと，
　　　　年齢相応の生活を重ねてきている子どもとして見ること……244

（6）　自閉症のある子どもと「共に生きる」社会を遠くに見据えて……245
　3　今後の展望と課題……………………………………………………246

あとがき
引用・参考文献

第1章

自閉症のとらえ方とアプローチ
――その変遷と問題――

1　自閉症――その成因論の変遷

(1) カナーの報告から，1990年代までの動向

　現在，自閉性障碍およびアスペルガー症候群を含む広汎性発達障碍は，①対人的相互反応における質的な障碍，②意志伝達の質的な障碍，③行動，興味および活動の限定された，反復的で常同的な様式，の3つの行動的症状によって定義される症候群（WHO, 2003/2005）であるとされている[1]。

　自閉症は，カナーの報告（Kanner, 1943/2001）から20年間ほど，親の養育態度を含めた環境による心因的なもの―防衛機制としての自閉症状―と考えられていたが，1960年代末期～1970年代になり，言語・認知障碍説（Rutter, 1971/1978）など，認知理論に基づく脳障碍が一次的であるという説に大きく転換した。

　1980年代以降，乳児精神医学への関心の高まりと共に，脳に何らかの脆弱さ

---

[1] 2013年に改定のあったDSM-5（Diagnostic and Statistical Manual of Mental Disorders-5）では下位分類が廃止され，広汎性発達障碍を自閉症スペクトラムとする変更があった。また診断基準も①社会的コミュニケーションおよび相互関係における持続的障碍②限定された反復する様式の行動，興味，活動の2領域にまとめられた（American Psychiatric Association, 2013/2014）。本書で検討した事例はいずれも改定前のものであるため，従来の文科省の教育定義を採り，このように定義した。

があることは事実としても，その症状の形成には環境的な要因，とくに親子の関係相互作用も関与しうるという考えも提出された。また，コミュニケーション障碍が軽微で，言語・認知機能には問題が少なく，知的障碍を伴わないタイプへの注目から，情動や対人関係の障碍への関心が高まり，言語・認知障碍が一次的であるとする見解に批判的な研究が増え，別の認知障碍説が活発に議論されるようになってきた。脳の認知モジュールの障碍によって自閉症者の「心の理論」が障碍を受けたとする心の理論障碍説（Baron-Cohen, 1995/1997），共感的なやりとりが育ちにくいことに関して，他者との情動的なやりとりを形成する生得的素地に問題があるとする感情認知障碍説（Hobson, 1993/2000），将来の目標のために適切な問題解決を行う精神的な構えを維持する能力に障碍があるとする実行機能障碍説（Pennington & Ozonoff, 1996/1998）である。また，1990年代には自閉症者自身の自伝・伝記があいついで発表され（たとえば Williams, 1992/1993），その特異な体験世界が認識されるようになった。

（2）「脳科学」と自閉症

　一方，1990年代からは脳神経科学の研究が急速に進歩し，脳のしくみという視点から自閉症の障碍を明らかにする知見が集積されてきている。「脳科学」と呼ばれているものは，ほぼ，脳機能解析装置の発展による脳機能イメージングによる研究である。個々の症状に対する脳内の神経細胞の電気的活動を調べることによって，たとえば，顔認知の困難は側頭葉下部の紡錘回，「心の理論」獲得の遅れは前頭葉，といったように，脳の責任部位が明らかになってきた（榊原，2007）。しかしこれは，行動や言語の一つ前の原因を脳内の神経細胞の活動に帰属させ，その因果の上流に脳活動を想定しているに過ぎない。榊原は自閉症児が人の顔のつくりに興味がなかったことで，紡錘回の機能を育てられなかったとも考えられるという例をあげ，脳機能と自閉症児の示す症状は，因果関係が逆である可能性を示唆している。滝川（2004）は，①精神機能と脳との相関や並行関係がわかることと，その関係がどんな構造や因果連関をもっているかがわかることは別である，②発達障碍とは発達の相対的な遅れであっ

て，自然現象としても生じうる発達障碍を，すべて脳機能の「障碍・不全」ととらえることには不合理がはらまれる．③脳科学は個体の脳内で起きている物質過程を扱うのに対して，人間の精神現象は脳の外に広がる社会的（共同的）・関係的な世界において生起する現象を本質とするため，社会性や関係性の遅れを個体内部の生物学的な機序でとらえきるには限界があるとして，精神現象を脳の物質的な機能として記述し尽くすことの不可能性に言及している．

さらに，脳機能の偏りを引き起こした大元の根本原因にまでさかのぼると，遺伝的素因，あるいは胎児期の外因といった生物学的リスクが，自閉症の前駆要因となると考えられている（鷲見，2007）．しかし，ヒトは誰もが多因子疾患のリスク遺伝子を多数持っており，それは「病気の遺伝子」というより「体質や個性を決める遺伝子」ととらえるべきで，人間集団に存在する個人差，多様性の一つとも考えられる．

(3) 多様性，個人差への着目

診断基準に各国間で一般的な合意が見られている現在，症候群としての自閉症という，ある程度共通な実態が存在することは事実であろう．そこで自閉症児の成因論の研究は一次的な障碍の追及に歳月を費やし，様々な理論仮説が提案されてきたわけである．しかし，生得的に入力機構に何らかの原因があるとしても，生きている子どもを前にしたとき，その多様性，大きな個人差を一つの仮説で説明することはいまだできていない．現在は完璧な自閉症仮説よりもむしろ，個々の症状別に説明可能な仮説を探し，それらの関連性を検討しようという方向に向かっている（神尾，2009）．

2　ある自閉症のある子どもと母親について——私の体験

私が自閉症のある子どもとその家族について考えるようになったのは，20年前に今の居住地に越してきて，地域とのつながりを求めて障碍児サークルのボランティアを始めたことに端を発している．当時幼稚園児だった娘を連れて土

曜の午後の遊びのサークルに参加するうちに，6組の家族はすぐに家族ぐるみのつきあいをするようになり，喜びやたいへんさを分かち合いながら子どもを育ててきた。私は初めから医療や療育の専門家としてではなく，ただの"近所のおばちゃん"として自閉症のある子どもたちと出会った。

　小学校2年生だったよう君は有意味語を持たない重度の自閉症児だった。そのころ，自閉症に関しては現在のように「発達障碍」という言葉もまだ使われておらず，TEACCHなどの療育技法的な知識も広まっていなかった。養育環境がその成因ではないということは知られていたが，日常の生活の中で世間の目に「奇異」に映るよう君のその時々の行動——様々な自分の決まりごとの順守，学校でのトラブル，自転車での徘徊など——に，母親のかずこさんは文字どおり体当たりでつき合っていた。そこには「普通への適応」ということではなく，「この子にはこの子なりの思いがある」という構えが一貫してあった。家庭でのよう君は一歩外に出たときの身体全体から発せられる緊張感のようなものは感じられず，まったく別人のような穏やかな表情で，自分でつくった好きな遊びを行っていた。

　よう君が小学校5年生のとき，何気ない会話の中で「私が死ぬときはこの子もいっしょに連れて行く」と，かずこさんは言った。私は強い衝撃を受けた。よう君の日々も何年か前に比べると格段に落ち着いてきていたし，手厚い福祉社会になるよう地域の輪を広げていくことを一緒に懸命にやってきたではないか。まだ，かずこさんはそんなことを考えていたのか。なぜそんなことを言うのか。悲しかった。かずこさんにはそんな意図はまったくないことはわかっていたが，私は自分の非力を責められているような気がして情けなかった。私はこのときの衝撃を心に抱いて，心理学を学ぶ2回目の学生となったのである。このころの私は，心理学という学問では，すでに人間の発達の道筋が解明されており，"確立された"支援の方法を身につけることが，よう君やかずこさんの役に立つ道であると素朴に信じていた（おそらく，現在もそう思っている人は多いだろう）。しかし，自閉症の療育について「こうしたらこうなる」式の万人に当てはまる方法がないことはすぐにわかった。失望はあったものの，私の

関心は次第に人が生きていくことそのものへと移り，それこそが，大切なことなのだろうという確信に変わっていったのだった。

　私やかずこさんたちが企画した，自閉症児を持つ先輩お母さんのお話を聞くという趣旨の会で，講師の方が「十数年後にあるだろう兄の結婚式に，彼が家族の一員として出席することを一つの目標にしています」というようなことを話され，なんとなくそれが私たちの目指す，よう君の将来像として合言葉のようになっていた。3年前の5月，よう君の兄が結婚した。「よう君どうしてたん？」という私の問いかけに「ああ，ようがいることを忘れてるくらいやったわ」とかずこさんはこともなげに答えた。よう君は毎日自転車で作業所に通う，25歳の青年になった。一日一日をしのいできたとも言えるような日もあった。家族も子どもも変化する中で，なんとかやれていくようになる（当事者家族にとっては，そんな生易しいものではなかったかもしれないが…），その道程を私は傍らで，ずっと見せてもらってきた。

　今も，自閉症のある子どもを育てている誰しもが，かずこさんが言った「私が死ぬときはこの子もいっしょに連れて行く」などという言葉とは無縁であるようにという思いはもちろんある。しかし，暗く苦しい心の内を訴えているようにしか感じられなかった14年前の「私が死ぬときはこの子もいっしょに連れて行く」は，様々な経験を重ねた今の私には，"症状"や"問題行動"を対象化しえない親子のつながりとも思えるし，どこまでも子どもを守りきる「育てる者」の強さの宣言のようにも思えるのである。

3　自閉症を個でとらえることと関係からとらえること

　このような体験を経た私には，従来の自閉症の成因論の探求とは異なる自閉症のとらえ方，描き方が必要になった。従来の研究における自閉症の成因探求は，医療的アプローチの根底にある「医学モデル」の発想に基づいている。

　中根晃は日本において，早くから自閉症にかかわり，その概念定義や治療に取り組んできた。彼の変遷は我が国の自閉症論の歴史の変遷とも概ね重なる。

氏は1960年代には入院治療で個別心理療法を行っていた。そこでは現実の子どもと関係を持とうとし，「対人関係も著明に改善した」（中根，2004）との認識を持ちながらも，そこに何らかの無力感があったのか，1970年代に我が国に言語・認知障碍説が移入されるや否やその信奉者に転向する。ここから中根の主張は一貫して自閉症の「科学的理解」というものへのこだわりを見せる。氏が依って立つ「医学モデル」の疾患概念は，病気の原因・発生機序の解明・診断を目的とする病理学に基づき，一定の原因，一定の病理組織学的変化，一定の症状，の3つがそろって疾患単位を形成する。「自閉症のように病理解剖学的基礎が不明の場合には，症状だけを目安にした症候群とまとめた上で病理学や病態生理学的基礎づけを追求するべきものである」（中根，1983）とする。ここに見られるのは，障碍はその状態像を呈する「個」に内在するという考え方である。

今一つの主張の力点は主観の排除である。彼は繰り返し自閉症は「自閉」ではないということを述べる。「診断基準に自閉的というような主観的印象に基づく項目を入れると，それぞれの研究対象とした自閉症の症例が研究者ごとで異なって不均質なものとなり，研究自体の科学性が疑われることになるからである」（中根，1999）。ここには，成因としての心因論の排除と，「科学的」であろうとする態度の両方が表れている。

このような考え方に立てば，自閉症は症状の同定から始まることとなり，子どもの現在の行動特徴からさかのぼり，その原因にかかわる基本障碍に到達しようとする方向性にならざるをえない。現在中根（2004）は言語・認知障碍説だけをとっておらず，まず言語・知覚認知機能の障碍があり，その後「心の理論」や実行機能の障碍が年齢依存的に状況の認知の問題を引き起こし，対人関係に問題を残すとしている。自閉症児をつねに「正常の欠如態としてみる」（小澤，1984/2007）中根の帰結である。

しかし，ヒトの発達は，百人いれば百通りの姿がある。そのことを思い起こせば，単一の（ないしは少数の）基本障碍によって自閉症児の多様な姿を説明しつくせないということは至極あたりまえのことではなかったか。1970年代の

自閉症のある子どもの「予後」の研究は「治癒」がないということを明らかにし，「医学モデルで自閉症という状態をとらえることの限界」(田中, 2009) が見え始めた。そして，我が国にも自閉症を関係からとらえる新たな潮流が生まれた。

　山上 (1999) は，自閉症の実態の解明には，認知言語学説で指摘された特異な認知発達の偏りと併せて，カナーが指摘したきわめて早期からの対人関係の障碍という原点に立ち戻ることが必要だとして，発達心理学的見地から自閉症児の発達過程を検討した。そして，自閉症の症状は，関係性の障碍と深くかかわって，発達依存的に形成され，発達的矛盾が症状として顕現し，固定化し，発達過程の進展に伴って変容すると考えた。

　滝川 (2004) は，人間の精神機能は個体の外に広がる社会的文化的な共同体を本質としているため，関係の遅れは認識の領域から社会性の領域にまで，広汎な発達の遅れをもたらすという観点に立って，自閉症の問題は「関係の発達に大きく遅れる子どもたちが生じるのはなぜか？」という問いに収斂されるとした。人間には自然の個体差，もしくは，生物学的な負荷要因として関係の発達に遅れるある一群がおり，関係の発達自体が関係に媒介されねばならないため，遅れがまた遅れを呼ぶという考え方である。

　小林 (2000) は，自閉症を，知覚過敏に基づく愛着を巡る接近・回避動因的葛藤の悪循環により，関係障碍ないしコミュニケーションの病理が引き起こされ，状態像が拡大再生産されていく，関係障碍の産物であると考えている。また，自閉症の成因論の変遷の中で，環境論的に養育の過程を取り上げることが，即，「不適切な養育」の議論に結びつけられる傾向があり，それをタブー視する風潮があったことに言及している。

　鯨岡 (2009) は自閉症児の発達の過程には「育てる」営みが介在していることに着目し，子どもは「育てられて育つ」という事実に立ち返ることを主張している。そして，「発達性障碍」の概念を，①現在の症状の相当部分は時間軸の中でかたちづくられたものである，②時間軸の中で状態像は変容していく可能性がある，③土台が育ったその上に上部が組み立てられていくという一般の

発達の動きが阻害されている，といった観点から整理した（鯨岡，2005）。生得的に一次的な障碍が仮定されるとしても，対人関係の障碍を中核とする自閉症児が示す状態像は，そのすべてが子どもに内発するものではなく，周囲との関係のとり難さに起因する二次的障碍が一次的障碍の上に累積，増幅された結果であるという見方である。子どもに何らかの育てにくさがあるとき，その対人関係は負の様相を孕みやすく，その累積・蓄積により，二者間の肯定的関係の中で形成される信頼関係や自己肯定感が育たず，興味の拡大や世界への進出という積極的契機も阻害されると言う。子どもの学習，認知発達に必要な動機は，必然的に他者とコミュニケーションしようとする動機や，その結果としての社会環境によって影響を受け，調整され，方向づけられるからである。鯨岡は，一人の子どもの呈する一見したところ負の様相と見えるもののうち，こうした対人関係の中で作られた面を関係障碍と呼び，自閉症児の情動も含めた体験世界を，かかわる側がどれほど推しはかれているかを問い返したのである。

　自閉症の症状を個に還元するのではなく関係性から照射し，発達の源泉である他者関係に根を下ろせないところに問題の本質があるととらえるならば，自閉症児にとっての他者の意味を個別具体の人の生から考えていく必要があるだろう。

4　日本における療育論
　　——その背景にある子どものとらえ方や他者の位置づけを中心に

　心因性の障碍から脳機能障碍へという成因解釈の変遷，関係論の出現などを背景に，具体的な自閉症児へのアプローチも様々に創出され変化を遂げてきた。自閉症が「疾患」ではなく「障碍」であるという理解から，医学の枠におさまらず，広く教育，福祉などでの「支援」が考えられるようになった。大きく分けると心理療法的アプローチと行動論的アプローチがあり，両者は個体因と環境因とが相互的に関係する発達障碍であるという点では一致しているものの，その子ども観，障碍観には今もって大きな隔たりがある。そこで，それらのアプローチに根拠を与えてきた理論のうち代表的なものを取り上げ，他者の位置

づけを中心に自閉症児のとらえ方と，療法としての課題を明らかにする。

（1）心理療法的アプローチ

日本における初期のアプローチは，ロジャース（Rogers, C. R.）創設の来談者中心療法と，アクスライン（Axline, V. M.）流の遊戯療法であった（平井，1968）。これは自閉症の成因が，カナーが記述した自閉症児の母親のパーソナリティの偏りと養育態度の問題にあると医療従事者がとらえたことと関連していた。精神療法の一つとしての遊戯療法では，母親に対しては自己洞察によるパーソナリティの変容，自閉症児に対しては完全受容や共感的態度によって「閉ざされた心」を開くこと（山上，1999）が目指されたが，これについて小澤（1984/2007）は「自閉の殻さえとれれば自閉症児はなおる」という風な印象を養育者に与えることもあったと述べている。

アメリカでは，精神分析の衰退とも関連して，行動理論を背景とする勢力が，心理療法は精神力動的な枠づけであること（Schopler et al., 1971）や，言葉や象徴を理解する能力の発達なくしてこの療法は成立しないこと（Wing, 1976）を理由として，これを全面的に否定した。日本における展開は事情が異なっていたように思われる。平井（1968）は心因論には否定的な見解を示し，障碍の基本は周囲に対する関心の狭さ，とくに人間との感情的な親密関係を結ぶ能力の不足であると考え，「自閉症児の精神療法の意義は，人間に対する自閉症児の興味をいかに開発するか，言語や知的能力をいかに開発するか――という治療教育学的接近」であると述べている。この特定の大人とラポールを結び，対人関係を発達させることで，自我機能が強化され，環境に立ち向かえるようになるという思想は，石井（2002）が提唱する受容的交流理論に受け継がれている。この理論では，まず，療育者が自閉症児の行動やその背後にある気持ちを受け止めることでラポールを形成し，その信頼関係を基軸にして，子どもは自発的に物や人との現実的なかかわりへと向かうよう変化すると考えられている。ここにある自我の理論は，①未熟な自我を防衛している体制を受容することを出発点にして対人関係を築き，子どもが遮断したり，避けたりしてきた現実や事

象を認知するよう励ます，②一時的に生じる葛藤状況を乗り越えることで，現実を見つめる自律的な自我が現実において働く，というものである。

　山上（1999）は，主体としての自閉症児において，自閉症という体験様式がどのように主体的に"生きられている"かに関心を持っており，心理的援助の課題は，早期療育における愛着形成を軸とする発達援助的な課題と，自我や自己に焦点化した自己実現の過程を援助する課題であるとしている。従来の遊戯療法が，設定された特別な場所で，高度に訓練された専門家によって行われることに対して「生活感の欠如」（小澤，1984/2007）という批判がなされていることを踏まえて，母親とセラピストが子どもの変化やかかわりのむずかしさを共有できる「家庭療育指導」という形を作った。

　昨今，「カナー回帰」が謳われている。これは成因論的に親を原因とする見方へ回帰することではなく，情動の動きや関係性そのものからの精査をさらに発展させる必要を指しているのである。総じて現在の心理療法は，愛着や間主観性をもとに自我の発達をみていく流れと合流してきている（平井，2009）[2]。たしかに近年，自閉症児の快の情動を共有できる経験が他者との関係からの自己理解を進める（別府，2007）とか，間主観的な体験を経て愛着者が内在化された他者になり，自己意識の析出が可能になる（杉山，2009）[3]などの主張がされているが，研究者によって，自他のとらえ方は様々で，その内実は明らかになっていない点が多い。

　これまでの心理療法的アプローチにおいて，他者は子どもの自己形成そのものに重要であるとされている点や，かかわる者が「自閉症児の心の動きをとらえて行動する」という子どもに寄り添うあり方が強調されている点は傾聴に値する。が，しかし，そこでの「他者」（養育者）は別府や杉山も含め，あくま

（2）ここでの平井の「間主観性」は，トレヴァーセンら（Trevarthen & Hubley, 1978/1989）の相互意図性の次元が念頭にある。
（3）杉山は共同注意，それに基づく感情の共有などを間主観的な体験としており，「心の理論」につながる認知発達の一つの段階としてとらえていると思われる。

で発達促進的な関係性を自閉症児に提供する支援者として位置づけられており，その人自身が何者であるのか，つまり一個の主体としていかに存在しているのかが明らかにされていない点で不満が残る。関係発達から自閉症児の自我の発達を考えようとするとき，子どもの心に定位するだけでは不十分である。現実に子どもを育てる養育者の，子どもに寄せる素朴な思いや願いもまた，子どもの状態に影響され，その関係の中で変化しながら，子どもへのかかわりに浸透していき，それが子どもの心を形作っていくからである。

また，心理療法的アプローチでは，自閉症児の初期の関係発達における自他関係は射程に入っているものの，その後の自我の発達については言及されていない。

（2） 応用行動分析学を背景とした行動療法

1970年代以降，言語・認知障碍説の台頭と共に，それまでの心理力動論に立つ遊戯療法などに対する不満と批判からスタートし，盛んに行われたのがアメリカから移入された行動療法である。梅津（1975）は，行動異常を理解し改善するために科学的心理学の諸原理を応用する技術の総称として行動療法を位置づけ，それが①成因論にはとらわれない，②不適応行動を学習された行動様式とみる，③患者の人格の再構成を目標とはしない，④治療者―患者の相互関係を不可欠なものとはみなさない，といった諸特徴を持つことを指摘している。行動療法では観察可能な事実のみを材料とし，その目指すところは，「個体はなぜそのように行動するのか？」という問いに答え，行動を予測し，統制することである。行為や反応に焦点を合わせる一方で，その反応を仲介する心的編成には関心をはらわず，その行為に伴っている主観的体験も放置している。

問題行動に対する嫌悪刺激・非嫌悪刺激を使う当初のアプローチは倫理的な問題から廃れたが，世界的なノーマライゼーション，インクルージョンの思潮の中，それは行動の機能への着目，生活全体へのアプローチへと変化し（小林ほか，2003），適応行動の形成，不適応行動の解消技法として引き継がれている。そこでは，問題行動は本人の特性と環境側の特性の相互作用によって生じ

るとされている。

　コミュニケーションの問題もあくまで行動の次元で把握し，他者もまた行動を制御する環境の一要因と考えられている。すなわちここで使われる「相互作用」とは，目に見えるものだけを対象としており，情動も何らかの言語，表情などに置き換えられ，把握できるものとして考えられている。したがって，行動療法は，見たいもの，伝えたいものの中身は，いつどのように形成されるのかといった欲求や間主観的な自他関係の問題には，当然，言及しない。コミュニケーションの支援として，認知・理解に関しては構造化，表現に関しては代替・拡大コミュニケーション，やりとりについてはソーシャル・スキルの指導などが行われている（村松・門，2009）。

　昨今，この分野でも自己肯定感を育てることが重要であると言われ，ポジティブ行動の形成（佐竹，2006），対人関係の方法を身につけさせようとするソーシャル・ストーリー（藤野，2006）などに細分化されている。しかし，いずれにしても「一次的障碍が個にあり，問題行動が生じている，または，欠損しているスキルがある」ととらえるところから出発しており，ここでの他者は単なる環境の一部に過ぎず，主体としての子どもの内面に何かを移入させるような積極的な役割を果たすものとは考えられていない。自己肯定感といった自分についての理解，感覚は，はたしてこのような表面的なスキルの獲得によって得られるものなのだろうか。自分が自分に対してもつ自信は，確かにその子どもの内部において育まれるものではあるが，それはつねに自他関係のあり方とセットになっており，自分の姿を肯定的に映し出してくれる他者のまなざしや，その他者が自分に対して抱いている肯定的な心情をつかむことによって湧き上がるものではないだろうか。そうした（間）主観的な気持ちの動きに言及せず，基本的には行動を形成することのみを目的とする行動療法は，この点において重大な矛盾を孕んでいると言わざるをえない。

　行動療法の昨今の広がりは，「軽度」と呼ばれる子ども—通常のコミュニケーションはとれると見える子ども—の存在が，とくに学校現場において問題視されてきたことと軌を一にしている。すなわち，①学校現場という空間では，

子どもを集団に合わせるという面が重要視されること，②学校教育はある課題や行動ができるようになることを目標とし，指導する者が誰であっても，均質な成果が目に見える形になることが要請されること，この2点が行動療法の広がりとの関連が深いと思われる。

また，適応的な行動が身につくことを目標とするこの療法は，アセスメント，課題の選定，評価のどの時点においても，一人の子どもを部分的な機能に切り分けて観察する。この方法では子どもの全体をとらえることができない。

（3） 認知発達の視点から

自閉症研究の中で認知発達との関連が強調されるようになったのは，自閉症の成因が認知障碍と考えられるようになってきたこととかかわりが深い。わけても「心の理論」と自閉症との関係についての研究が始まってからは，自閉症児の認知構造の発達的変化に注目するまなざしが強まった。

① 「心の理論」

プレマックとウッドラフ（Premack & Woodruff, 1978）の「心の理論」を自閉症の臨床に最初に持ち込んだのはバロン-コーエン（Baron-Cohen et al., 1985）であった。彼によれば，「心を読むこと」は他者の行動の意味を理解するための最良の方法であり，社会的な理解，行動の予測，社会的な相互作用の基本原理である。一方，自閉症児は人々には心や精神状態があり，その精神状態が行動と関連しているという通常の理解を発達させることに失敗しているというのが，いわゆる自閉症の心の理論仮説である（Baron-Cohen, 1995/1997）。心の理論の仕組み（Theory of Mind Mechanism：TOMM）は，人類の進化の過程での自然選択によって生み出されたと考えられている。

バロン＝コーエンは4つのモジュール（脳機能システム）を想定している。

<u>第1段階（誕生からおよそ9カ月の期間）並行する2つのシステム</u>

バロン＝コーエンは心を読むうえで「目の言語」が重要な役割を果たすと考えている。意図の検出器（Intentionality Detector：ID）は，生得的に備わって

いる，目的や欲求といった原始的な心の状態に関する運動刺激を解釈するための知覚装置である。視線の検出器（Eye-Direction Detector：EDD）は，目の存在や目に似た刺激の存在を検出するはたらきや，その目が何に向けられているか，そのものを見ているかどうかを推論するはたらきをする。この2つの機能は並行してはたらく。

第2段階（9～18カ月）共同注意の仕組み（Shared-Attention Mechanism：SAM）

IDとEDDが限られた二項関係に関わる表象を形成するのに対し，共同注意の仕組み（Shared-Attention Mechanism：SAM）は三項関係にかかわる表象（自己と他者と対象の関係についての表象）を形成する。この部分が形成されにくいならばすなわち，自己と他者が見たり考えたりしている事がらが同じであるということが理解できないとバロン＝コーエンは考え，自閉症はこの機能の障碍であるとした。

第3段階（18～48カ月）心の理論の仕組み（Theory of Mind Mechanism：TOMM）

SAMに誘発されて，行動からすべての心の状態を解釈する心の理論を用いるためのメカニズム，心の理論の仕組み（Theory of Mind Mechanism：TOMM）がはたらく。

このように，心の理論障碍仮説は自閉症の対人関係の背後にある心理的，認知的特性を明らかにしようとした理論であり，自閉症児の行動を説明するのに大いに役立った（石坂，2009）。しかし，バロン＝コーエンらはあくまで他者を表象する認知について追究しているのみであって，他者の問題を含んだ自己の発達そのものには言及していない。言い換えれば，その理論は，子どもの世界に最初から自己と切り分けられた他者が存在するかのような前提に立ってしまっている。この他者と自己を前提とした立論（それゆえ「自己とは何か」「他者とは何か」が深く考えられていない理論）について木下（1995）は，自己でも他者でもない無人称的な表象の理解を「心的状態の理解」とみなしていると批判した。また浜田（1992b）は，脳機能の発達もさることながら，そもそも他

者というものを身体レベルでその人なりのパースペクティブをもった存在としてとらえられなければ他者の心の世界を概念化することはできないとして，「心の理論」形成以前の間身体性の問題を考慮する必要性を指摘している。

バロン＝コーエンらは，治療的には，問題行動は他人の考えや感情を理解する能力を欠いていることの反映だとして，ソーシャル・スキルの指導など行動的なアプローチを推奨している（Baron-Cohen, 2008/2011）。日本でも対人場面を設定して行うソーシャル・スキルによる「心の理解」の支援（藤野，2006），コミュニケーション・スキルのトレーニング（岡田，2008）など，スキルの獲得を目指す方法がとられている。しかし，木下や浜田が指摘したように，自己と他者の成立を問わないままのスキル獲得の訓練は，砂上に楼閣を築くような危ういものではなかろうか。

② TEACCH

TEACCHプログラム（Treatment and Education of Autistic and related Communication handicapped CHildren）は米国ノースカロライナ州で行われている州公認の自閉症支援サービスの総称で，生涯にわたって自閉症児・者が地域で生活していくための支援プログラムを構築しようとしている（Schopler & Mesibov, 1984/1987）。行動療法と神経心理学の流れをくみ，自閉症児・者の行動を評価する点は認知理論，行動理論に親和性を持ちながら，子どもが新しいスキルを獲得することによって障碍を克服することと，その認知特性に配慮して環境を調整することで適応能力を向上させることの両面から支援している。

長期的目標は自閉症児・者が社会の一員として私たちの文化の中でできるだけ快適かつ効果的に過ごせるようにすることである。自閉症が生み出す違いを尊重し，定型発達の文化の中で生活していくうえで必要なスキルを自閉症児・者の文化の中で指導することにより，この目標を達成しようとしている。

創始者であるショプラー（Schopler, E.）は治療教育の基本原則として，以下の6点をあげている。

①親は共同治療者である。

②心理療法よりも行動変容と特殊教育を主とする。
③治療は個別プログラムに基づいて行われる。
④治療教育プログラムは発達評価に基づいて行われる。
⑤子どもにかかわるスタッフは，ジェネラリストであるべきだ。
⑥相互関係の概念。子ども自身が新しいスキルを身につけることで障碍を克服する一方，子どものもっている欠落・欠損部分をカバーできるように環境の方を変える。

　ショプラーは障碍の原因を親の養育に求めたベッテルハイム（Bettelheim, B.）と袂を分かち，その信念として，親は障碍の原因ではなく，共同療育者であるということを強調する。「この障碍の犠牲者は子どもたちのみではなくてまさにその両親であった」(Schopler & Mesibov, 1984/1987) という言葉に見られるように，精神分析的な自閉症理解は間違っているという立場を色濃く打ち出そうとしたと思われる。

　現在 TEACCH の治療技法のもっとも特徴的なことは，構造化である。情報処理過程に障碍を持つ自閉症児・者に学習や生活の場の環境刺激や情報を調整して提供する。この理論に基づき物理的構造化，スケジュール，ワークシステムなどが用いられる（Mesibov et al., 2004/2007)。

　日本には，佐々木正美が紹介して以降，多くの療育機関，保育・教育の現場の人々や養育者によって使われている（これは第3章以下でも触れる）。加えて，根強く残る，自閉症は養育者の養育態度の問題であるとする偏見の解消に，TEACCH の考えを基にしたコミック『光とともに…』(戸部，2001～2010) の啓蒙の意味は大きかった。TV ドラマなども TEACCH の内容を盛り込んでいるものも多い。専門家に頼らざるを得ない心理療法とは異なり，誰でもすぐに取り組めることや，行動療法が発達段階をほとんど考慮しないのに対し，発達評価を試みるなど発達的視点を取り入れている点でも教育実践に受け入れられやすい素地があった。

　ただし，TEACCH では，自閉症のある人の認知能力を高めることによって，対人関係が築きやすいように変化すると考えられており，この点は行動療法と

軌を一にする。実際,社会的適応を支援する者は,自閉症児・者を観察し,ときには代弁者にはなるが,彼らの「自己」そのものにはたらきかけることはしない。

　TEACCHでは自閉症の「特性の理解がすべての支援の出発点」(内山,2002)である。特性―定型発達と異なる思考や学習の様式―は生得的で固定的なものであるから,環境の側を調整するのである。しかし,この前提の下では,自閉症の障碍の特性ととらえられていることが,実は育ちの中で形作られ,変化するものであるという可能性や,彼らにとって何らかの意味あるものとして肯定的にとらえられ得る可能性について検討する余地がない。

　また,共同療育者とされる養育者は,生活の中でたえず子どもを観察し,問題に目を向ける作業を続けなければならない。それによって,親子本来の情愛による結びつきや体験の共有がおざなりにされないか危惧するところである。

(4) まとめ

　心理療法的アプローチが,初期の自他関係における間主観的な情動のやりとりの重要性を指摘したことは非常に重要であった。しかし,自己や他者とはそもそも何なのか,両者が「関係」するとはいかなることなのかといった点について,その内実はいまだ十分明らかになっているとは言えない。情動的な交感が自我の発達につながるといった単純な言説を越えて,自己と他者の関係の内実に迫り,初期発達はもちろん,他者と共に暮らせるようになっていくまでの後期発達の過程も含めて精査していかねばならない。

　それに対して,行動療法的アプローチは認知発達の視点が導入されてきたとは言え,問題行動の除去または適応的な行動の形成のために,外から観察できる子どもの行動を客観的に評価し,その改善にあたろうとしてきた。そこにおいては,子どもの自己の自己性や周囲の他者の他者性がいかにして形成されていくのかといったことは問題にすらならない。また,養育者はせいぜい「共同療育者」として位置づけられるのみであって(この点は心理療法的アプローチについても言える),固有の生活史や思い,願いを持った一人の人間としての姿が十分考慮に入れられているとは言えない。要するに,一人の人間としての

全体性を有した子どもや養育者を,「諸機能の束」としてしかとらえていないのが行動療法的アプローチであり,これにより現実の養育者の「育てる」という営みや,そこで育ってくる子どもの自己性を扱うことは不可能である。

　かずこさんとよう君が私に気づかせてくれた,従来の自閉症のとらえ方,描き方で説明できていないと思うものを,以下の3つにまとめた。

①自閉症児の自己感の発達を関係の視点から考える

　子どもを「育てる」という営みは,子どもの状態を客観的対象として認識するというより,子どもと一つの世界を情緒的,感覚的に分かち持っているような状態を基盤にしているものである。問題を洗い出してそれを改善する,遅れを取り戻すという発想以前の,養育者との共同生活の中で展開される子どもの自己感の形成プロセスを明らかにすることが必要である。

②自閉症児を持つ養育者の位置づけをとらえ直す

　養育者も現在進行形の生を生きている一人の人間である。養育者には子どもに託す希望や夢があると同時に,容易には乗り越えがたい悲しみや不安がある。そして,そうした複雑な感情が入り乱れる中で,たとえ障碍があっても,子どもが喜びを与えてくれる瞬間をかけがえのないものとして感じ,ときに子どもに生かされているとすら思うようになる養育者の姿は,これまでの先行研究ではどこにも描かれていない。

③日常を生きる自閉症児と養育者の姿を描く

　当たり前の日常を生きる養育者は,そのときそのときを自分なりの仕方で了解しながら生きている。ときには障碍のある子どもを前に仕方がないとあきらめたり,やり過ごしたりもする。自閉症児と養育者の日常は,幅,ゆるみ,ユーモアなども含み,長い期間の中でゆったりと変化していくものであり,心理療法や行動療法といった言葉によって喚起される「目標に直線的に向かう」というあり方をしてはいない。何か望ましい変化が生じるにしても,それはつねに後からそれとわかるようなことの積み重ねの結果である。「日常」の検討が必要である。

次章では，本書で私が議論の根本に据えようとしている「育てる―育てられる」という枠組みの持つ意義について，さらにくわしく検討する。

第2章
「育てる―育てられる」という枠組みが持つ意味
――本書の問題意識――

1　はじめに

　第1章で明らかにしたように，従来の自閉症研究の多くは，自閉症のある子どもを特徴的な「症状」や「機能」の「束」ととらえ，その原因の解明や，それら「症状」「機能」の改善を目指すものであった。

　今私が考えたいことは，自閉症のある子どもを療育対象と見る前に，子どもと共にその場におり，「育てる―育てられる」という関係性を素朴に生きようとする親の，子どもを「育てる」という枠組みの下で自閉症児を見ていくことができないかということである。その中から，障碍がどのように発生するかではなく，子どもはどのように育つのかという発想の転換が生まれ，自閉症の子どもへの支援への新しい視野が開けてくるのではないかと考えるからである。

　そこで，本書ではまず，一個の全体として他者や世界に臨む子どもの「自己感」に着目する。自己感とはスターン（Stern, 1985a/1989）の提起した用語であり，「自己」（および他者）にかかわる子どもの諸々の主観的体験を指すものである。ただし，子どもの内部の主観的体験は，当然養育者の「育てる」という営みと絡み合って形成されるものであるし，また，子どもの身体にまとわれる何らかの表情や姿勢（あるいはそれらの持つ雰囲気）として，それは必ず外部にも表出されると考えられるから，「自己感」は決して子どもの内部に「閉じた」ものではない。本書では，この「自己感」を，「育てる者」に立ち現れるその都度の子どもの印象を説明するための鍵概念としても位置付け，養育者

との共同生活の中でそれが徐々に発展していく過程を追っていくことを目指す。それにより，これからの自閉症研究に，他者との関係性から子どもをとらえるという視点を導入するための理論的足場が得られるだろう。

　まずは，定型発達（多数派に属す一般的な形としてこの語を使用する）の子どもにおいて自己感がどのように発達していくのかを概観していくことにする。理論的枠組みとしては，スターンの自己感の発達理論を下敷きに，言語的自己感以降の自己意識の発達についてはワロン（Wallon, 1946/1983），鯨岡（1999）なども参照する。また，「育てる者」の実感に添うよう，その時々の私自身の子育ての体験にふれつつ検討していくことにする。

2　子どもの自己感が育つ過程に「他者」はどういう意味を持つのか

(1)　子どもは社会的・関係的な存在である

　子どもは，ある特定の「時代」「社会」の中に，固有の人格を備えた親の欲望や願いのもとに生まれ落ちる。子どもは，ある意味では有無を言わさず，親との関係の中に巻き込まれていくわけで，それによって子どもの育ちは大きく方向づけられていくことになる。したがって，親が妊娠・出産・誕生というプロセスをどのように引き受けていくかということを抜きにして，子どもの育ちを語り始めることはできない。

　例えば，私の場合で言えば，結婚したときから子どもが欲しかったにもかかわらず，その強い思いとは裏腹に，結婚して長い期間子どもに恵まれなかった。それは想像もしたことのない事態で，その間，どうして自分は子どもが欲しいのかについてよく考えた。まず一つ目に私は自分の理想の家庭を作り，幸せにならなければいけないと思っていたこと。そこにわが子は必要不可欠なものだった。わが子の育ちによって，自分が生き直せると予感していたのかもしれない。二つ目には，仕事も辞めてやってきた話す人もいない見ず知らずの土地。子どもさえいたらこの状況も劇的に変えられるだろうという，自分の拠りどころを求める気持ちがあった。そんなふうに自分を分析しながら，子どもにとら

われている自分を疎ましく思いながら，実際は仕事も見つけ，友だちをつくっていったのだが，子どもがない状態は地に足のつかない，一種のモラトリアムのように感じられていた。

　それが，今という「時代」，「文化」の中で，ある固有の人生を生きてきた「私」がその当時子どもに対して抱いていた思い，願いであった。

　そして，待望の妊娠。そもそも「育てる者」が苦労多い子育てを当たり前のように引き受け，時間も労力も子どもに差し出していくのはなぜなのだろう。それはとても奥深い問題であるが，私の場合は子どもが胎内にあるとき，今細胞が分裂しているんだなという，自分の一部として子どもが育っていくというような，それまで感じたことのない身体観をもった。ジェンダー論が指摘するように，"母性"というものが子どもを持った瞬間から作動するなどとは夢々思ってはいなかったが，「身二つになる」「血を分ける」という言葉が脈々と受け継がれる日本の文化風土と併せ，子どもを宿し，産んだという直接的・身体的な関係の感覚が，関係の意識の礎石となった面は否定できないだろう。子どもの誕生日は私が子どもを産んだ日である。このような単純な事実も，子どもを持ってはじめて意識することとなった。

　誰もが素朴に，子ども一人一人に，生得的に発達のために用意されているものがあると思っている。「性(しょう)がいい」という子どもへのほめ言葉がある。「育てる者」が同じように接しても，機嫌のよい状態が多い子どもとぐずることの多い子どもがおり，「性がいい」子どもは養育者の負担感を減らし，親孝行な子どもだということを指している。また生得的なものの中には，たとえば何らかの障碍の素因となるものがあるのかもしれないということが知識としてはある。しかし，まだこの時点で子どもが持っているものがどういうものであるかは意識されない。ただそこに「わが子」がいるだけだ。自分と同じように，「人」になっていくとしか思っていないのである。

（2） 乳児期の自己感
①新生自己感を支える〈子ども―養育者関係〉
　病院で出産した私は，家に帰るとすぐさま子育ての具体的な行為，主に生理的な世話の実践者になった。ついこの間まで自分の一部と感じていたその子どもは，「泣く」という行為を通して次々と私に指令を出す。私にすれば，子どもは，自分のすべてを支配するような，まぎれもない「他者」であった。忘れもしない，その渦中にあるとき，眼の不自由な方が，子育てに悩み，ついにはわが子を手にかけてしまったという報道に接した。ちょうど同じ時期に出産した友人との電話でその話題になり，「その人の気持ち，わかるよねえ」と言い合ったものだ。人格を持った「人」と言うより，生きるエネルギーの塊のように感じられていたわが子は「かわいい」というよりも，まるで絶対君主のような存在であった。産んだ者の責任として臨むだけである。私は毎日，お祝いにいただいた松田道夫の育児書（1967）の何カ月か先のページを読みながら，いつかこの子が「人間」になる日を信じて，睡眠―覚醒，空腹―満腹の子どものサイクルに合わせ，なんとか一日一日を過ごしていた。
　スターン（Stern, 1985a/1989）は，出生後すぐ乳児の自己感はすでに「新生」し始めていると言う。まだ一貫した自己という感覚はないものの，自分の動きや，自分の身に起きているバラバラな体験を組織するプロセスを進めているという感覚が新生自己感である。この過程に乳幼児が持つ2つの能力をスターンは想定している。一つは無様式知覚と呼ぶ，ある一つの知覚様式で受信された情報を何らかの形で別の知覚様式に変換する能力。もう一つは生気情動の感受能力である。生気情動はカテゴリー性の情動とは区別される，乳児と養育者のあいだの神経発火的な"ほとばしり"のようなもので，乳児はかかわる人の声，表情，身体の動きなどの形，強さ，時間的パターンなど一見異なる感覚モードに属するかに見える諸特性を，同じ生気情動を持つものとして感じることが可能なのだという。これらが，乳児の様々な体験を組織化し，関連性を持たせ，まとめあげる助けとなるとした。
　このように，「育てる者」が無我夢中で子どもの身の周りのことを整えてい

るそのことが，乳児には原初的な体験として，自己の成り立ちにすでに意味を持っている。

②中核的自己感を支える〈子ども―養育者関係〉

　生後3カ月を過ぎると，娘は笑うようになった。「かわいい子ども」という私の微笑みかけに，娘は微笑み返してくれる，と，私は受け取り，この姿は，娘が確かに「愛されている」と感じているようにとらえられた。娘は喜びを表現する一人の人間として立ち現われた。母親と子どもはそのように映し合い，子どもの身体と母親の身体が互いに感受しまなざしあうことで，原初の情動的コミュニケーションが早くも成り立ってくる。そうなると，私の子育ての負担感は見事に氷解していったのだった。こうした子どもの反応が，私に「育てる者」としての意識を実感させた。

　生後半年間に出現する中核的自己感は，自分の行為の主人公は自分であるという「自己発動性」，身体的に断片化していないという実感である「自己一貫性」，特徴的な情動パターンを体験する「自己情動性」，時間の流れの連続性である「自己歴史性」という感覚がひとまとまりになっているものである。

　スターンは，この時期の自己は活発で建設的な精神活動であり，いわゆる自他融合の世界体験とは異なるという。ただし，今見たように，中核的自己感の体験は子どもと情動的に交流する養育者のかかわりとセットになっていることを忘れてはならない。自他融合の世界体験ではないものの，中核的自己感はそれ自体で存立するものというよりは，あくまで自己と他者が「共にある」体験として成立するものである。このように，中核的自己感は中核的他者感と同時に形成され，様々な「共にある」体験が記憶に刻まれ，絶え間なく改変され続けていく。

③主観的自己感を支える〈子ども―養育者関係〉

　乳児期後半に入ると，養育者と関心を共有しながら，安心感を糧に探索活動が活発になり，周りの世界の認識と他者との関係の意識を広め，深めていく。

また，間主観的な関係を基礎に創出されていく自己感は，誕生から順に出現する感覚や知覚を基礎として，変化・発達する。生後7～15カ月ごろから発達すると想定されている主観的自己感は，何らかの方法で，自分自身の内部に体験された感情状態と，他者の表面や内部に見られる感情状態との間に対応を作りだした結果得られる自己感だとされている。これによって内的主観的体験，すなわち，心の主題の共有が可能になる。スターンは，間注意性，意図の共有，情動状態の共有を間主観的かかわり合いの展開としてあげている。その際，主観的体験の共有を可能にするのが情動調律である。養育者によるその都度の適切な情動調律は，養育者と子どもの間主観的な相互感知の中で実現されていく。

　このように，スターンは中核的自己感から主観的自己感への自他関係の展開について，それまでの可視的なレベルでの養育者と子どもの相互交流が，非可視的な気持ちのレベルの相互交流にまで発展してくると考え，それを間主観的かかわり合いと呼んだわけだが，ここに，子どもと養育者はもっと早い時期から間主観的なかかわり合いを生きているとするワロン（Wallon, 1946/1983），鯨岡（1999）らとの相違がある[(4)]。大倉（2011）はこの点を，スターンの「個体内部での社会的認知能力の発達」という枠組みでの流れは，客観主義的枠組みに囚われた考え方であり，他者と切り離された個体が，しだいに他者を理解できるようになっていくという筋道では他者理解の問題は解けないと批判している。先に私の娘が生後3カ月のころを述懐したように，確かに「育てる者」の実感では，スターンのいう主観的自己感を待たずともすでに気持ちの通じ合いがあると感じられる。乳児期後半の変化は，むしろ，そのようにある意味では「いつも，すでに」あった気持ちのつながり合いが，這い這いや歩行能力の進展など子どもの自律的個体能力が高まる結果，ときに「切れる」ことも出てく

（4）鯨岡（1999）は，かかわり合う二者において，一方の主観的なものが他方の主観性において「ある感じ」として把握される事態を，二者の「あいだ」が通じ合い，一方の主観性が他方の主観性へと移動するという意味で「間主観性」と呼んだ。本書の間主観性の概念も，この用法に準じている。

る結果なのではないだろうか。すなわち，子どもと養育者がそれぞれ一個のより自律的な主体として，別々の思いを持って行動するようになるからこそ，両者の注意や意図，あるいは情動状態の共有がより際立ったものになるということである。スターンは，そのもっとも目につきやすい部分をもって「間主観的かかわり合いが可能になってくる」と考えたわけだが，じつは間主観的なコミュニケーション自体はずっと前から始まっているのである。

（3）「私」という意識はどのように形成されるのか

　娘は1歳3カ月で保育園に入園した。私は娘を得たことで，猶予期間のような気分から脱し，社会の中で，役割を果たしたいという自分の考える次のステップに心おきなく進めたのだと思う。彼女にとって，入園という突然の環境の変化は「育てる者」の都合によるものだった。保育園に入れたからといって，私は子どもを自分で育てていないなどとは到底感じていなかったし，子どもがかわいそうだとも思っていなかった。保育園に養育を肩代わりしてもらっているとはとらえずに，保育者の方と一緒に育てているという気持ちであった。娘はそのころすでにいくつかの物の呼び名を覚え，名前を呼ぶと返事をするという具合に，行為の主体としての姿は一人前の「私」と見えていた。

　スターンは生後2年目には，言語の獲得などによって自己と他者に関する見通しが生まれ，共にあるあり方を大きく変革する「言語的自己感」が到来するとした。その現れとして，自分が客体化されうることへの気づき，象徴的な遊び，言葉の使用などをあげている。ただし，このような大人の「自己意識」の基盤となるような劇的な変化の詳細について，スターンは多くを語らない。

　そこで，自己についての意識が，受動と能動が交差する対人的な関係の発達の結果生み出されてくるという観点に立って，具体的な生活の場の様相からこれについて考察した2つの理論的枠組み，ワロンと鯨岡の考え方を見ておく。

①自我二重性という観点から

　麻生（1992），浜田（1992b）は，ワロン（Wallon, 1956a/1983, 1956b/1983）が

提唱した観点を元に，子どもが他者との安定した関係を形成する際に基盤となる「自己，及び自他の基本構造」を，「自我二重性」（自己内の対話的関係）としてとらえた。それが成立してくるまでのプロセスは，概ね以下のようになる。

人間が本来備えている身体の共同性（同型性，相補性）(5)から考えると，乳児期の子ども―養育者の一つの行為（例えば抱っこ）の中にも受動―能動はある。乳児は養育者から何かをしてもらうという受動的感覚の内部にかすかな他者性（してくる養育者の能動性）を感じている。

1歳前後に，養育者がしていること，あるいは自分がされてきたことを模倣して，養育者に対してそれをするという能動的行為が可能になる。

1歳半ころから遊びの中での役割交代を楽しむようになる。「他者」との役割の交換，あるいは一つの場面の能動と受動の極を往来するような行動や遊びによって，子どもははたらきかける者とはたらきかけられる者という二重性を明確に認識するようになる。ただし，ここでの二者はあくまで等価で交換可能な二者に過ぎず，遊びの文脈を離れて存立する恒常的な「私」の意識はまだない。

その後，未熟な表象機能を支えるために具体物や身ぶり（投影）を仲立ちにして一人二役の遊びを行うようになる。この投影的活動を通じて，能動と受動の役割交替構造を表象的・言語的次元に取り込むことで，内的他者＝第二の自我の段階が生じてくる。やがて3歳前後になると，いちいち投影的活動によらずとも思考の中で自他の役割交替構造を表象できるようになってき，ここにおいて「自分が自分を意識する」「内的他者を媒介にして現実の他者とかかわる」という自我二重性が成立するのである。もちろん，3歳前後においては，他者を意識しつつも，相手の思いを十分には受け止められないことは多々ある。そ

（5）浜田（1992b）は同じ身体をもつ人どうしが相互の動きに応じて感応しあう事態を同型性，相手とお互いの身体を通して受動―能動の働きをやりとりすることを相補性と呼ぶ。人と人の身体が出会うところには，相手の身体のあり方に対して同じ姿勢をかたどったり，補完的なあり方をしたりなど，何らかの形で身体を基盤とするかかわりがあるとしている。

の点，大人の自己意識，自他関係とはやはり異なるが，それでも生涯を通じて機能する「自己，及び自他の基本構造」がこうしてできあがってくるわけである。

②「関与しながらの観察」から

一方，鯨岡（1997, 1999, 2006）は，子どもと養育者の生活の場に赴き，関与しながらの観察により，両者の関係の発達を詳細に記述した。

1歳半から2歳ころには，自分が思いや行為の主人公であるという自己の体制は整い，子どもの思いと養育者の願いのずれが表面化する場面が顕著になる。養育者の支え認めるあり様により，子どもの振る舞いに自分が受け入れてもらったように相手を受け入れていこうという，自他を尊重する相互に主体的な関係の萌芽が見られる。

2歳前半，ごっこ遊び，見たて遊びが活発になり，役割を演じ，相手の立場に立つ体験を重ねる。それは，他者もまた自分の思いを持つ存在であることの理解につながるという大きな意味を持つ。

2歳半から3歳にかけて，自分をコントロールする外部からの言葉を求め，「他者」とぶつかるときや，思いがかなわないときに，納得したり，自制したりするために言葉を使う。この様相は，自己を見つめるもう一人の自己の到来を物語っているとされる。

これら2つの理論的枠組みは，他者との対話的な関係が自己内の対話的関係を生み出し，さらに現実の他者との関係形成の広がりにつながっていくという関係論的な視点をとることによって，「時間経過にしたがって個の内部で自己認識が可能になってくる」といった従来の単純な発達観を打ち破ろうとする点で類似している。とくに鯨岡は，養育者を，単に子どもの行為や言葉に対して反作用を返すだけの受動的環境としてではなく，目に見える行動の次元に留まらない広義の主観性を子どもと交感しあうもう一方の主体（能動的主体）としてとらえ，両主体間の気持ちの共有やすれ違い，ぶつかり合い等を「相互主体

性」という用語で取り押さえようとしている。彼は,「育てる者」もまた,子どもを育む願いをもつ一個の主体であり,「育てる」という営みの本質は,子どもと養育者の相互に主体的な関係の中で「子どもの心を育てていく」ことにある,という主張を明確に打ち出そうとしたのである。

(4)「私」という意識の2つの面

振り返るに,私は幼稚園や学校に提出を求められる家庭調査票の「どんな子どもに育ってほしいですか」の項目にはいつも「自分を表現できる子ども」というようなことを書き記していた。それは,私自身が他者からどのように処遇されるかにびくびくするようなところがあり,ここぞというときに押し出しが弱いことを自覚しているからであった。自分の育ちから生み出された,いささか素朴すぎる信念であるが,様々な不安,周囲の人との摩擦に折れない,「私は大丈夫」という自分に対する信頼感を子どもの中につくってやりたいと考えていた。

鯨岡・鯨岡(2004)は,人間が有する根源的に矛盾をはらむ2つの欲求—主体として意のままに振る舞いたいという欲求と,他者と繋がりたいという欲求—に呼応させ,子どもを育てる者の願いを挙げている。一つは子どもが自分の中に充実感や自己肯定感を持って「私は私」と自分を主張し,自分らしく生きていくことへの願い,「あなたはあなたらしく,この世界を生きる主人公になってほしい」との願いである。今一つは子どもが「私は私たち」として,周りに目を向け,他者との摩擦や対立を体験しながらも,交わることに喜びを見出し,みんなと共に生きていくことへの願いである。これには「みんなに迷惑をかけないように」社会の規範を身につけてほしいといった気持ちも含まれる。

これらの願いは「私」が自分の住む世界(「私は私たち」の世界)にかかわり,そこから喜びを受け取っていくために欠かすことのできない二側面,一個の主体において決して切り分けることのできない2つの心の動きに関するものである。子どもの側に定位すれば,この両面は自己意識の表裏をなし,「私は私」を押し出しすぎれば「私は私たち」の充足が難しくなり,「私は私たち」に傾

きすぎれば「私は私」という感覚が見失われやすくなるという葛藤をときに伴いながら，複雑に絡み合ったものとして子どもの中に培われていくと考えられる。

　子どもは「育てる者」に思いを受け止められることを起点とし，この両面の心を立ち上げる。「育てる者」に受け止められることは，広義には自分の存在そのものを認められることになり，そこに子どもの自信や自己肯定感（「私は私」の心）が培われる。したがって，「私は私」の心は，子どもの内部でのみ形作られるものではなく，その押し出しを受け止めてくれる「育てる者」の受け止め方にすでにかたどられたものになっている。一方，自己に対するそのような信頼があってこそ，「他者」もまた一個の思いを持つ者であることを理解できるようになってくる。その存在を認め，今度は子どもの側が周囲の他者を主体として受け止められるようになるのである。

　ワロンは，「受動─能動」の体験が，自己を見つめるもう一人の自己（自我二重性）の形成に重要な意味を持つという立論を行ったわけだが，そこに「育てる者」と「育てられる者」がそれぞれ願いを持つ一個の主体であるという観点を組み込む必要がある。すなわち，「受動─能動」の交替構造が（ワロンのいう）感覚運動的なレベルと同時に，（鯨岡のいう）間主観的レベル─自らの思いを受け止められ，相手の思いを受け止める─でも経験されることによって初めて，本当の意味での「自己，及び自他の基本構造」ができあがってくる。このような見方をすることによって，自己意識が成立することと，他者を受け止めようとする心の動きがじつは表裏一体のものであることが見えてくる。つまり，「私は私」の押し出しが弱い子はもちろんのこと，「私は私たち」という実感に乏しい子どももまたいまだ脆弱な自己意識しか持たない子であるし，そうした子に対してはまず丁寧にその思いを受け止めていくことが，その子の自己意識をより確かなものにし，「私は私たち」という心の動きを育むことにつながっていくのである。

　また，子どもが周囲の他者と折り合いをつけていくためには社会規範にそった行動をすることも大切になってくるが，それを取り込むことも，「育てる者」

と情動を共有する体験の積み重ねが基盤となって可能になる。すなわち，自分に対して規範を差し向けてくる者が信頼しうる他者であるからこそ，子どもはそれを内的他者＝第二の自我を形成するさいの道しるべとするのである。こう考えると，いわゆる「しつけ」は，表面上は社会規範に合致した行動を形成することを目的としているように見えるが，本質的には子どもを社会的・文化的存在へと育もうとする「育てる者」の，「私は私たち」としてありたいという願いの一つの具現化として行われねばならないものだと考えられる。

　幼い子どもに喜びを与えることが自らの喜びになるという経験は「育てる者」の誰しもが経験するだろう。「育てる者」は，いつも子どもの一歩前にいて子どもから大人の願うものを引き出そうとするのではなく，「育てる―育てられる」という関係の営みの中で，つねにお互いを映し返し合い，それによってお互いの関係性が深化し，そのようにしてしだいにお互いの中に何かの変化が産まれてくるのを待つ構えを持つことが重要なのだと思われる。

（5）　家族から友だちの世界へ

　娘もそうであったように，0，1歳台から保育園に入園する子どもも増加している。そこにおける子どもと保育者の間の対人関係について，より詳しくは家庭のそれとは異なる議論が必要になるところであるが，基本的には，それはここまで論じてきたような子どもと養育者の関係に近い様相を持っているものと思われる。しかし，3，4歳からいよいよ，子ども同士の対人関係が活発になるという意味で，保育園特有の集団的な対人関係の場が広がってくる。同世代の子ども同士の関係は，「子ども―大人」の関係のあり方とは様相を異にする。先に述べてきたように，「育てる者」は様々に子どもの気持ちを受け止め，配慮しながら接するが，子ども同士はそうはいかない。それぞれのむき出しの「私は私」がぶつかる場で，子どもたちは様々な葛藤を経験することとなる。

　もちろん，一番のよりどころとなり，集団の場を支えていくのはあくまで保育者である。すなわち，保育者を最初のよりどころとしながら，その関係を基盤として関心が徐々に他の子どもに向かうようになる。ただし，各自が思い思

いのイメージで行動することが先行して，共同の遊びはなかなか持続しない。保育者は子ども同士の興味や関心をつなぎ，共有を促し，遊びをつないでいくようにはたらきかけたり，共同の生活を意識づけるように動いたりする。その中で，子どもは徐々に他の子どもの思いに気づいていく。そして，年中児になるころには自分を一方的に主張するだけでなく，他者の思いや要求に応え我慢したり，自己を調整したりできるようになる。

　この体験は，一方的に自分を押し殺すだけの苦役ではない。自分の欲求を制御できた体験は自分に自信を与える。みんなと一緒に楽しく遊べた，みんなと一緒が楽しいという体験は，「私は私たち」の実感そのものであり，それは，自己に自信を与えるという意味でまた「私は私」の充実につながると考えられる。

(6) なりたい自己への志向性

　幼児期後半から学童期にかけて，子どもの対人関係はさらに集団の比重が高くなる。子どもがばらばらに1対1で出会っていた他者は，まとまりをもった集団という単位でも子どもの視野に入ってくる。言い換えれば，遊びや生活の中で，他者は，共同の関係をつくっていく「仲間」となる。

　仲間同士が共通の目的に向かって協力するためにはイメージでつながることが必要になる。「いま，ここ」にある具体物を超えた表象，想像という領域が広がってきて，それらが言葉によって共有される。意見を出し合ったり，工夫したりする過程に，ある程度抽象的な思考の要素が入り込んでくる。好きな遊び，興味の対象などによって気の合う友だちや「ああなりたい」と思えるような存在が出てくるのもこのころである。

　また，大人のまなざしから離れた場所で，仲間のルールが生成され，何らかの役割を与えられたり，自らとったりする。仲間から評価されたり，認められたりする中で，この集団に属しているという仲間意識は強まり，共同で何かを成し遂げたあかつきには，一緒が楽しい，またこのお友だちと遊ぼうという気持ちも大きくなる。

この時期以降，仲間とのやりとりによって，自己に対する意識は多角的になる。これは苦手だけれど，これは得意，というふうに自分について考えるようになる。そして，自分で自分を励まして努力する姿や，「大きくなったら〇〇ができる」と，自分が自己をつくっていくのだという感覚の芽が見られる。

（7）　幼児期以降の間主観的関係──それゆえの危うさ

　今述べたように，幼児期以降，子どもは家族から友だち仲間へと飛躍的に世界を広げていくわけだが，この際，「育てる者」には心しておくべきことがある。子ども集団に参入すると，「育てる者」と子どもが間主観的にわかり合う様相は趣を異にする。乳児期は子どもとの二者間の気持ちの通じ合いを目指し，ときにそれがかなわなくても「育てる者」が子どもの気持ちを調整するという形で事態を収めることができていた。しかし，幼児期にはそのように養育者の圏域の内部で事を収めるような対応は難しくなってくる。

　子どもが家族のもとから離れても，「育てる者」には「私と子ども」のユニットが，社会とつながっていく感じがある。たとえば，子どもを持っていないときの私は，母親が子どもの「お受験」に熱心になるのは，世間的に良いとされる学校に子どもが合格したという評価が，間接的に母親の評価になり，母親の自尊心，自己愛が満たされるからだろうと思っていた。しかし，子どもを育てていると，子どもの感情を直接自分が体験しているように感じられることがしばしばある。わが子が鉄棒の逆上がりができた瞬間，心躍るような感情がわきあがり，自分自身が得意になったり，逆にわが子が友だちから仲間はずれにされることがあると，とげが刺さったように，心のどこかがチクチク痛むような感覚を覚えたりする。何かの困難に直面したときの子どもの負の情動に「巻き込まれる」ことは自分が不安になることであり，「育てる者」にとって耐えがたい体験である。肯定的な感情を得たいがために早い合理的な解決策を求めたくなり，子どもと自分のニーズが一致していると思い込み，様々に援助する。それが「育てる者」のひとりよがりになってしまっていないかどうかは，つねに注意しておかねばならない。ときに，「この子のため」と言いながら，

実は「自分のため」になってはいないか。間主観的にわかり合っている，自分が必要とされているという感覚は，自分でなければだめ，この子のことは私が一番よくわかっているという感覚も生成する。大人と子どもの非対称性を背景に，自分が心地よい方向へと子どもを仕向け，結果的に子どもの自立を阻むことになるといった危うさもここにはひそんでいるのである。

　以上，定型発達の場合の子どもの自己感の発達を，養育者の「育てる」という営みとの関連のもとに概観してきた。理論的には，スターンの自己感の発達論を基盤にしつつ，言語的自己感以降の発達過程をワロンや鯨岡の議論を参照しながら，より詳細に検討した。
　これを踏まえて，次に自閉症のある子どもの場合，どのような筋道を通って自己感が発達していくのかについて理論的に素描し，後の事例を解釈するための足場を築いておくことにする。

3　自閉症のある子どもの自己感の発達

(1)　自閉症のある子どもが生きている経験の構造をその「内側」から明らかにしようとすること

　先の節では，定型発達の子どもが他者との関係を生きながら，自己感を形成していくことを論じた。では，自閉症のある子どもの自己感の形成・発達は，定型発達のそれとどのように異なるのだろうか。詳細な検討は後の議論に譲るとして，自閉症のある子どもの自己意識の形成について理論的に考えられる道筋を，一つの試論として簡単に示しておきたい。
　村上（2008）は現象学的方法を用い，自閉症児がどのように世界を経験しているのかを再構成することを試みた。氏は，自閉症児は以下の3つの契機で困難を抱えており，定型発達の場合はごく初期に自然と成立している経験の構造を，後から意識的に作り上げていくことがその特徴であると考えた。
　①人は人と相対したとき，自分に向かってくる視線や呼び声を直感的に経験

し，そこに何らかの気持ちや潜在的な動きを感じ取ってしまうということ。コミュニケーションのあらゆる様態にこの作動は含まれており，間主観性の次元を切り開く起源となる。言い換えれば，これは相手と相互的な関係に入ることを意味し，お互いの状況を感じ合うということ，その「感じ合い」が心地よいものであれば，相手と「共にある」という安心感のある構造がそこに生み出されるということにつながっていく。

　②知覚したものをまとめ上げて，高次のものに組織化すること。私たちは，相手が表出した運動感覚や情動性を知覚感覚器から受け取るが，それら各情報はそのままの意味にとどまらず，身ぶりや表情という全体へと組織化してとらえられる。これは，人の感情の理解にかかわり，ひいては，その人の「感じ」，自分にとっての位置づけにまで，発展していく。

　③予期できないこれから起きる事がらについて，受容できる領域を持っていること。これにより，未来が自分の予測とずれていても，それを自分の世界の中に組み込んでいくことができる。

　自閉症児の場合，これらの諸契機に困難を抱えているため，重層化していない純粋な感覚の世界から出発し，対人関係を基盤としない自己感が立ち上がっていく。その詳細については，以下の理論的素描，および事例を踏まえた理論的検討（第7章）において徐々に明らかにしていくが，一言で言えば，定型発達の子どもが身体的了解に基づいて一息に飛び越えるプロセスを，自閉症児は一つ一つ段階的かつ個別に（ときに順番が前後することもある）通過していくわけである。村上が示したこの着想によって，自閉症に見られる現在の状態像の多くが，出生直後から現在までの発達の過程で生み出されてきたものであること，子どもの状態像は千差万別であり，また，一人の子どもにおいても変容していく可能性があること，障碍の「特性」は必ずしもすぐさま改善するべきものとは言えないことなど，具体的かつ実践的な新たな自閉症論を組み立てていく可能性が開かれたと言える。

　以下では，この村上の議論を参照しつつ，私なりに自閉症の自己形成をス

ケッチしてみたい。ここで，手がかりとするのは，私が子どもとかかわってきた体験と，自閉症のある子どもを持つ母親（本書で研究協力者となる障碍児学童保育Pを一緒に運営している人たち）が子育てを振り返った語りである。登場する子どもは以下の6人である。
・折れ線型(6)と呼ばれる重度の自閉症のある子どもA
・就学時にはある程度他者とのコミュニケーションがはかれるようになった自閉症のある子どもB，C，D
・広汎性発達障碍と診断され，対人関係の質的な側面に課題を残している子どもE，F

なお，文中の（A-1；05）といった表記は，「A児1歳5カ月」を示すものとして使用する。

（2） 間主観性がはたらきにくい状態からの出発

生まれてきて，数カ月，「こんなにも愛しいものが存在するのか」（A-0；5），「この子も自分のようにきょうだいがぐちゃぐちゃかかわりながら大きくなっていくんやなあ」（C-0；3）と，母親たちは，素朴に親になった喜びを感じながら，自分が親から育てられたように子どもをまなざし，子育てのスタートを切る。それぞれ，子どもとの気持ちのつながりを目指して，子どもの身の周りを整えていくのだが，子どもが成長するにつれ，自分がすでに持っている子ども観とのずれを感じ始める。

「喃語が消え，突然目が合わなくなる。がくがくがくって感じ」（A-1；05）。

視線が合うということに関連して，私は我が家の飼い猫のことをよく考える。猫はじつによく私の目を見る。この人は次にどのような動きをするのだろうと探っているようであり，私が穏やかな気持ちなのか，何かにとらわれて気持ちが忙しいのか，その感情をも探っているようである。さらにそこに私は，ごは

───────────────
（6）自閉症の早期の発達過程において，それまでに一旦獲得された行動が消失したり，明らかな退行現象を示す一群についてこう呼ぶことがある。

んちょうだい，外に出たいなど，何らかの要求をもっているものとして猫をまなざす。

　村上（2008）は，目が合うとは，他者の感情や意図を感じ取ることであり，自閉症のある子どもと目が合わないという事象は，彼らにおいて視線に含まれる間身体的な通じ合いが弱いこと，したがってそこに自然と生じてくる感情や意図の交感に基づいた相互的な関係が成立しにくいことを意味すると考えている。

　「抱っこしたらつかまらない。なんか抱きにくい子やなって。普通にもたれてこない。こういう［筒型の物を持つように背中を支える身振りをしながら］持ち方をずっとしとかなあかん，普通やったら子どもからきてくれるから，抱きながらでも片手でなんかしたりできるのに，いつでもこうやって支えなあかんからすっごいしんどかって。座れるようになって，帯なしでおんぶしてみたら立つねんね，自分（子ども）が（地面に対して）垂直にならなあかんみたいな」(C-0；8)。

　この語りも身体の共同性に開かれていない子どもの状態の典型的な一面であると考えられる。抱っこが母子の間で成立するには，子どもの側にもしっくり抱かれようとするベクトルがある必要がある。もたれてこずに抱っこをいやがるかのような子どもを前に，母親は間主観的なかかわりの契機を失う。母親の側がわが子どもの気持ちをつかもうとしても徒労感が増すばかりである。しっくりなじむ感覚を欠く子どもは，自己の基盤となる身体感覚もあいまいになり，自己に対する一貫性や連続性などの中核的自己感を確実なものにすることができないであろう。同時に，母親によって包まれているという安心感のある構造に入ることもできないのである。このように間主観的な気持ちのやりとりが成立しにくいところから育ちを始めなければならないことが，その後の発達を定型発達とちがったものにしていると思われる。

（7）間主観性の基盤になるもので，かかわり合う者の身体が共振するような事態。

第2章 「育てる―育てられる」という枠組みが持つ意味

（3） 対人関係を基盤とせずに行為主体である「私」を生みだす

生後2年目に入り，子どもが移動できるようになると，どの人も多動の様相を語る。

「とにかくこっから（居間），があーっと外へ出て行こうとするし。チェーンして鍵かけて，結局」（B-2；06）。

「もう道の真ん中をだーっと走ってて。『この子道路走ってたけど，お母さんいませんかあ』って見知らぬ人から言われて」（C-2；06）。

「ほんまに脱走してたんですよ。1歳代は多動の時期だったんですよ。今では想像もつかへんけど，ほんまじっとしてなかったから」（F-1；10）。

このころの多動は子どもから目を離すことができないため母親たちを肉体的に疲弊させる。

定型発達の場合，養育者との関係の中で，一つの行為にふくまれている能動―受動の交叉から自己性，他者性を感じるわけだが，間主観性のはたらきが弱い場合，この対人関係に含まれる能動―受動の交叉を主軸としない，別種の自己感が生まれると考えられる。すなわち，ここではないどこかに行こうとするとき，自己の身体，運動感覚は感じられているはずである。「能動性」と呼ぶほどにはまとまったものとは言えないものの（むしろそれは「衝動性」に近い），ここには少なくとも「行為主体」としての何らかの自己感が伴われているだろう。多動の様相は，このような「行為主体としての自己」の立ち上げと，母親との「ここ」が安心感の醸成の場になっていないことを表していると考えられる。

それに対して養育者は，「子どものことがわからない」（A-3；00，B-2；06）というように，子どもとの気持ちの通じ合いが感じられないと嘆く人と，「人に訴えるということをしない人，愛想もふらへんし。でも，目も合うじゃないですか，親子だから」（F-2；00），「ジェスチャーで会話してるつもりだったんですね。母親と子どもとしては。意思の疎通ができてたんで」（E-2；06）などというように，子どもの行為を生活の文脈の中に意味づけ，「親だからわかる」と説明する人に分かれる。定型発達の場合も，まずは養育者側が子どもの行為をなにが

しかの意図や感情の表出と「みなす」ということ，そしてその把握に基づいて子どもにかかわるということが，自己感の成立に深く関係しているが，自閉症児の場合，行為の主体としての子どもの意図性をある程度汲み取れるか否かで，親の感じ方および子どもの育ちの過程がちがってくるようである。何とか子どもの意図性をくみ取れたというのは，学童期以降，言葉の獲得がある，比較的軽度な子どもの母親に多い感じ方である。この時点の子どもの様相，母親の感じ方の幅が，母子が相互に主体的な関係に入るか否かの境目となり，その後の子どもの状態像の幅につながっている可能性がある。

（4） **安心感のある構造を作り出そうとする**

　もう一つ語られるこの時期の子どもの特徴的な様相は，常同行動や感覚遊びへの没頭である。

　「手を光の方にかざして，指をひらひらさせてね，指の間から洩れる光をみてるんかなあ」（A-3；06～中学生になった現在も）。「回るもの，エアコンの室外機や換気扇は気になりますね。見入ってその場を離れない」（B-4；06～中学生になった現在も）。「水が好きで，1日中，川につかってたんです。なんでなんやろなって思ってたかな。水がとにかく好きで」（D-2；06）。

　養育者と子どもの間主観的関係には，はじめから親の側の様々な思い（願いや慈しみ）が込められていることを先に述べた。その中で子どもは愛されている自己を感じる。親との情動的な交流に入れない子どもは，この世に住まうために安心感のある構造を自ら作り出さなくてはならない。常同行動は，孤立的な体験世界になんとか適応しようと，了解可能なことに自分を浸そうとする彼らなりの努力ではないかとも考えられる。

　このころの多動と常同行動に対して母親の「やめさせたい」「なんとかしたい」という思いが強く，そこから負の感情が引き出されやすい。村上（2008）は常同行動について，了解，表象できない現象を避けるための行動と考える一方，それを携えていれば未知の世界に踏みだす手掛かりとなる可能性も示唆している。実際，多くの母親たちは，なげきながらも，それにとことん付き合い，

（5） 他者に気づく

　2歳を過ぎると，乳幼児健診などでも子どもが通常の子どもとはちがうことが指摘され，6人中5人（残りの1人は居住の自治体が違うため，対象にならなかった）は療育事業の保育を受けている。療育施設における毎日の保育は見通しの持ちやすい一貫した内容であり，自閉症のある子どもに，すでに経験したことの繰り返しとしてわかりやすい構造を提供することになる。生活の積み重ねの中で，何らかの対人関係が生まれ，他者の存在への気づきがその行動に表れてくる。大きく分けると，人見知りがない子どもと，反対に「**私と私の母には泣かないんですけど，実の父親にさえも，ちょっと，ふぇーんって怖がるくらいで**」（E-2；06）というように，人を怖がる子どもに分かれる。間主観性の弱さに端を発し，対人関係のあり様のちがいを感じられない場合や，または人の存在自体が，侵襲的に感じられる場合があるのではないかと思われる。

（6） 親密な他者への愛着

　それでも，子どもたちは，子どもをわかりたいという親たちの願いのもと，徐々に親密な他者として親を認識し，愛着を向けるようになる。療育や保育の集団生活の場でも選択的に「安全基地」のように接する保育者ができる。どの子どもも就学前ころに多動の姿は減る傾向にあり，親密な他者に受け止められることと，行動に意図性が感じられるようになり，まとまりができてくることとは関連しているように思われる。愛着を向けられるようになった養育者は，「**（人見知りがまったくなく）今まで母のいらん子だったので，自分に来てくれるだけでうれしい**」（D-4；00）と報われた思いを持ち，子どもに向かう気持ちを立て直す大きな契機になるようだ。

（7） 表象化された次元の獲得

　「『かんぱーい』とおもちゃのコップをかちんと合わせる」（D-2；06ころ）。

「おもちゃの先をカーテンにあてることをするようになって。何をしているのかなあと思って見ていたんですけど，掃除機なんですね。私がそんなふうに掃除機を使うんです」（D-2；06ころ）。

　愛着対象ができた後に，このように親しい他者と物を介したやりとりをしたり，「形」の模倣が見られ，ある程度表象化された次元を獲得しているように見受けられる場面も出てくる。定型発達の場合，やりとり遊びや見立て遊びは気持ちの共有，交感へとつながり，自己を見つめる内なる他者の成立に重要な意味を持つが，自閉症児の場合，ここからの道のりはまだ長い。

　しかし，母親たちにとっては，なにがしかの通じ合いの意味を持つ体験になり，自分が子どもにとって重要な他者であるという感覚は強くなる。そのような母親のあり方，思いはおそらく子どもの側にも心地よい体験となって，積み重ねられるであろう。

　「形」の模倣や，「一つ聞いたら一つ答える。ポンポンと会話は続かない」（C-4；06）といった一問一答的な会話が頻繁に見られても，「『マジックで絵描くんやったら新聞しいて描きよ』と言われて，自分のおしりの下に新聞をしいた」（C-5；00）といったようにイメージを共有することのむずかしさがある。村上（2008）によれば，定型発達の場合，生まれるやいなや間身体性が作動し，知覚から得られた情報を高次の次元にまとめ上げ，情動や社会的記号といった知覚以外の意味に重層化していくはたらきが備わっているが，一方，自閉症のある子どもには見えないものをとらえることのむずかしさがある。家族はわかりやすく伝えたり，指示したり，配慮を工夫する。その環境の中で，間身体的な通じ合いの積み重ねが可能になり，言葉に含まれるニュアンスを少しずつ獲得していく子どももいる。

（8）　その後の感情の理解と対人関係
　自閉症のある子どもは，他者を認識すると，自分からかかわりを持とうとしたり，逆にまるでその他者がいないかのように振る舞ったりと，相手によって（自分とのかかわりの歴史や，深さによって）態度を変える。その後，他者から

操作されることを極端に嫌い，主体としての自己を押し出しているように感じられる時期がある。これは他者を意識しながらの「私は私」（鯨岡，2006）の芽生えに近いものであると考えられる。その押し出しは強く，他者は厳しく選別される。反発する相手は，その自分に対して怖々接してくる人や，自分に何かをさせようとする人に対してであるように思われる。一般的に自閉症児は他者の心の機微を読むことが苦手とされるが，安心感の脆弱さゆえか，他者が纏っている自分に向かってくる「感じ」に，むしろ敏感とも見える。その「感じ」で，自分がどうされるかをすばやく判断しているのではないか。

これ以降，自他の感情の理解や，対人関係において自分の世界を広げていこうとする心の動きの芽生えは個人差が大きく，学童期から生涯に渡って長い時間をかけて発達していくのだと考えられる。

「車の中でブルーハーツの曲を流してたんですね。『甲本さん怒ってるねえ』って言うんですよ」（B-7：06）。

定型発達の場合，生後間もなくから，間主観性が作動し，気持ちの共有が積み重ねられ，自他の感情の理解につながるが，自閉症のある子どもの自他の感情の理解は，人に向かう志向が芽生えてから後，人から表出された行動と自分の持っている感情表現の種類を結びつけるなど，様々な方略，努力によって，後づけのように理解する過程があると思われる。ブルーハーツの曲は激しいリズムと，がなりたてるような歌唱が特徴である。この子どもは，曲から感じた歌い手の生気情動を，感情の表出として受け止め，それを頭の中で「怒り」と関連付けたと考えられる。

自分を取り巻く世界や人々に対して信頼感ができると，子どもの側から対人関係の世界を広げる動きが出てくる。その際，新しい世界に向かうからこそその子どものいらだちや，むずかしさが表面化することがある。その姿は「他者には他者の考えがあり，他者は自分と同じような一個の主体である」ということが頭でわかり始めているものの，心情的にはそのことを受け止めきれないといったふうであり，「私は私たち」という心の形成に向けた最初の一歩を子どもが踏み出したことの証だと思われる。

ただし，ある種の言語的コミュニケーションが可能になっていても，一方的な接近や話しかけ，やりとりのむずかしさがある。中学生になって，「お気に入りのアイドルグループのDVDを『これ，貸してくれる』と言いながら差し出す」（B-14；00ころ）というふうに，「行く—来る」「あげる—もらう」などの受動と能動に関連した語をなかなか使いこなせない。しかし，ここまでくると，他者を受け止めていこうとする心の動きは，不器用ながらも確実にその幅を広げているのである。

以上，簡単に自閉症のある子どもの自己感の形成について素描してみた。全体としては土台が育ってその上に新たな育ちの次元が開かれ，それが次の土台となっていくといった基本的構図が考えられるが，さりとてその過程が一直線に進むわけでもない。たとえば，年齢を重ね，コミュニケーションもとれるようになり，ある程度，他者を受け入れようとするところまで自己が育っていると見えても，自分の安心感のよりどころとなる常同的な行為は，形を変えて持っている子どもが多い。

自閉症のある子どもの自己感の形成プロセスは，定型発達のそれとどのように異なるのだろうかという問いでこの節を始めた。村上（2008）が指摘したように，自閉症のある子どもは人生早期の養育者との間身体的なつながりが弱いことが確かに示唆された。私見では，スターンのいう中核的自己感は，じつは，養育者との間身体的なコミュニケーションを前提にしているので，自閉症のある子どもにおいてそれが弱いということは，定型発達とは異なる独自の自己感の発達経路がありうるという着想につながる。そうした定型発達と自閉症の「ちがい」を取り出して見せたのが村上の立論だった。

村上は，自閉症のある子どもが「そのつど使える能力と手段を手がかりとして次の段階へとステップアップ」して，独自の方策で経験世界の次元を広げていく様相を描いた。一方，私の考えは，ちがうルートをたどってきても，自閉症のある子どもも安心感が得られる他者を求め，それゆえ自他関係の相がふくらんでいき，その結果，鯨岡の言う「私は私」と「私は私たち」という自己意

識の両面が形成されていく—他者を受け止めることが可能になる—という点では，定型発達と変わりないのではないかというものである。言い換えれば，子ども自らの努力・方策とみられることと，養育者の子どもに寄せる思いの下でなされる「育てる」という営みとはつねに絡み合い，その都度の自他関係のかたちと子どもの自己感のあり様を彩っていくということである。上の試論ではまだ，その点には詳しくふれておらず，子どもがおのずと（その内的世界において独力で）発達したような印象を与えるかもしれない。

後の事例（第4章以降）では，養育者の主観的な体験，自閉症のある子どもを取り巻く人々の姿を併せて示し，とくに，子どもの自他関係に飛躍が見られるところの自己感のあり様，すなわち①安心感のある秩序だった構造化された世界から他者に向かう心の動きが芽生えるところ，②他者との受動—能動のやりとり関係から「内なる他者」が育まれていく過程，③他者を受け止めていこうとする心の育ち，の3つの契機に「育てる者」およびその他の他者はどのような意味を持つのかについて，より詳しい検討を行っていく。

その具体的作業をしていく前に，次節においてさらに自閉症のある子どもと養育者を取り巻く問題を検討し，本書の目的を別の側面から明らかにしていく。

4 自閉症のある子どもを持つ養育者の従来の位置づけを見直す

先の節までで，養育者との関係の中で，子どもの自己感が形成されていく過程を考察した。これにより，養育者はたんに子どもの発達を促進するために機能している透明な存在ではないことが浮き彫りにされた。この節では自閉症児を持つ養育者がこれまでどのような位置づけを与えられてきたかを考察し，養育者の位置づけを見直すことの必要性を論じる。

（1） 共同療育者としての養育者

自閉症の成因論が心因説から器質障碍説へと転換をとげ，その過程で出現してきた新たな位置づけが共同療育者としての養育者である。1970年以降の様々

な療育論は,自閉症児の養育者(とくに母親)の役割を,もっぱら療育者として重要視してきた。

　行動療法的なアプローチは,初期のころは,自閉症児をどう変えるかは周囲の人々の直接的な義務であり,していいこといけないことの区別を日常的に一貫して指導する,「躾」を強調していた(若林,1983)。これは,子どもの行動すべてに対し,受容的な態度であるべきだという心理療法の関係づくりの初期の姿勢に対するアンチテーゼでもあった。その後,子どもの能力を引き出すための療育がその生活の場で途切れないように,養育者も子どもの発達促進的環境の一部として機能すること,つまり,「周囲の人も物も皆環境を形成している条件」とみなすことが強調されるようになった。とくにTEACCHは,精神分析の「原因としての親」という考え方を強烈に批判する中で生まれてきた経緯を持つため,養育者を療育にあたる共同者として位置づけることを強調している。療育実践では,養育者の養成と家庭での行動療法の適用,教師の養成と学級場面での行動療法の適用など,子どもの行動形成と同じ構図で,並行して養育者に子ども支援のための技術を具体的に指南し,問題行動の低減についてその経過を検討するものが多い(たとえば,奥田・井上,1997;坂本,2001)。近年は,医療や福祉の分野でのパターナリズムからの脱却の流れに即し,養育者自らが「主体的」に子どもの療育にかかわれることを目指している。

　心理療法を中心とする関係論的なアプローチは,子どもとの関係を築く者としての役割を養育者に期待している。山上(1997)の「家庭療育指導」は「朝起きてから寝るまでの生活ベース」で遊びや経験の拡大を意図し,母子関係を育むことで,現実を改善するとしている。小林(2000)は,母子セラピーにより,母親を愛着形成の一方の当事者として,親が変わることによって,子どもとの関係が変化し,関係が改善されることを目指す。子どもとその家族を苦しめた人間関係の困難さを緩和することに意味があるとし,その心的過程にも注目している。両氏は母子関係が子どもの自己形成の発達の土壌となることを明確に打ち出しており,私の考える自己の発達の過程に近いものがある。また,療育者が養育者の苦しみに寄り添い,子どもの問題を分かつこともねらってい

る。しかし，検討の対象は，母子関係を通じての子どもの問題の改善についてであり，養育者が生きていることそれ自体の考察はまだ不十分である。

（2） 支援される者としての養育者

1980年代以降，自閉症児を持ったことで生じる家族の困難に注目が集まるようになり（たとえば久保，1982），養育者もまた支援されるべき対象であるとする考えが広まった。養育者を支援するという趣旨の研究には，療育効果を高めるために支援するという立場のものと，子育て支援の観点から，自閉症児の養育者自身を支援する立場に分かれる。

「親の心の支えになり，養育への有益な助言を与え，そして障害が発見されたこどもを療育に導入することが治療者の最初の仕事である」（蔦森・清水，2001）。この言葉に代表されるように，療育効果を高めるため，障碍受容の過程を検討し，受容することを支援することが，自閉症児の治療に重要であるとの論は多い（たとえば夏堀，2001）。しかし，障碍の受容過程の検討から発展して，慢性的な悲嘆やジレンマは通常の反応であるとの知見も出てきており，親のあり方を「いつかは達成すべき障碍受容」に至る過程のどこかに当てはめる考え方では，障碍受容と療育効果の関連をとらえられないという異論も唱えられている。

子育て支援の観点からは，家庭生活の状況を把握し，支援のあり方を探索的に探り，どの時期にどのようなサポートが必要か情報を得ようとするもの（船津・李木，2001），自閉症児を育てること自体がストレス源であるという予めの想定，問題意識から，ストレス構造を見出し，ストレスを低減するためのニーズを把握し，施策にいかすという方向性のものがある（稲波ほか，1994；坂口・別府，2007）。また，家族自身の困難を除去するためには，子どもの行動が改善されることが支援になると考えるものは，親を共同療育者とみなす行動療法的アプローチの議論とつながっている。

以上のように，これまで打ち出されてきた養育者への視点は，「心因として

の親」像を払拭しようとする意図を持ちながら，共に子どもを育もうとする方向には向かっている。しかし，そこには，「専門家」が子どもの障碍を軽減し，発達を促進することを自明のこととし，親もまた当然ながらそのようなニーズをもっているとみなすような暗黙の前提があるのではないだろうか。そして，母親を，障碍を抱える子どもの日々の生活と成長のための必須の要因・基盤とし，養育者がそのような者として機能することを当然のように求めているのではないだろうか。また，「支援される者」という位置づけは，育ちに困難を抱える子どもを持つ「弱者」としての位置づけである。そうした枠組みのもと，子育てに関して何が困難かと尋ねられれば，確かに多くの親は困難を抱え，悩んでいるという側面について語るしかないだろう。しかし，たとえば，自閉症児を持ったことで出会う新たな自分についての発見，子どもの育ちに接したときの喜びなど，悩みだけではない多様な感情がどの人にもあるはずである。発達促進のために機能する親，支援される者としての親，そのどちらのイメージも自閉症児に対する否定的な意味づけを揺り動かせないまま，自閉症児の母親を何か否定的なものを抱えた存在として位置づけていく点では共通していると言える。

（3）「育てる者」としての適切なふるまいを求められる――共同主観性の問題

　子どもと養育者は二者，または家族などの身近な他者との関係性の中に閉じて暮らしているのではなく，今，生きている社会とつながっている。私たちの社会は大前提として，子どもを，社会を引き継ぐ者へと育むことを「育てる者」にゆだねている。したがって，「育てる者」の行為は，自分自身の考えであるように見えて，現代の共同主観的な価値観によって規定されており（鯨岡, 2002），子育ては社会や文化から期待されていることを背負う形で行われていることも見逃せない。

　家庭の養育力の低下が指摘されながら，子育ての困難，子育て支援の必要性が説かれるというねじれの中で「育てる者」は翻弄されている。社会構造の変化によって，子育ては共同的な営みであるという感覚が人々から失われ，子育

ての「私化」が進む一方で，社会からの要求水準が高くなり，「育てる者」にはその責任が重く肩にのしかかっている（大日向，2002）。そこには達成されるべきよい母親像があり，一面ではそれが母親にさらなるプレッシャーとなることで育児不安や虐待の問題が生じている（輿石，2005）。

　「合理性の追求」という子育て観の台頭は，意味と有用性，費用対効果などを重視するビジネスモデルとも似て，「早く，たくさん，上手に」できることを子どもに求め，子育ての結果として子どもの変化が目に見える形で成果として残ることが求められるようになった。遊び方を指導され，マニュアル化された「子育て〇〇プログラム」なるものが氾濫している。それらは，身体という実感的なものを介したかかわりと言うより，観察し，評価するといった構えをそれぞれの養育者にもたらす。昨今の子育てにまつわる言説は，子どもと喜びを共有することで養育者にとっての世界が広がり，多くの学びを得ることにつながるといった，「育てる」ことの喜びや楽しさ，豊かさを覆い隠してしまう方向に作用している。「育てる者」自身が主体としての育ちに困難を抱えているということが，子どもを主体として受け止めることの難しさになり，それが，主体としての心を子どもに育むことを一層難しくするという循環があると言えよう。

　それに加えて障碍児の養育者は，社会が共有する障碍観にも大きく影響される。障碍は，個人の機能障碍やそれによって生じる能力障碍のレベルだけでなく，環境との関係で規定されるというWHOの障碍のとらえ方は障碍児・者にかかわる者には広く共有される概念になった。「国際障碍者年」（1981）と，これに続く「国連・障碍者の十年」（1983～1992）が過ぎ去り，乙武洋匡（1998）の『五体不満足』が470万部以上売れ，パラリンピックが感動の場として大きく取り上げられるようになった。人権意識の全体的な高まりによって，露骨な差別や偏見は許されなくなった。

　しかし，そうした大きな動向からより日常的なレベルに目を転じてみたときに，はたして市民の意識における障碍観は変化したであろうか。メディアで自閉症が取り上げられることは格段に増えた。テレビドラマでは自閉症児・者の

純粋さと特異な才能が強調され，一様に無理解な他者と，優しく穏やかに主人公を見守る母親が描かれている。報道番組では受刑者の矯正教育を紹介し，自閉症児の教育への利用可能性について論じたり，イギリスの発達障碍の犯罪者の矯正プログラムが紹介されたりする。そして，日々の現実といえば，自閉症のある子どもたちと出かけると，楽しく談笑しているだけでも奇異なものを見るようなまなざしを向けられることは珍しいことではない。社会全般に自閉症を理解しようという機運は見られるものの，あくまでも自分が得た範囲の自閉症像に基づいて，自分の側の世界から一方的に自閉症を評価するのみであって，自閉症者と自分との連続性を感じているわけではない。厳然と存在するその壁は高い。そして，「意味不明」という言葉で片付けて，深くコミットすることをしない多数の人々の姿勢は，自閉症児とその家族を自分と関係のあるものとして考える契機を奪い，考えたとしても，それはこちらの世界に来るために，自閉症児・者が努力して壁を乗り越えるか，壊すことを要求しているのである。このように，自閉症に向かう人々は，「あってはならないもの」「克服すべきもの」という大きな障碍観を背景に，忌み嫌う者，かかわりを感じず傍観する者，同情する者，支援する者という濃淡のどこかに位置している。

　そして，障碍児の養育者は，「障碍児の親」というカテゴリーに入れられる。行政も，障碍のある子を育てることは特別なことで，「子育て」とは見ていない（海津，2002）。社会が子育ての責任を託しているのと同じ構図で，障碍児を育てることを委託している。うがった見方をすれば，「障碍児の親」とくくられることは，何か実生活での具体的かかわりが生じない限りは「定型発達者」とは非常に異なった存在（縁遠い存在）としてみなされる一方で，子どもを管理し，障碍の克服に努めるべき責務を負うことになるということである。佐々木（1992）は，「両親が『新しい問題』を発見して，それを解決する方法を自ら考え出すことができたときに初めて，『順調な経過』をたどっていると判断する」と述べているが，なぜそれが「問題」なのか，誰にとっての「問題」なのかは必ずしも十分に考えられていない。「問題」を「問題」として捉えること自体に何らかの価値観が付随しており，その価値観のあり方こそが本

当の問題なのである。現在の障碍観の下で，「育てる者」が，「今，ここ」の子どもを受け容れ，その存在を丸ごと肯定することがはたして可能であろうか，そのむずかしさを感じざるをえない。

養育者が子どもをどうとらえ，どのように振る舞うのかについては，個人史，現在の養育環境，子どもとの関係性，現代社会の共同主観性など，様々なものの絡み合いの中で決まってくる。言い換えれば，子どもは養育者，その家族にとって固有の意味を持つ存在である。そのような諸々の文脈の中で，人は主体的に「自分の生に"意味"を与え，それを"方向"づけたいという欲望を持つ」（西，2001）。しかし，自閉症児とその家族はむしろ社会の側から一つのカテゴリーにくくられ，療育の対象として客体化されている。この一方的な位置づけは，悩みながらわが子に接し，しかし子どもの小さな変化にも喜びを覚える「育てる者」としての養育者像から大きく乖離していると感じられるし，また，そのような世の中の視線が養育者の困難をかえって増幅しているようにさえ思われる。ここに，自閉症の子どもと日々接する養育者たちの等身大の姿を描き出す必要性が痛感される。

5 日常を生きる自閉症のある子どもと「育てる者」の姿を描くことの必要性

ここまでは，主に母親を想定した養育者と子どものとらえ方の問題を議論してきた。ここでは，「育てる者」の意味合いを少し拡げ，私が発達相談をしてきた健診，巡回発達相談の事例をもとに，子どもが育つ場の現状を述べておきたい。

（1） 自閉症の「早期発見・早期支援」に振り回される現場で

2005年に発達障害者支援法が施行され，発達障碍がある人の早期発見・支援が地方公共団体の責務とされた。また，障碍種別・程度による特定の場における教育から，幼児児童生徒一人一人の教育的ニーズに応える教育へと転換を図る特別支援教育は，2007年から本格的に始まった。私は大学院の後期博士課程

に入った2005年から，京都の保育園で発達相談を始め，年々，大阪周辺の自治体での乳幼児健診や保育所，小学校の巡回発達相談の非常勤の職が増えていった。

　私が務めた自治体の発達相談では，どこも発達保障論（田中，1985）に基づくアセスメントが行われていた。発達保障論は新版K式発達検査をアレンジした心理テストを実施するが，認知・言葉・社会性の連関から自我の発達をみるもので，人が人の中で育つことが重視されている。問題を発見するだけではなく，健診後のフォローアップの教室や療育施設も整備され，支援体制としては充実していると思われる。そのような地域であっても，行政にはとにかく障碍のある子どもの発見に"見落とし"があってはたいへんという考え方が貫かれているようであった。私たちが暮らしている社会では，年齢によるある程度の等質性を前提に保育，教育がなされているのであるが，子どもの発達の様相は一人一人ちがう。療育は就学時が一つのポイントとされているわけだが，対人関係の発達について乳幼児期からの経過が良好であっても3歳半では，1歳半ではとさかのぼり，何らかの特性に該当することがあれば"広汎性発達障碍の疑い"という一文ははずさずに就学につなげる。固有の存在である「○○ちゃん」ではなく，そこから先も「広汎性発達障碍の疑いのある○○ちゃん」として据え置かれるのである。

　保育の場では「気になる子」の相談が目白押しである。大勢の子どもを見てきている保育者のことである。集団生活の中で逸脱している子どもをそのように認識することはあるだろうし，その子がそのような行動傾向を持つことは事実なのだろう。しかし，保育者たちは発達障碍があるとすれば早期の介入によりその行動傾向が劇的に変化するかのごとき錯覚を持っている[8]。また，「小学校で苦労しないように」と，力をつけることを目指すと同時に，配慮の必要性を明確にしておきたいという思いも持っている。本来，考えるべき事がらはそ

---

(8) 宮崎（2004）は，特別支援教育が専門家主導の「治療モデル・個人モデル」に陥っていることを批判している。

の子どもが何を感じ，考えて，そう行動しているのかということ，あるいは一体困っているのは誰なのかということである。しかし，保育者たちは，本人も保護者も困っていない事例まで相談の俎上に載せてくる傾向がある。ある保育者はいつも集団からはずれて行動する男児のことを図らずも「この子は私の気持ちを逆なですることに長けているんです」と言った。このケースは，子どもと保育者の関係の行き詰まりに，「発達障碍」の早期発見という昨今の保育現場の謳い文句がからみつき，「子どもの何を育てるのか」ということを，保育者が見失っているのではないかと思われたケースである。そこでは，子どもと保育者のつながりの結び目に私という第三者が入り，保育者の願いと子どもの主体としての育ち，自己意識の発達のずれを解きほぐすことで，半年後にようやく保護者が「やさしい気持ちで子どもをみることができるようになりました」と言ってくれたのだった。

（2） 子どもの日常性，生活

「障碍ですか，わがままですか」という問いは，小学校の先生方からしばしば投げかけられた質問である。この言葉の裏には「障碍ならそれに応じた手立てがあるはずで，それをほどこさなければならない。わがままなら，厳しく指導しなければならない」といった意味が含まれている。学級の雰囲気でかなり子どもの様相は異なり，担任が変わると子どもの様子も変わることもしばしば経験した。年に1度，わずかな時間の授業観察の後，検査と懇談に1時間半。見たてと，具体的な支援方法を求められる。先生と保護者を前にして，何か，実になることを言わなければと焦る気持ちがわき出てくる。子ども同士が支え合う学級運営をという助言も必ずするが，どれだけ聞き届けられたかを確かめる術はない。

ある小学2年生の男児のことである。落ち着きがない，多動，友だちに暴言をはくという先生からの訴えがあった。中学2年生の姉は不登校で，高校生の恋人が家に入り浸っており，最近妊娠したがその事実を中学校は知らない。父は定職がない，母がパート勤めをしているがほとんど家事をしない。男児は朝

ごはんも食べてこず，給食だけが確かな栄養源だという。小学校側はネグレクトで児童相談所に通報することをも考えていた。正直なところ私も養育環境として厳しい家庭だという印象を持ったのだが，検査の場面で彼は人なつっこい笑顔を見せ，集中して課題に取り組んだ。私は過酷な家庭環境の話を考慮して，学校が彼にとって安らげる場になってほしいことと，担任には一応，愛着障碍と広汎性発達障碍の話をしたが，何か割り切れない気持ちを持って学校を後にした。その後，彼の弟も在籍している保育園の「気になる子ども」のリストに名前があがり，たまたま私が担当することになった。弟も発達検査では認知面の遅れが現れていた。1カ月ほどが経ち，また弟の保育園に出向いていたところ，自転車で弟を迎えに来た男児と父親に出くわした。父親はかいがいしく弟の帰り仕度を手伝い，父親の自転車の後ろの座席に弟が乗り，父親と男児の自転車が競争するように私の横を通り過ぎて行った。私ははっとした。その仲むつまじげな様子，子どもの得意満面の笑顔に接したとき，私は大切なことを見落としていたことに気づいた。検査場面の短い時間の中で，親と子どもの日常的なつながりを容易にうかがい知ることはできず，子どもの一部を切り取って見ることには限界があった。近年，複雑で，経済的にも困窮している家庭全体を，保育所や学校が丸抱えで支援しなければならない例も多い。しかし，誰もが「育てる―育てられる」という関係を懸命に生きている。あらかじめもたらされていた家庭の情報の前に，親と子どもが生きている実相に思いをはせる努力を，私は止めてしまっていたのではないかと反省したのだった。

6　Pの母親たちとの出会い

(1) 障碍児学童保育Pという場

　このような問題意識を持っていた私が出会ったのが障碍児学童保育Pである。Pは常時開設の学童保育ではなく，「長い休みの間，この子たちをどうすんねん」という親たちの素朴な，また切実な願いから，県の障碍児夏休み支援事業の補助を受け，2002年に発足したもので，夏，冬，春の学校の長期休業期間中

だけ開設される。事業所のデイサービスとは一線を画す,母親たちが知恵と努力を結集した手作りの居場所である。私は,以前から知人であった母親メンバーの一人であるひろみさん（第3章に登場する研究協力者）に誘われ,2005年から現在まで指導員としてかかわっている。登録児は毎年多少の入れ替えはあるが市内の自閉症,ダウン症,難聴,知的障碍などのある小・中・高校生の10人余りである。子どもの集団ではあるが,学校とはちがう,生活と地続きの子どもの居場所である。

　有償の指導員2名（私はそのうちの1人）の他に,大学生・高校生のボランティアが子どもの数だけ配置され1対1で担当する。場所は市民プール,母子センター,公民館,地域の特別支援学校などである。

（2） Pの母親たち

　Pの自閉症児の母親たちは,年齢は私より5歳ほど若く,IT機器を使いこなし,運営主体として手作りの保育の場を築いている。母親たちとの事前の顔合わせの際に私が問うた「Pの目的は」の答えは「子どもたちが安全に楽しく過ごす場」であり,ここに障碍の軽減,発達の促進という言葉はなかった。

　そんな彼女たちの子どものとらえ方には,2つの面があった。ほとんどの母親たちは,TEACCH（Mesibov et al., 2004/2007）を参考にして,絵カードや,スケジュールなどの構造化のプログラム[9]を何らかの形で生活の中に取り入れていた。これは,子どもとの生活の中で「何かおかしい」「子どもがわからない」というもやもやした気持ちを抱えながら,何かをせずにはいられないという母

---

(9) 母親たち自身が「TEACCHのようなもの」と語っているため,ここでは構造化のプログラムと呼ぶことにした。先に構造化について説明したように（第1章4節）,これらは,自閉症のある子どもたちにとって想定外の出来事に満ち溢れた「不安定」な日常生活が,子どもにとって少しでも「見通しが持ちやすく安定した」,「安心感に満ちた」ものとして感じられるよう環境刺激を調整・秩序化し,周囲の大人があらかじめ行動計画をわかりやすく伝えておく等の工夫をするという点で共通している。

親たちの行き着いた，とりあえずの選択の結果であり，日々変化していく生活のよりどころとして機能しているように見えた。彼女たちは子どもが大人の意図した行動をしなかったとき，「支援が足りないのだ」と言う。母親たちの子どもに接する対応は，通常の「育てる」かかわりでは子どもが「わからない」というところから導かれたものである。それゆえ，このプログラムに従って子どもが行動できたとき，その「わからない」という思いが驚きと共に解消され，子どもが「わかる」ようになったと語る。子どもの行動と，支援の手立てとのつながりが焦点化され，その手立ての有効性が確認されることになり，それによって母親が次にすることが決まってくるので安心感が得られる。しかし，その一方で，その積み重ねの中で親は「できる―できない」の視点から，たえず子どもの行動を評価するあり方を強める結果になる。その姿勢は，「気持がつながる」ことを目指すという私の枠組みとは必ずしも一致しない。彼女たちの「わかる」は子どもの行動が自分の期待に沿うようになったところから出ており，子どもが自分の世界を広げていくことを喜ぶ中から出ているのではなさそうである。一方，担当のボランティアには「いっしょに遊んでね」と伝え，わが子が，生き生きと活動する姿に，「Pをやっててよかった」と感想をもらす。

　この彼女らの二面性は，関係発達臨床を提唱する小林（2000）の論を借りれば，前者は「行動を観察する」構え，後者は「気持ちを感じ取る」構えの下にあると言えよう。これはまた，先に検討した2つの療育論の見解の相違にも通底する子どものとらえ方でもある。すなわち，昨今の社会が持つ自閉症児についての共同主観的なものさしを取り入れたあり様と，母親本来の子どもと間主観的につながろうとするあり様とが共存した，両義的な姿として見ることができる。それまで療育の現場で身体が感受するものをベースに，子どもと気持ちがつながるプロセスを描く中で，間主観性を支える間身体性の問題を考えてきた私（山崎，2005）は，そうした両義的な母親たちの姿を見て，居心地の悪さととまどいを感じた。そして，彼女たちと共同するためにぜひ，2つの構えを共存させる母親たちの生の実相に迫りたいと思ったのだった。

7　本書の目的

　以上の問題関心を踏まえ，本書の目的を以下の3点とする。
①自閉症のある子どもとそれを取り巻く人々との関係性の変容を描き出すこと
　これまで自閉症を論じた研究においては，その特性の把握と対応の仕方について，支援者からみた自閉症児像はある程度説明されている一方で，当の本人や家族と長期にわたってかかわり，その変容や思いについて触れたものは少ないように見受けられる。自閉症児の発達過程には，周囲の他者のあり様が深くかかわっている。「自閉症の症状」と仮定されていることも，周囲他者との関係如何によって子どもの様相自体がちがったものになる。また，かかわる者が，その子どもの何をどのようにとらえるかによっても多様な像が描き出されるだろう。刻々と変化していくこれらの様相を記述することは，自閉症児を新たな視点から理解していくために一定の意義を持つと思われる。
②自己と他者に着目して，子どもの自己感の変容をとらえ，自閉症のある子どもの関係発達の様相を明らかにすること
　①の結果をもとに，自閉症児にとっての「他者」の意味を考察し，そこから翻ってその「自己」のあり様を明らかにすることは，一方的に社会への適応を迫る自閉症理解を越え，かけがえのない一人の子どもの「心を育てる」ことに資する試みとなると思われる。
③個別具体の当事者が，「育てる」という枠組みの下で自閉症児に向かう，その向かい方やまなざしの向け方を考察すること
　世の多くの養育者たちが持っている「育てる」という日常的な枠組みの下で，あらためて自閉症児を見つめ直し，その子と「育てる者」との関係性を考えていくことで，医療と療育の枠組みで解体された子どもと養育者の生き生きとした気持ちの交流を日常生活に取り戻せるのではないか。そうすることで，子どもを育てるということにまつわる諸々の「思い」を養育者と共有し，「困難を抱えた弱者」という社会的先入観を離れ，社会を構成するすべての人々が「自

分を棚上げせずに」(森岡, 2006), より強く深い考え方を目指すことが可能になっていくと思われる。

第3章
実践の場における関与・観察
——私の目指す方法的態度——

第2章では「育てる」という枠組みで自閉症のある子どもの関係発達を考える必要性と課題を明らかにした。この章では，自閉症のある子どもと家族の生に迫る関与・観察に必要な方法的態度について考える。

1　関与しながらの観察の体験

(1)　「おじゃまする」感

研究を現場の実践につながる「学」にしたいという研究者の願いを背景に，従来の行動科学の枠組みを超え，現場を人と人が出会いかかわる場とし，その営みを内側からとらえ，人の「生の質」に迫ろうとする機運の高まりが見られる。保育・教育といった，人の生きる様々な現場の研究においても，多様なかたちの質的アプローチが試みられるようになってきた（たとえば，石野，2001；宇田川，2004）。そして，研究者がどのような者として現場に参入するかについては，様々な考え方がある。

私は修士のとき，2年間，療育通所事業T（就学前，2歳から6歳までの発達に遅れが見られる子どもの療育園）で保育ボランティアとして「関与しながらの観察」を行い，障碍のある子どもとの「つながったと思えること」を記述した。

そのときにこの方法論を用いた理由は，以下の3点であった。

①そもそも研究の出発は，障碍のある子どもの親の「願い」に触れた自分の体験であり，臨床実践（自分のものを含めた一般）に何らかの貢献をする学で

ありたいと思った。そのために，実践の現場を体感したいと思ったこと。

②「障碍」というものが個人に還元される固定したものとしてあるのではなく，関係性の中で生じているものではないかとの考え。この考えに即し，関係のもう一つの極である，子どもにとっての「私」を含めて描く必要性があったこと。

③関係性をつくることがむずかしいと言われている子ども（乳幼児も含め）を描くためには自らの〈感性的なコミュニケーション〉—「場を同じくする者の間に起きる，身体が感じることに基づくコミュニケーション」—に基づく体験がぜひ必要であること。

このときの「関与しながらの観察」では，子どもと私の間で起きたことは自分には確かな手応えとしてそこにあり，身体に基づく感じ分けられるものとして子どもとのつながりを体感できた。そういう意味で，私の意図に基づくこの観察法の選択は，目的を達成できたと思う。しかし，研究のためとして現場でボランティアをした自分自身のあり方について，すっきりしない気持ちを抱いていた。

その後，ある学会の自主シンポジウムで，院内学級で「参与観察」をされていた話題提供者の「おじゃまさせていただいて」の言葉が，そのときの「すっきりしない気持ち」を思い起こさせたのだった。私の修士のときの関与は，いわば押し売り的にこちらからお願いしたもので，つねに「おじゃまする」感—居心地の悪さとも言えるもの—があり，それが結局のところ，「自己言及」と，「自己反省」が多い記述につながったのではと感じていたからだ。

（2） **参与の仕方と深さ**

本研究の現場である障碍児学童保育Pでの私は指導員という役割で，保護者たちと運営について相談をし，プログラムの決定，ボランティアの配置，指導などにあたっている。雇用契約を結んでいるわけではないが，有償ボランティアのような形で謝金もいただいている。そんな今の私には療育通所事業でボランティアをしていたときのような「おじゃまする」感はない。

社会学から紐解くと，現場への参与のあり方はその「深さ」（と，ここでは呼ばれている）によって①完全な参与者，②積極的な参与者，③消極的な参与者，④観察者役割のみの4タイプに分ける考え方がある（箕浦，1999）。これは，どのような役割を持つ者として参与するのかを問題にしている。療育通所事業Tでの私は補助的保育者の役割をとっていたので，②の積極的な参与者であったと言える。子どもと関係をつくる当事者として，間主観性の領域を取り上げるところに中心的な意義があり，関与を重ねることで子どもとの関係は着実に深まっている実感はあり，子どもと私が「わかりあう」ことは，そうむずかしいことではないと思えた。問題は，そこに従事している保育者たちとの関係であった。障碍のある子どもの発達についてわずかばかりの知見は持ってはいたが，保育の専門性に関して保育者の人たちと事前に話し合うこともなく，関与はしているものの，子どもの保育に実質的な責任は持てないということが，「おじゃまする」感のまず一つの出所であったと思う。現場に従事する人にとっては，中途半端な存在の大人（私）一人と，そこに巻き起こる出来事を抱えることになる。

　①の「完全な参与者」である人，たとえば，自分の臨床現場を振り返るような研究者はすべてが自分の責任における実践であるから，役割上の葛藤はない。ここでの「参与の役割」ということだけを取り上げると，本書の観察の現場での私の役割は，①の「完全な参与者」の一つの形であり，療育通所事業Tにかかわっていたときとはちがう。

　では「その場の人々の日常生活の流れを乱さないように，片隅に観察場所を確保」する③の「消極的な参与者」とは何をしているのだろうか。この参与者のあり方は，現場の自然な状況に参与者が影響を与えることを避けるためのものであろう。このあり方を選べば，私も悩んだその場での自分の存在の仕方についての葛藤を退けることができる。しかし，実際に参与者がそこにいるかぎり，透明であることはできず，影響を与えずにいることは不可能である。③のあり方を選択してなお「おじゃまする」感を抱いている者は，そのことに気がついている。そこで，彼らは「とにかく，目の前の子どものために何かひとつ

でもプラスになるようにと願いながらあたふたと展開している教育的援助を，参与観察者という距離をおいた立場から見つめ直すことにより，実践に追われている当事者が気づかない視点を提供し，それが教育的援助について新たな理解を生み出し，次の援助を行う際にひとつのヒントとして役立つことが期待できる」(谷口，2006)とか，「保育実践者ではない第三者として保育実践というフィールドに入る筆者らにできることは，保育者が何気なくやっていること，子どもたちが普段当たり前のように行っている行為について，解釈学的なアプローチをとりながらそれらの行為の「意味」を見出していくことにある」(請川・星，2004)などとして観察する者の正当性，意義を考えた。つまり，あえて実践に加わらない，その場の実践者や子どもとかかわらない位置にあることで，新たに見出すものがあるという主張である。そして，こうした知見の意義は，実践者自身が自らの知識を取り出せるようリフレクションすること，反省する働きを促進することだ(無藤，2007)とも考えられている。単におじゃまするだけではない，価値あること—「実践に貢献すること」—を見出すことで，自らの葛藤を乗り越えようとしているのだ。Tで②の参与の形態をとっていた私は，③の立場の参与観察よりはかかわりが密接になるという意味で参与が「深かった」と思うが，実践の場において対象者に意義あるものになるためには，次に述べる「わかる」ということについてまだ，考えるべき点があるように思っていた。

(3) もう一つの不安——「私」がわかったとしていることの了解可能性

療育通所事業Tでの私の「関与しながらの観察」はその目論見を達成できたと先に述べたが，子どもの見せる姿はその場だけで完結しているものではなく，保育の意図，保育者どうしの関係性，各保育士と子どもの関係性，もっと広げると，どのような育ちをしてきたのか，家庭でどのように過ごしているのか，といったこととも関連しており，私としては知りたいと思うことがつきることはなかった。いかんせん週に一度の訪問であり，私のいない間にここで何が起きているのかわからない。また，プライバシーの問題で家庭の状況などを十分

に知りえなかったため，私が今観て，わかったとしていることは，他の面を知っている他の保育者や家族から見て，了解可能なものになっているのだろうか，情報の欠落あるいは不足している中での一方的な記述（古賀，1997）ではないのかという不安から抜け出ることができなかった。今見えている子どもの姿は環境・人との関係性の中に表れているものである。そういう意味で，子どもの障碍と見えているものは個に還元されないと考えている私にとって，大きな問題だった。

（4） 研究協力者と見ていることを共有し，「共同する」こと

　Ｐで「完全な参与者」になれたことで，自分の実践に責任を持つということはかなった。しかし，まだ，上述の問題は残っていた。なんとかそこを打開したいと悩んだ私は，2005年のＰでの自閉症のある子ども，桃のエピソードを検討する際に，私が記述することに加えて，現場で同じ場面を見ていた母親の薫さんと対話するということを試みた（詳細は第4章）。インタビューなのか，面接なのか，呼び方に迷うが，向き合って話すことという意味で，「対話」という呼び方が私には一番ぴったりする。これは，教育社会学の分野での同じ出来事や物事に対して複数の人々から感想や意味づけを聞く「羅生門的手法」，または，「マルチヴォイス・メソッド」に体裁上は似ている。しかし，私の主眼は社会構築主義的な発想から，桃の姿がどのように構成されたのか背景情報を収集すること，薫さんとその場の見え方の一致点を探り，私の見ていたものに妥当性を保障すること，にあるのではなく，薫さんがどんな思いで日々の生活を営んでいるのか，「当事者の主体」をまず問題にし，薫さんの視点からその"意味"を掬い取る，その人の「思い」をわかろうとする点にあった[10]。その

---

[10] 社会学が取り扱う「言葉」は社会的な意味レベルで読まれ，構築物（現実）がいかに構成されているのかということを明らかにするために分析される。ここでの私は桃をどのようにまなざして育ててきたのか薫さんへの関心も強くあった。それは桃をまん中にして薫さんとの関係をより深めたいという動機も含まれていたのだと思う。

際，高校生の子どもを持つ一人の親として，積極的に自分の体験と照らし合わせて聞くということをした。そしてもう一度，実践の場で桃とのかかわりに戻る。そこで私は想像以上に大きな収穫を得た気がした。つまり，旧知の人との対話であるのに，"新しく出会った"という感覚に包まれた。桃のことを語り，桃を共にまなざすことに意味があると強く感じた。実践の場を共に運営している薫さんと現場で起きたことを題材にあらためて対話することによって，従来の研究する者と協力者という枠を超え，「共同する」という可能性が，開かれたと感じた。

（5） 私が「観ること」はいかに可能になるのか

振り返るに，私の「おじゃまする」感の因は，ある場に臨み，そこを「観ること」それ自体への違和感にあったのではないかと思う。

療育事業Tでの体験に話をもどそう。補助的な役割をとる関与・観察の場合，たとえば保育現場で子どもの保育にかかわるとき，専門的なその実践を遂行できているかどうかが不安の材料になるだろう。「私」が何ごとかを観るとき，同時に「私」は観られる者である。自分の実践が他の保育者にどう観られているかということもまた，不安のうちの大きな一角をなす。私の場合，実践ができているかどうかよりも，この場所を研究の題材にしていますという年かさの私が，他の保育者がしていることを含めて保育現場でのできごとを観ること，保育者からすれば自分の実践を観られているということ自体がやりにくくはないだろうかと感じていた。実際のところは，私は他の保育者の保育について何か言おうなどとはまったく考えていなかったのだが，主任の先生に「こんなときはこんな声かけをしたらいいって思ってらっしゃるんでしょうね」と言われたことがあった。とっさに「そんなこと全然考えてないですよ。先生方が子どもと一緒にいることがすばらしいことだなあと思っているだけですよ」と応じたのだが，やはりそんな風に観られているのだなあと思った。現場を観ている私が纏っているもの，その意味合いを現場の人はすでに様々にとらえている。その点を解きほぐす思考と作業がこのときの私には欠けていた。

薫さんとの対話で得た一つの感触は，現場で研究者が見出したことが研究協力者にも了解される過程，わかりあうことを目指す過程があれば，観られることも違和感なく了承され，「共同する」ことが可能になり，実践に貢献するものになるのではないかということだった。

2　「観られる者」になる体験

　そのようなことを考えていた2006年の夏，夏休みの保育もちょうど中ごろの8月14日，障碍児学童保育Pに，国立A大学の付属養護学校（現在の特別支援学校）の先生と障碍児教育専攻の学生さん4人が見学に訪れた。この日は，ボランティアも足りており，活動場所の母子センターが手狭なこともあって，「観る者」に徹してもらうこと，文字通り「壁の花」になることをお願いしてあった。その日の保育中に，自閉症児のトシ（養護学校小学部4年生）が混乱する場面があった。そこに居合わせたPの大人たちは，その時点で学生の見学とこのトシの混乱が無関係ではないと感じていたのだが，事後，彼らから届いた感想メールに，私や他の指導員，母親たちもたいへん違和感を覚え，それが活動を「じゃまされた」との思いを大きくすることにつながった。彼らは私たちを「研究対象」にしたわけではないので，すぐさま方法論の議論の俎上にのせることは憚られる。しかし，「観られる者」になった私たちがいかなる体験をしたかを描き，考えることは，「関与しながらの観察」の方法における「観ること」と「共同する」ことについて，何らかの示唆を与えるものになるのではないか。
　そこで，「トシの伝えたいことがわからない」のエピソード場面について，指導員のゆかさんと，トシの母親のひろみさんとそれぞれこの日の出来事について対話した。観られる者となった私たちが何を見，感じていたのかを考察し，見学学生たちとの相違を検討し，私が目指す「共同する」という方法的態度について考える。
　なお，私が障碍児学童保育Pを本研究の関与・観察の現場にしていることは，

ここにかかわるすべての人によって了解されている。また，以下のエピソードも含めて本書で取り上げるすべての事例について，事例を本書に掲載することを協力者（養育者）から快諾していただいている。名前はすべて仮名である。

Pに参加する子どもの多くが在席し，またPの活動場所である養護学校は2008年に「支援学校」に校名変更した。表記はそれに準じている。

（1） 事例：「トシの混乱」に人々は何を見たか
①このエピソードに登場する主な人々
トシ 養護学校の小学部4年生男児

　成育歴（ひろみさんとの対話から構成。「」内はひろみさんの言葉）
・結婚10年目に父親の赴任先の台湾で産まれる。
・「毎日楽しくて，かわいくて。まだこれだけ人のためにできることがあるんやと思いながら」の子育て。
・いわゆる「折れ線型」の自閉症，1歳半ころ「喃語が消え，突然目が合わなくなる。がくがくがくって感じ」
・ひろみさんの悲嘆「この子には私が送ってきたような人生がないんだ。大学に行ったり，恋愛したりするような」
・2歳：台湾で週2日2時間のプレ幼稚園に入園。トラブルの連続。子どもが近づくと嚙む，母子分離できず，泣くばかり。台湾の大学病院で2歳4カ月のとき自閉症と診断される。帰国してすぐに通園事業T園に通う。
・3歳ごろまで：母親の姿が見えないと泣いて暴れる。道順にこだわる。友だちを嚙む。私（筆者）はこのころ，障碍児の保育サークルSで彼に出会っており，ぐずっていることが多いなあという印象を持っていた。
・幼児期に困っていたこと：家から出て行って迷子になる。とにかく座っていない，よく動く。意味のある言葉でやり取りができない。
・通園事業に4年通園したのち，養護学校入学。
・現在父親は単身赴任中で，ひろみさんとトシの2人暮らし。

　前年，数年ぶりに会ったトシは，丸顔にくりっとした目がかわいらしい少年

になっていた。ざわざわした環境を好まず，少しの時間なら他の子どもと場を共にすることもあるが，おおむね人のいない方へいない方へと渡り歩いているような状態であった。トランポリンで跳ねる，ブランコで揺られる，プールで水の中にほうり投げられるなど，身体を使う遊びを好み，ボランティアと2人でそれらをするときは笑顔を見せる。ボランティアを束ねる指導員という立場の私は保育中子どもの担当はしないので，そう簡単につながりを感じることはできないのだが，彼が別室でボランティアと楽しく遊んでいるときに様子を見に行くと，まだ遊びたいから来ないでねというふうに，元気よく「バイバイ」と手を振ったりするときや，市民プールで昼食の時間などの入水が禁止されるときに，一目散にプール目がけて駆けていくのを追いかけて制止したりするような役回りで彼を感じることができる。私には，自分が甘えて自己主張できる人ではないという，他の学生ボランティアとはちがう認識を持っていると思われる。

ひろみさん

　トシの母親。障碍児保育サークルS，障碍児学童保育Pなど，地域の障碍児の親の会のリーダー的役割を担っている。Pの設立時，申請事務から保育形態まで，原型はほとんど彼女が形作ったものである。自身が自閉症の子育てについて，講演会や大学で話すことや，相談にのったりする機会も多くある。トシが4歳のころから生活の中にTEACCHプログラムを取り入れている。

　私が保育サークルS（この地域に30年以上前からある土曜日の障碍児保育サークル。私は保育ボランティアをしていた）にかかわっていたころから彼女とのつきあいは数年になるのだが，私が2度目の学生になってSから遠ざかったころに彼女はTEACCHに傾倒していき，しだいに"えらい人"になっていったなあという印象を持っていた。幾分，私が今考えている，「育てる」という構えで子どもを見るというところから離れていってしまっているのではという感じもあった。また，彼女はPの活動やトシとの生活をブログで公開しており，その話題の切り取り方にしばしばTEACCHとの関連が色濃くでているので，子どもとの情動の交流を大切にしたいという私の考えとは必ずしも一致している

とは言えないものだった。昨年Pの指導員に誘ってくれたのは彼女で，"再会した"彼女は世間的な「障碍児の母親のリーダー」という顔とはちがって，相変わらず，センスのいい，おもしろい人だった。彼女はそのブログのことも「広報活動」と割り切って言うなど，意外に冷めた面を垣間見せることもあった。トシはPに集う子どもたちと一緒にいることを楽しみにするタイプの子どもではなく，昨年も他の子どもたちが行う制作や料理にもあまり興味を示さないことが多かった。それで私は，Pに参加すること自体がトシの負担になっているとひろみさんが感じていないか，多少の不安を抱いていたが，なんとか，活動を続けてほしいという気持ちを持っていた。

ゆかさん（私を含め3人の指導員のうちの一人）

　教育学部の2回生。高校3年生のときのPのボランティアをきっかけに，養護学校の教師を志望している。今年ははじめて指導員として参加。絵を描くことが得意。いつもダイナミックに身体全体をつかって子どもと遊ぶ。

山下くん（この日のトシの担当ボランティア）

　看護学部の3回生。昨夏もトシを何日か担当してくれ，トシが喜ぶことから，本人とも，ひろみさんとも厚い信頼関係を築いている。

純さん

　まさきの母親。第5章の研究協力者。創設時からのPのメンバー。

愛さん

　参加した子どもの母親。活動をサポートするための輪番制の当番にあたっていた。

②2006年夏のPの活動がはじまって

　私がPの指導員として迎えた2年目の夏，参加する子どもに多少の入れ替えはあったものの，体制はほぼ昨年のままで，子どもたちは場所や人になじむという段階が省略できていた。私も子どもたちの様子がある程度つかめていたので，はじめて参加した昨夏とは比較のしようがないほど心に余裕があった。また，昨年，充実した活動ができたことが，私と保護者，また保護者たちどうし

第3章　実践の場における関与・観察

の結びつきを強くしており，細かな事柄を確認しなくても通じ合う気安さが心地よく感じられていた。子どもたちも1年のときの流れを経てそれぞれ成長が感じられた。発足当初の保育は，子どもの個別行動に担当のボランティアがついて行くという形だったが，昨夏の終盤から，意図せずとも子どもどうしのかかわりが増え，ボランティアと子どもが1対1で過ごすというよりは，いつの間にかグループで遊んでいるという場面が多く見られるようになったこともその一つだった。とくに中学生はどの子も同じ養護学校に通っていることもあり，とても仲が良く，1対1のボランティア配置の必要性の有無も再考できるように思われた。また，プログラムの内容も，個別の創作活動の他に，集団でのレクリエーション性の高いゲームなどをもっと増やせるのではないかと考えられた。もう一つ，Pの活動プログラムは，母親たちが周到に準備したところからスタートするというスタイルをとっていたが，子どもができることは，子ども自身の手でさせたいという志向が生まれ，一つの転換の時期にさしかかったのではと感じられていた。

　そんな中で，自閉症児のトシだけが集団の活動には入りにくい様子を見せ，トシが単独行動をすることは「まあ仕方のないこと」と，皆の暗黙の了解のようになっていた。ひろみさんは行政との交渉，会議の準備，ボランティア募集など様々な作業をこなしており，そのため，過重な負担がかかっている面があり，そこからいかに脱却するかはPの運営上の一つの懸案事でもあった。ひろみさんがPの運営諸々に尽力しているだけに，他の子どもたちが集団遊びのおもしろさを味わい，生き生きと活動するのに対して，トシが楽しめているかどうかがわかりにくいこの状況を，彼女がどんな思いで見ているのかを私は気にかけていた。それにもかかわらず，ひろみさんに正面きってたずねることをしなかったのは，年齢も興味もばらばらな子どもが，ゆるやかにつながったまま集うPの形を保ちたかったのと，今は各家庭内でとどまっている構造化のプログラムがPの中に持ち込まれて，活動を「できた／できない」と評価するようになることを危惧し，拒む気持ちがあったからだ。私には，トシが参加する日は彼を最優先した内容のプログラムを，参加しない日は別のプログラムをと，

69

内容構成を区別していることに,なんとなく後ろめたいような気持ちがあった。トシは集団にすんなり溶け込むことができなくても,なんらかの関心を向けていると感じられる。トシが確実に喜ぶ好きなことを優先して取り入れながら,子どもの集団をいつも用意しておくことがトシにとってのPの意義ではと考えていた。

③A大の学生が見学に来ることになった背景とこの日を迎えるまで

　Pに見学者がくることはそう珍しいことではなく,これまでは,ボランティアとして子どもの担当をしてもらう形で参加してもらっていた。A大の付属養護学校に転勤したS先生は,昨年までトシたちの養護学校におり,ひろみさんと個人的に親交が続いていた。その先生が,いろいろなタイプの障碍児保育のあり方を見せたい,勉強させてほしいということで,A市内の障碍児のサークルや障碍児学童保育のリーダーをしている障碍児教育専攻の学生を連れてくるということだった。私にはA市内のサークルがどのような活動をしているのか予備知識はなかった。

　事前に以下のようなスケジュールを考えた。

```
8月14日のスケジュール案
12：40      ボランティア集合  一日の流れ説明  とくにクッキー作りの手順
            について念入りに
13：00      子ども8名集合  親からボランティアへの申し送り
13：15      集まりの会
13：30      買い物
14：00ごろ   クッキー作り  焼いている間にカルタの札を作る  食べる
15：00ごろ   ゲーム（形・色カルタ，ネズミとりゲーム）
16：15ごろ   運動場で遊ぶ
16：45      終わりの会  解散
```

クッキー作りは昨年も数回行ったプログラムで，作業の手順を子どもたちはよく理解している。変化を持たせることと，新しいステップを踏むという意味で，昨年は母親たちがしていた材料の計量を，子どもがするということを計画した。8月9日にそれをしてみたところ，要因はいくつか考えられたが，結果的にうまくいかず，取り組まない子どももいた。私は，今回はうまくいかなかったが，次回から少しずつ改善していき，計量も子どもの手で行っていきたいと思っていた。初めはその方向で，改善案を母親たちと検討していたのだが，いつの間にか計量自体をなくすことになった。見学者にいいところを見せる必要はないのだが，私にはスムーズに運ばないところを削ったと感じられ，同時に難題が一つ減り，楽になったとも思った。

　プログラムを組み立てる役の私はというと，遊びの時間に，「形・色カルタ」「ネズミとりゲーム」という室内ゲームを選択した。2つともオフシーズンに仕入れたゲームで，子どもたちがしたいときに「あれしよう」という感じで自発的にできるような定番の遊びになったらいいなあと考えているゲームである。この夏のどのタイミングでこのゲームを出すか，室内で，ある程度人数がそろう日というとこの日しかなかったのだが，私の中にもじつは子どもの活動が充実して見えるようにという意識がはたらいていたと思う。

④エピソード 「トシの伝えたいことがわからない」（8月14日）母子センター

　建物の2階に，調理台が3台ある調理室（土足）と，一段上がって20畳ほどの和室が並んである。

　私は和室で他の子どもたちのゲームを進行していたので，ことのあらましは見ていたが，近くで体感したわけではない。くわしい状況はひろみさん，ゆかさんの語りからおぎなった。

　見学の学生たちは約束どおり調理室と和室が接している壁際にいる。この日もトシはあわだしく部屋を出たり入ったりしていたが，私は，今日は山下くんが担当なので心配ないと任せており，彼らを追いかけることはしていなかっ

た。ゆかさんはときどき2人の様子を見に行っていた。クッキー作りは予定通りスムーズに進み，子どもたちはおやつに自分が作ったクッキーを食べた。トシは生地の成型のときに型ぬきの枠を手にして，取り組む様子を少し見せたが，オーブンに入れるところにも立ち会わないまま，運動場に行ってしまった。出来上がりのころにも一度部屋に戻ってきたが，食べることもしなかった。

　階段をドンドンドンと上がってくる音がして，トシが次に部屋に戻ってきたのは，他の子どもたちとボランティアが，そろそろ「形・色カルタ」の遊びを始めようかとしているときだった。当番とお手伝いに来ていた母親3人（ひろみさん，純さん，愛子さん）は，調理室で皿を洗うなど，後片付けをしていた。トシは調理室に入ってきたものの，部屋の隅でしゃがみこみ，またすくっと立って部屋を見渡し，少し動いてはしゃがみと，落ち着かない感じでうろうろしていた。
　そうこうしていると，何か伝えたいことがあるらしく，せわしく甲高い声で，「○○，○○」と何かを連呼した。ゆかさんは，ひろみさんからメモ用紙を渡され，「ウサギにえさをやりたいのかな」と言いながら，それにウサギを描き，トシに見せた。ちがったらしく，トシは見せられた紙をうっとうしげに，向こうに押しやる。それではトシに描いてもらおうと，ゆかさんがトシにメモ用紙と鉛筆を渡すと，何か絵を描いたのだが，それが何であるか，周りの人々にはわからない。そこで，はじめてひろみさんがトシに近づき，「トシさんどうしたいの？」と，再度たずねたが，トシはいらいらした顔を見せるだけであった。お手伝いの他の母親たちもメモ用紙を覗き込むようにして，総がかりでトシの絵を解明しようと加わる。そうしていると，トシはきーっという表情になって怒り出し，食器棚に向かって，はいていた靴を投げた。ドーンという大きな音が部屋全体に響く。その後，トシはひろみさんとゆかさんを蹴ったり，拳でひろみさんの身体をどんどんどんと叩いたりした。山下くんに背後から抱きかかえられ，その腕の中で逃れるために身体をねじる。見学の学生たちはぎょっとしてひるむような表情でことのなりゆきを見ていた。トシが少し落ち着いたと

ころを見計らい，山下くんは「もう一回運動場，連れて行ってみるわ」と言い残し，トシを外に誘った。2人は部屋を出て行った。

（他の子どもたちは隣の部屋でゲームに興じ，スムーズに一日の保育は終わった。）

⑤大学生の感想メールとひろみさんの返信

　保育終了後，指導員とボランティアは簡単な反省会を行い，ボランティアには子どもと自分がしたことと，そのときの様子，困ったこと，うれしかったことなど感じたことを感想シートに書いてもらい，指導員が簡単なコメントをつけ，保育記録として保護者にFAXする。見学の学生たちは時間に余裕がなく，「メールで感想を送ります」と言い残して，反省会には参加せずあわただしく帰って行った。私は見学者たちに何かを言ってほしいと望んでもいなかったが，日ごろ見慣れているボランティアの感想シートのような「感想」があるのかなと，漠然と思っていた。そんなことも忘れかけていた夜の8時ごろ，私の携帯電話にひろみさんから学生の感想メールが送られてきた。

　4人のメールの主旨は以下のようなものであった。

雰囲気など
・第一印象として時間がゆっくり流れている感じを受けた。
・A市内の学童保育に比べて自由な感じがした。Aの学童保育が集団を意識しているとしたら，Pは個人を意識していると思った。
・行事やスケジュールで子どもがのびのびと活動できる，ゆったりとした雰囲気が印象的だった。
・その時その時の子どものしたいことや要求を受け入れて時間を共に過ごすという雰囲気が子どもに無理なく余暇時間を過ごす場を保障できているように思った。
・自分がかかわっている学童に比べて，時間の流れがゆったりしていて子どもたちがゆっくりと過ごせる余暇活動を目指していると感じた。
・自分が行っているボランティアに比べて集団でいることにあまりこだわらず，

個々の主張を一番に尊重しているなと思った。

ゲームなどの準備について
・視覚的に分かりやすい写真や絵が用意されており，みんなが楽しめるゲームの準備もたくさんあって，準備のしっかりできた活動だと思った。
・みんなを引きつけるようなゲームが用意されていた。
・ゲームのカルタ取りやネズミ取りは独創的で素晴らしかった。ただ，カルタは数と種類が多すぎる。色々な種類の色と形状を同時に他のものと弁別する事は，相当高度な知的活動で，種類を減らす事で脳の使用容量が減り，より参加しやすくなると思う。

集団と規律について，改善点など
・せっかく集団で集まっているのだから，もう少し集団活動を増やした方がよい。
・みんなで遊ぶときのルールやみんなが一つになって遊べるような活動ができたらよいと思った。
・自由な余暇活動といっても，人をたたくだとか最低限，注意しないといけないのではないかと感じた。
・子ども一人ひとりの個性が尊重され活動も自由度が高い分，その子どもについているボランティアの接し方が大切だ。もう少し厳しく接する方がいいと思う場面もあった。

母親の思い
・母親がボランティアに自分の子どもについてすごく詳しく説明していることに驚き，母親の思いがとても伝わってきた。

[考察]
　全体を一瞥した私は，「何してくれんねん」と大きな声を出していた。じっ

としていることができず，携帯電話を片手に自室をぐるぐる歩いた。苛立っていた。時が経った今これを見ても，初めて読んだときの「暴力的」とも感じた，湧き上がるような気持ちはもはやない。とにかく，私はすぐさま指摘された一つ一つの事柄に言い返そうと，文面を考え始めた。しかし，いやいや言い返しても仕方がない，何かがちがう，とすぐに思い直した。このとき感じていたのは「土俵がちがう」ということだった。土俵を同じにするにはたいへんな説明が必要だし，はたして同じ土俵にのることが可能かどうかもわからない。かといって「土俵がちがう」ままやり取りを繰り返して，ひととき私が溜飲を下げたとしても，私が彼らのメールから得ることはないと思ったように，相手に届くことは何もないだろうと思った。そこで，落ち着いてから感想の意味するところと，私の違和感をゆっくり読み解くことにした。

　まず，彼らの感想に共通に観られるのは，集団と個人，規律と自由，教育活動と余暇活動という二項の対立によってこの日の現場を観ている点である。すべての対立軸の前者が彼らにとってより価値のあることであり，それが達成されているかどうかを評価すべく観ているように感じられた。この観点から，「注意すべき問題行動があった」「集団を意識させることが少ない」という進言が生まれた。本来，障碍児の活動の目標は，自由気ままに振る舞う子どもに，規律を身につけさせ，集団に導くことである。けれども，Ｐは教育の場ではない余暇活動なので，少し緩めでもよいかもしれない。しかしながら，かかわる者はその基本を見失わず，もう少し集団，規律を重視するべきであろう，といったところだろうか。彼らが対立軸に置いていることにたいして，私たちは無頓着なわけではない。Ｐのみならず，社会的存在としての子どもたちにかかわるにあたり，保護者も私も試行錯誤しているまさにそのポイントだった。しかし，これらははたして対立させる事柄なのだろうか。子どもたちとの日常的な関係を手応えを感じて生きている「育てる者」からすると，それぞれの二項はどちらか一方を選んで一方を切り捨てるというよりは，相互に絡みながら両方が生かされるものである。その時々の状況によって，どう折り合いをつける

かを考えていきたいのだ。活動に対して何らかの意見を言うならば，その活動がどのような願いの下にあるのか，それを共有するようなプロセスが必要だろう。それを何の了解された事柄もなく，逡巡することもなく言い切るところの単純明快さが，いかにも未熟であると思われた。

　次に，子どもを指導する者としての視点で観察し，子どもの側に立つ視点がほとんどない。遊びの場面の意見も，プログラムの展開に終始し，子どものいかなる様子から導き出されたのか，こちらになるほどと思えるような記述は見られない。彼らのこの感想の「書き方」から思いあたるのは，学校の「研究授業」の「観察」である。授業は，学級の雰囲気，日ごろの子どもの学習態度，先生と子どもの関係など，指導案には盛り込めないような「感じ」も含んで（むしろそれが大きく作用して）成り立っている。しかし，とりあえずそれはないものとして，だれが展開しても同じという前提の下，この指導案でこの授業がどうだったかについて検討が加えられる。教師の発問（その一つ一つが統制されている），板書，動きなどを「教える技」と考え，授業中の子どもの言動から反省するのである。実践は理論の応用であり，教え導くことに効率的で最適な指導法があるというこの考えには，実践が個別具体的な営みであるという視点が欠落しており，目の前の子どもを直視し，わかろうとするところがない。

　また，４人が４人ともこの書き方になっている背景には，自分の身体感覚を封じ込めた状態で，子どもを「感じる」ということができなかったという，そのあり方が影響しているのではないかと思われた。その結果，日ごろの自分の実践の場に引き寄せて，その実践の観点からの「助言」を発することになったのではないか。

　もう一つ，私の怒りは，自身の指導のいたらない点を指摘されたことがたんにしゃくにさわったからなのだろうか。もし，諸手を挙げてよかったよかったという感想をもらっていたら，彼らのあり方のことなど失念し，得意になっていたのだろうか。外部の人の意見に真摯に耳を傾けるというのはむずかしいことである。ちがう角度から活動を見て意見されるということに，私が開かれて

いないからなのだろうか，とも考えた。

「何してくれんねん」と私が大きな声を出したのには，それとはちがう理由があった。私は当初「たたくことを注意する」とか，「もっと厳しく対応する」という感想の箇所をトシが混乱した場面と結びつけてとらえることはしていなかった。ゲーム遊びの中で，子どもどうしの接触があったり，机を踏み越えたり，他の子どもたちにもお行儀がよいとは言えない行動があった。自閉症のある子どもとまったく接したことがない人たちではない。まさか，自らも障碍児と遊ぶボランティアをしている学生が，その意味も探らずに，混乱している子どもを注意した方が良いということを，言うはずがないと思っていたからだ。しかし，ひろみさんはどう思っただろう，トシが保育を楽しめていないのではと気に病んでいるひろみさんが，傷口に塩を塗られたような思いをしなかっただろうか。心が騒いだ。

彼女は以下のように，学生の一つ一つの意見にていねいに自分の意見を返していた。ひろみさんが返したメールの一部を紹介する。

---

②叩くのを叱る→ごもっともですね。「叱る」≠「怒る」ではありません。大きな声で注意する→「怒る」になります。あの時，誰も叱らなかったのは，悪いのは子供なのではなく，子供が言いたいことを理解できない周りの大人（自分たち）が悪いことを知っているからです。問題行動には必ず理由があります。理由がわかるから，その理由が周りの大人にあるから「叱らない」。冷静に制止するだけです。→個人的には充分に支援をしていない自分が反省しています。ボラさんや指導員は悪くありません。

そして，夜中にひろみさんから以下のメールをもらった。

今日もちょっぴり凹みました。
トシが途中で怒り出して，棚を蹴るわ，靴を投げるわ，ゆかちゃんを蹴るわ，私

> を叩くわ…。参った！今年はクッキーはほとんど作らないし，今日は食べないし（暑すぎて食べる気がしなかったと思います），ゲームはさっぱり参加しないし，運動場で山下くんと楽しむ時間ももちろんあったけれど，トシにとって4時間，どうだったんだろう…と考えてしまいました。コミュニケーションももう少しとれるように私が工夫していかないと余計不安定になりますよね…。反省。
> 次回の母子センターのとき，クッキー食べてからかき氷タイム…とか駄目ですかね〜。室内で何か楽しめることがあるといいなぁ。
> 明日は楽しめることを祈りますわ f~_~;

（2）「観られる者」たちはいかなる体験をしたか

では，「観られる者」たちはいかなる体験をしたのであろうか。まず，この日もう一人の指導員としてその場にいたゆかさんとの対話を提示する。

対話1 「あんたらに何がわかんねん」――「観られる者」になって

私：学生さんが見学に来ること聞いてどう思っていましたか？

ゆかさん：あまり，うれしくはなかった。指導員やるのまだ自信ついたわけではないし，自分が見られるのもいやし，子どもも見られたら遊びにくいかなって。（観ているだけで）やることないのに，来て意味あるんかなって［ははは，と少し不自然に笑う］。

私：設定は申し訳なかったね，ボランティアとして来てもらえるんならよかったけど，前の（保育のプログラムで）クッキーのとき，（材料の）分量を量るのやってみたけど，それがなくなったことどう思った？

ゆかさん：なしにした方が（いいと思った）。もしやるんやったら，計りが人数分あったら問題なかったけど，待ってる時間と説明のタイミングと（いろいろ難しいことがあった）。佐藤君（自閉症のある中学生）もくずれとったし，なしの方がよかった。

私：(学生たちの) 感想メールのこと，ゆかちゃんどんな感じがした？

ゆかさん：あんたらに何がわかんねん（という感じを持った）。次のプールのとき，なみちゃん（もう一人の大学生指導員），山下さんがおって，メール見ましたかって（話題になり）。なんやねんってみんなで言ってた。そしたら山下さんが「他のところには他のやり方があるから」って冷静に言った。

私：[意外な感じがして] そんな話題になってたんや。どこに関して？

ゆかさん：あの人はありえへんな，みたいな。脳の使用量とか。そこまで言うたら楽しくなくないって，みんなで言った。頭固いんちゃうん。やってみなわからんやろ，自分ら（4人の学生）が一番やと思ってる。

私：そう思うのって，私らが自分が一番やと思ってるからかな？

ゆかさん：ああ，それもあるやろな。そこを山下さんが方針が違うし，見に行ってみなわからへんでって（言ってくれた）。客観的に見るのと，自分がボランティアに入ってやってるのと，ちがうんかな。分析して，あなたたちの活動はこうですねみたいな（ものだった）。集団活動をもっと増やすとか書いてるけど，意識する中で入れなかったらしょうがない。こっちの方針も知らんし。私も知らんけど，向こうも知らん。(子どもたちみんな) 集団も意識できてるなって，去年と比べて今年はいけてるなと思ってた。でも周りの人から見たら (そうは見えなかったかもしれない)。集団の考え方によると思うし。

私：この人たちはこの人たちのやり方を通してPを見たんやな。

ゆかさん：自分が全体に入ってるから，見えないことがあるかもしれない。

私：ひろみさんの返事見た？ひろみさんが応えた箇所（子どもが人を叩くのを叱るという話題の箇所）。これってさあ，タケシ（トシと同じ歳のダウン症男児）がたたいたりしたことじゃない？トシさんやと思った？

ゆかさん：トシさんやと思った。このメールではわからないけど，A大の人ら横におって見てたから。よく考えたら，怒ってること書くかなとも思う。そんなことわざわざ書かへんかな，怒ってることわざわざ書くかな。怒ってるんやから，しゃあないわ[笑い]。

私：（学生たちは）近くにおったん？（この場面を）見てた？
ゆかさん：最初は何！みたいな感じで（見ていた）。すぐ近くにいたから。
私：その人たちに（自分が）見られてること意識しなかった？
ゆかさん：それは思ってなかった。

[考察]
　指導員やベテランボランティアとしてかかわっている大学生たちも，私が感じたものと同種と思われる憤りを感じ，この感想メールについていろいろ意見を交換したようで，私はやはりという思いと，意外な感の両方を感じていた。ゆかさんはずっと現場を担う実践者であり，子どもをいつも見ているが，Ｐを観察するという意識それ自体を持ち合わせていなかっただろう。見学学生によって，はじめて「観る―観られる」という事態に巻き込まれ，感想メールにはとても反発している感じが強く伝わってきた。彼女とは子どものことや活動内容のことはつねに話し合っているが，これまで関与や観察について話をしたことは一度もなかった。それにもかかわらず，観ることと関与することのちがいについて，すでに意識された発言があったことにたいへん驚いた。
　山下くんは年かさであり，他の団体の保育ボランティアの経験もあるようで，ただ反発だけでこの感想を語るのではなく，見学学生と自分たちの齟齬をどう考えればよいのかについて，他のメンバーに語ってくれていたようだった。実践の各々の場には，「他のところの他のやり方」と表現された，そこで生成され，それぞれの身体に染みつくという仕方で共有されている身の処し方があり，ひいてはそれがその場の「価値」になることがある。その共有がされていなかったことを説いてくれている。また，彼は教育畑ではなく，本質的に人をケアする看護を学ぶ学生であり，「方法」というものを学ぶ教育畑の他の大学生とは異なる視点―教え導く教師と子どもという非対称的な関係ではない，その場その人に添うという考え―を，ゆかさんたちよりも柔軟に持っているとも思われた。
　「やってみなわからんやろ」には関与することと観察することの関連につい

ての指摘がある。「やってみてわかること」すなわち，身体を携えてその場に臨むことで，自ずとかかわる相手——子どもや保護者——から感じられる者となる可能性が生まれ，ひいてはそこに流れている「価値」を共有することができる。ここには見学学生たちが関与することなしに実践の中身について論じたことに対しての怒りがあると思われた。

　「客観的に見るのと，自分がボランティアに入ってやってるのと，ちがうんかな」「自分が全体に入ってるから，見えないことがあるかもしれない」という言葉は，それまでの一方的な「断罪」とは趣が異なり，場を俯瞰してみるならばやはり新たな気づきがあるかもしれないという，反省的に実践をとらえ直そうとする揺れが感じられる。「自分が全体に入ってるから，見えないことがあるかもしれない」。観られる側にこのような了解があり，観る人に開かれている状態に納得して助言を受け取る準備ができていれば，得ることがあるのかもしれない。

　ともあれ，このようなボランティアたちの言葉を聞いたとき，研究者としての私が一番恐れてきたものは「あんたらに何がわかんねん」という，観られる者との「断裂」であった，ということが意識されたのだった。そこにあるのは観られる者の反発だけである。研究に「実践に貢献する」意義を見出そうとするならば，観る者が，そこに起きていることの意味を観られる者と共有しようとする姿勢を持つことによって得られる，観られる者に生じる観る者に対する信頼感のようなものが不可欠なのではないか。

対話2　「ひろみさんがかわいそうでした」——ゆかさんが見ていたもの

　このトシの混乱についての語りには続きがあった。ゲームが終わって子どもたちが運動場に飛び出して行き，和室がほっとした雰囲気になったとき，私はトシの混乱について「なんやったん？」とゆかさんに尋ねた。ゆかさんは微笑を作ろうとするがそれができないという表情で「ひろみさんがかわいそうでした」と一言つぶやいた。

（対話1の続き）

私：ネズミとりになって，帰ってきたやろトシさんが。

ゆかさん：トシちゃんが帰ってきてから，なんかずっと同じこと言うてた。私たちには（何を訴えているのか）全然わからへんかったので。ひろみさんがメモ帳出してきてくれて。（するとトシが）「○○」って言って。描いてもらったけど，（やはり）わからなかった。（そこで）ひろみさんが来て，（トシに）何か聞いてたらトシちゃんが蹴ったり，やりまくっとった。靴を投げたり，ひろみさんをたたいたり，蹴ったり。私にもすごい怒っとって，そこから山下さんが外に連れて行って，うさぎを見に行った。（ゆかさんが追いかけて行くと）うさぎのところにおって，木の下のベンチで（一緒に）のんびりしてたら落ち着いた。（トシは自分の言いたいことが）伝わらんかったのが（発端で），怒った。ひろみさんも全然わからなかった。（トシがメモ帳に描いたものは）なんやろっていう感じの絵やって。

私：ゆかちゃんがあのときね，子どもがばらけるころか，終わってからか，ひろみさんがかわいそうだったって，言ったんよ，私に。「ひろみさんがかわいそうでした」って。

ゆかさん：うーん［言っていいのかどうか迷っている風で］

私：どういうことだったんかなあ？

ゆかさん：つらそう，家で2人でおったらどんな感じなんかなあって思ったときに，やっぱり，伝わらんかったら…，ひろみさんがすごいつらそうに見えた。

私：家のこと思っただけ？かわいそうって言ったの？

ゆかさん：お母さんは（子どものことを）何でもわかるんやろと思って，思ってるから何でも聞くけど，わからんこともいっぱいあるし，お母さんやから何でもわかるってわけでもないんやなって（思った）。（それなのに）頼ってしまったりするから…。なんでそんなこと言ったんやろ，あははは［つくろうように］

私：その前から，私がゆかに言ってたこともあったよね，子どもたちが集団で

なんでもできるようになってきたから，トシさんが楽しめない。私もやっぱりひろみさんどう思うんかなって気になってた。そういうことをゆかにも言ったと思うねん。

ゆかさん：ひろみさんが悩んでるって。メールもくれてた，トシさん今，不安定やからって。でも，Ｐの活動ではめっちゃくずれるような不安定さがあるとは思えなかった。

私：今までのトシさんのつきあいの中でどう見えてた？

ゆかさん：Ｐの活動の中では，注意したときの反応とかも今までと違うなって感じ，この夏は。（昨年までなら）一回言って，すぐやめてくれとったのに，なんでそんなん（言うの）。ちょけてる（ふざけるの意）とき，へへって悪さするのと，自分が楽しいのになんで止めるん，なんでやめなあかんのって（いうとき），その怒り方が激しくなった。ちょけたときはすごい笑ってるんです。（しかし，来てほしくないときは）かっちーん，うっせえんだよ，［二人爆笑］来んじゃねえ。それはほんまに思ってると思うんですよ。もう４年生（だから）。相応のきれっぷりみたいな［笑い］，ごちゃごちゃ言うなよ，遊んでるんだぜ俺，みたいな。そんな感じ。タケシよりも，トシさんの方が年相応の反発（が見られる）。

私：（年齢）相応？自閉症やからとか思わない？

ゆかさん：思春期の初め？ってそんなときあるじゃないですかぁ。年相応って感じ。やったらあかんって言ったら，なんでやねんって（つっかかるような）。自閉症あっても，大きくなってくるから。あははは。

私：ゲームに入ったらいいのになとか，入らさなあかんとか，そんなん思わない？

ゆかさん：入れたらいいなあって，入れそうなときは思う，入りそうでもないのに思ってもなあ。楽しくなさそうやのに入れても，自分も楽しくないから，楽しかったらいいみたいな（気持ちがある）。ははは。

私：みんなが集団に乗っていくという方向と，トシさんのことはどう思ってる？（昨年の市民プールの活動で）後半は大プールにみんな集まった（子

どもたちが集団を志向する様子が見えつつあった）って言ったけど，本当はトシさんは来てなかった。

ゆかさん：プールは，けっこう今年はおったような印象がある。去年よりはよう入ってる（と思った）。他の子どもにもかかわりに行ったり，（他の子どもに）興味あるんかな（と感じられることもあった）。桃ちゃん（1歳上の自閉症のある子ども。第4章の研究協力者）とかにも，話しかけに行って，遊ぼみたいな感じで「こしょこしょ」って（言ったり）。同い年の子どもに寄って行ったり。かかわりが去年よりは（増えた）。私の中では（そう思えた）。

私：そんな場面を見てくれとったんや。

（中略）

ゆかさん：この後，ひろみさんは「ちょっとお茶買いに行ってくるわ」って，部屋を出たんですよ。純さんが「言いたいことが伝わらんかったらつらいわなあ」って，言った。

[考察]

自分とのかかわりを通してトシを語るゆかさん

　自閉症児が混乱している場は，この障碍の一番厳しい局面，やめさせたい行動の問題として多くの人に認識されている。それだけに，その場にいる大人の姿勢には，その障碍観，療育観が出る。ただ押さえつけてやめさせるのではなく，そこでいかに大人がその子どもの思いを受け止めることができるかが問われる場面とも言えるだろう。ゆかさんはこのときのトシの姿を，何かを伝えたいという，子どもの主体性が発現したものとしてとらえた。周りの大人たちも，絵を手がかりにトシの思いをわかろうわかろうと懸命になっているようだった。

　ゆかさんとトシの関係が私とトシのそれよりも格段に深いことは，日常的なトシの様子からわかる。ゆかさんにおいては，「今」のトシを見ているときに，自然とこれまでのトシとの比較がされる。子どもの今の姿を，困った状態とは見ずに，思春期の初めの姿として発達的に見ることをしている。

また，ゆかさんは「自分も楽しむ」という言葉を使った。一緒に楽しもうとするとき，子どもの発達を支援する者という意識はない。心を通わせる者として，共にそこにいようとする。「いつもすでに」トシに気持ちを向けているゆかさんの関与のあり方ゆえ，可能になるのだろう。トシの障碍の部分を見るのではなく，自分の身体を頼りにトシと交流することができており，感じ分けることができる。

　ゆかさんは若い人によくあるように，語尾をはっきり言い切らない話し方をずっとしており，補った部分も多いのだが，トシがふざけているときと，自分のしたいことを通そうとして大人に反抗しているときの情動のちがいについての「それはほんまに思ってると思うんですよ」という部分は固い確信があるように言い切った。トシはひろみさんとゆかさんにだけ暴力を振るった。それだけトシとゆかさんは感じ分けられる関係性を築いているのだと感じられた。自閉症があるトシではなく，一人の4年生の男子を主体として受け止める資質と構えがあり，人とのかかわりが難しいと思われるトシがゆかさんには本気で気持ちをぶつけていると思うのである。かかわりの歴史の中で，お互いがそのように感じあえる関係性を作ってきたのだ。集団に参加することを目的として至上のこととして見るのではなく，彼の変容を待ちながら，しかし，彼なりの変容を見逃さず，肯定的にとらえ，彼にとっての，また自分自身にとっての希望に変えていると感じた。

「ひろみさんがかわいそうでした」の意味

　あの日，ゆかさんが「ひろみさんがかわいそうでした」と言ったとき，私はドキリとした。かつての私は「ひろみさんがつらそうだ」と自分が感じることは，たとえば放送禁止用語を口にすることのように，あらかじめ絶対してはいけないことの範疇に入るものとみなしていた。街角で障碍児とその家族に出会ったとき，ぶしつけな視線を投げながら「かわいそうやねえ」と語る第三者的な発言の雰囲気をそこから受け取ってしまう。もっと底意地悪く言えば，その続きに，「私の子どもでなくてよかった」というつながりが考えられる視線である。つらそうだと思ってはいけない。障碍を持つ子どもがいることがつら

いことだと思ってはいけない。たしかにはじめはそう思い込もうとしていたかもしれない。しかし，今の私は少しちがう。今はつらいかもしれないが明日は楽しいかもしれない，そんなことはわからない。子どもを持つ喜びと困難は，どの親子にもある両義的なものである。そのことは私自身何度も実感し，すっかり納得して自分の中に根づいた。そしてつらければつらいと言えばよいし，それを聞いた者は否定することもなく「つらいんだね」とそのまま受け止めればよい。しかし，歳若いゆかさんはどんな気持ちで言ったのだろう，軽々しい第三者の言葉でないことはこのときの少しこわばった表情から察せられたが，そのときからいつか聞いてみたいと思っていた事柄だった。

　ゆかさんは高校2年でPのボランティアを始め，3年生のとき受験生であるにもかかわらず，Pにどっぷりつかる生活をし，夏が終わってから教員志望に進路変更した。障碍児とのかかわりは文字通りPが原点であり，ひろみさんに教えてもらって自閉症の勉強会や講演会にも出かけている。ゆかさんにとってひろみさんはトシの母親であると同時に，障碍児についてのオーソリティであり，指針を示してくれる頼れる人であると思われる。

　ひろみさんが「かわいそう」に見えたのは，家でのこの母子を想ったからだとゆかさんは答えた。自閉症という障碍が人との関係に困難を持つことはゆかさんもわかっている。しかし，これまでのPでトシが大きくくずれる場面に出会ったことはなく，それはまた，ひろみさんがうまくサポートしているからだろうと思っていた。「ひろみさんも全然わからない」自閉症児の，やはりつながりにくいところがあるという厳しい面をはじめて見て，少なからずショックを受けただろう。そして，ゆかさんもこの言葉にはひっかかりがあるのか，やはり言ってはいけない言葉のように感じられたのか　若輩の私のような者が上から言うようでおこがましいとでもいうように，「なんでそんなこと言ったんやろ」ととりつくろった。

「子どもが言いたいことがわからない」というつらさ

　そして，話が終わりかけたところでのゆかさんの語り，ひろみさんがお茶を買いに部屋を出た件が，私をとらえて離さなかった。純さんの「言いたいこと

が伝わらんかったらつらいわなあ」という言葉の真意は何だったのだろう。トシが混乱し，さあっと去り，横で立ち尽くしていた見学者たちは和室のゲームに加わるためにそこからいなくなった。いたたまれないような気持ちが充満していたその場は，打って変わった静けさに包まれたことだろう。ひろみさんがお茶を買いに行き，残されたのはゆかさんと2人の母親だけになったとき，純さんは場の接ぎ穂のように発したのかもしれない。トシの混乱に立ち会っていた純さんや愛さんは，ご自身も障碍児を持つ母親ゆえ，そのつらさを自分に引き写して感じていたことだろう。純さんの言葉にゆかさんも救われる感じを持ったのだろう。ゆかさんにも「子どもが言いたいことがわからない」というつらさが心にしみ，その場の皆がそれを抱きしめ，包み込んでいたということを表現しているように感じられたのだった。

　それでは次に，ひろみさんがこの場で何を見，思っていたかについての対話を提示する。

対話3　「子どもに打つ手がないんやなって思われるのがきついなあ」
　　　　──ひろみさんが見ていたもの

私：トシさんが帰ってきたところから，何が起きたか再現してくれる？
ひろみさん：（トシが）何かを伝えたそうにしてて。
私：絵描いたん？トシさん。
ひろみさん：なんの絵か，ゆかちゃんが「学校行ってうさぎ見たいんかな」（と，言いながら），学校とウサギを描いて訊いてくれたんやけど，たぶん，あの時点で（トシは）訊かれたくなかった。どうしたいの，とかどっちにしたいとか（そういうことを全部）。うちの子が蹴ったり，がーっとたたいてきたりした一番の原因は［うふふと小さく笑う］私，私やと思ったんです。わからへんって，困ってる風に見えたんで，そばにいるし，声をかけた。でもやっぱり訊き方はいっしょで。もう，訊かれたくなかったところに，おかんがなんか言うてきよったっていうのが不本意やったんや

なって後で思った。夏休みの間、いっしょにいる時間が長いでしょ、普段より、もう一つうっとうしい。指示したりとか、それはせんといてとか、声かけは圧倒的に増えるんで。ちょっと混乱しかけたところに、私が声をかけてしまったので余計に。それに腹立ったんやろな。結局何が言いたかったのかわかんない。帰りたいんかな［笑い］。冷静な状態だったら、帰りたかったら、「車」、「おうち」って言う。帰りたかったら行動に出る。車も見えてるし、私もいるわけやから。本当は帰りたいと思ってたけど、でもたぶん彼はおかんが当番やということは理解してたから。

私：[そんなことが感じられるのというふうに] 慮ってくれてるん？

ひろみさん：言ってもむだやなって。今でこそ、お母さんたち（当番などをせずに）帰れるようになったけど、全然帰れなくてやってきた期間が長い。P行ったらお母さんはいるけど、僕はボラさんと過ごすんやっていうのはみんな思ってる。ここで帰りたいと言っても、お母さんが帰れないのがわかってるから言えへんかった。結局わからない。つまんないって言いたいんかな。それで難しいなあと思ったんですよ。もっと、暇やなって思う間がないくらいってむずかしいけど、これもあれも自分がおもしろいということがあったら、つまんないになれへん、集団でやることの難しさがそこで、みんなでゲームをして楽しいところまでいかないから。あそこでね、愛さんが後で、レベルを下げてトシちゃんがわかるゲームにしたらできるのって訊いてくれたんやけど、そうでもないかも。いっしょにゲームをやって楽しいっていう感覚が薄い、それは経験がないからか、もともと興味がないのかわからへん。ゲームの内容ではない。後でのりちゃん（私）も言うてくれたけど、全然好きにしていいと100％思えてたかと言われたらそうではない。どうしても欲が出て、もうちょっと遊んだらって（いう気持ちがあった）。そういうのが伝わるんやろな、子どもにね。こっちがね、手を出してしまうし、だから、私が手を出したのがまずかったな、出してどうなるもんでもなかった。

私：ゆかも同じこと言ってたわ、最後はお母さんに頼ってしまったって。お母

さんだったらわかるんじゃないかって思ったんやって。
ひろみさん：わからへん，山下くんにしても田中くんにしても，トシのことはお母さんに聞いたらなんでもわかるって思ったらあかんでって。わからへんよ［大きく］。日々いっぱいあるし。なんか，わかってやれへんですまんなしかないなっていう。そこでもっと工夫はしていかなあかんのやろけど，あれはあれでしゃあないかな。
私：ひろみさんがお茶買いに行くわって，その場から去ったんよ。そのときどんな気持ちがしてたか覚えてる？
ひろみさん：お茶が飲みたかったっていうのはあるけど，はあ［深いため息］。自分の気持ち？［言いよどんで］本音で言うと，なんやろう，自分でわかってる弱いところやけど，混乱している子どもといっしょの場にいることがしんどいんですよ，それは何がしんどいかというと，家なら，ああそう，残念やったねですむんですけど，こうなってる［てんやわんやというような動作をして］子どもに打つ手がないんやなって思われるのがきついなあとか，後は，子どもがしんどそうやなって思われるのがきついなあというのはある。後は離れるほうがいいかなって思って。余計に混乱させたな，その場からいなくなって，私の姿が見えないほうが早く落ち着いてくれる，というのがあり。
私：つっこんであれやけど，つらそうに見えたくないなあ。
ひろみさん：ある，たぶんみんなあると思う。まだ慣れへんかって自分に思う。もう，慣れていいやろ。あの場やからかなって思うんですよ，街中やったら平気かも，逆に。変に開き直れるじゃないけど，うちの子，障碍があってすいませんって。（この場面では）そんなに親もいなかったけど，障碍にかかわってきた経験がある人がいっぱいいたわけでしょ。あの場で（自分の子どもが）混乱してて。普段からこういうふうにしたらって，人にいろいろえらそうに言ってる立場やのに，自分の子はそうかい，って思われるんちがうかなって。そこがへたれなんですよ。めっちゃへたれ，私。
私：あんまりへたれなとこ，見せへんもんな。

ひろみさん：見せたいって思うけど。そこが自分の弱いとこやと思う。見せたら楽でしょう。見せられへん，なんでやろう，Ｓ（土曜日の保育サークル）にしても，Ｐにしてもなりゆきで代表の立場になってしまって，だから，あんまり，しんどいんよ，みたいなことを言ったらあかんって，無意識であるんかな。最近は（しんどいということも）言ってるんですけどね。あかんとこを人に見せるにはどうしたらいいんでしょう。

私：この夏は２回くらい，凹みましたメールくれたんが，私にしたらうれしいっていうか，一歩近づいたかなって感じはしたんやけどね。

ひろみさん：２回もあった？［思い出すように］そうや，旅行（８月７，８日に１泊，同じメンバーでしたもの）も凹んだよな，14日まただよーんと凹んでて。［間があって］ゆかちゃんが後で言ってくれた。今日はトシちゃん混乱したけど，いっしょにウサギ見て楽しそうにしてました。トシちゃんにも楽しい時間はいっぱいあったと思います，って言ってくれて。自分でもそう思おうと思ってたけどできなかった。自分がしんどくなってしまったら，自分ではわからなくなってる。次のたこ焼きのとき（その次の回の保育），トランポリンすごいいい顔してましたって。ありがたいな，学生さんに気使わせてるし。もう甘えとこう。そうやっていろんな人が気づかってくれて，純粋にうれしかった。夏は凹んだことがあったけど凹んでてもいいんやな，と思えたから，自分的にはそれでいいかな。

［**考察**］

<u>母親が思うトシの行為の意味</u>

　この場面についてひろみさんと話すことは私にとってかなり思い切りがいることだった。先述したように私とひろみさんの関係は一言では語れない。私をＰに誘ってくれたのは彼女だった。しかし，トシの話はあまりしない。療育に関しては，相談できる独自のルートをたくさん持っているし，そのほとんどがTEACCH関連では著名な人々である。トシのことで私が意見を求められることはほとんどない。そこには彼女自身の誇りのようなものがあるだろうと感じ

られ，それで，私は立ち入ったことがない。今回のエピソードも，子どもの変化が好ましい，楽しい話題ならいざ知らず，触れられたくない話題であろうと思われた。しかし，話さなければならないことを棚上げしている感はあったし，今なら話せるとも思った。きっとひろみさんも同じようなことを考えていたのではないか。対話することで，新しい関係に踏み込めるのではないかという期待があった。

　感想メールには相手の議論の軸に合わせて，「叱る―叱らない」の議論に乗っていったひろみさんだったが，この場はひろみさんもゆかさんと同じく，トシなりの自分の表現の行為だったととらえている。そして，今年のトシの様子全体を勘案して，「楽しめていないトシにどうしてあげたらいいのか」「集団との関係をどうしたらいいのか」という課題を考えている。自分を混乱の原因にしたことは山下くんやゆかさんを悪者にしたくない面と，本当にそう思っている面があったと思われる。夏休みの家庭での様子，母親ならではのトシの思いに対する解釈があり，それはその場のトシの行為を見るレベルではわからないことである。

　トシが何かを伝えたいと思っていたのではないかということについては，もちろん絵で意思疎通できるレベルで「○○がしたい」ということがあり，それをこちらがうまく理解してやれなかったという側面もあったのかもしれないが，それ以上に「帰りたい」「つまらない」と，わが子が身体全体で訴えていたのかもしれないということを，ひろみさんは感じていた。しかし，主催者の彼女には，その場ではそれはないこととして振る舞わなければならないという苦しさがあった。ひろみさんは，トシもそうした母親の事情を理解していたのだろうと感じている。トシのことを，たんに自分の思いが通らずに混乱しているだけの存在ではなく，他者の思いがわかるゆえに自分の思いのやり場なさに苛立つような一個の主体として見据えている。

　「もうちょっと遊んだらって（いう気持ちがあった）。そういうのが伝わるんやろな」と彼女は言った。こうしてほしい，望ましい姿が見たいという大人の願い。それがもっと強くなると「させたい」という構えにつながってしまうも

のである。そうしたかすかな大人の気持ちの動きが子どもに伝わって，不安定になるということは，自閉症児の母親からは，しばしば聞くことである。この日，見学者がいたからトシが混乱した，とすぐさま直線で結びつけることはできないが，トシがこのような姿を見せたのはこの夏を通じてこの日一度限りだった。一人一人の大人の心中に，少しずつ「よそいき」の構えがあって，それがこの夏の，自分を押し出すことが強まっているトシの発達の姿と，ちょうどこの日にぶつかったという解釈は，そう的はずれではないように思う。

観られている自分

　もう一つひろみさんの語りに強く表れているのは，観られている自分についてだった。「混乱している子どもといっしょの場にいることがしんどいんですよ」，「子どもに打つ手がないんやなって思われるのがきつい」という言葉は，自閉症のある子どもと強いつながりを持つ母親としての自分を周囲の人々の視点から，メタ的にとらえたことを表している。私の経験で言えば，娘が3歳くらいのとき何が気に入らないのか空港で搭乗前に大泣きしたことがあった。何をしても泣きやまず途方に暮れているとき，近くにいた若い女性が娘にお菓子を差し出してくれた。それはありがたい行為だったのだが，そんなささやかな善意に私は自分の無力を指摘されたように感じ，消え入りたい気持ちになった。母子とはそういう結びつきなのである。私もPの子どもたちと外出して，取り立てて迷惑をかけていなくても非難がましい視線を向けられることが多々ある。そんなとき私は正々堂々と障碍への無理解を訴える。子どもの責任を持つ立場で公の場にあっても，母親でない私には自分のつらさとしては響かないのである。人にどう見えても，私の子どもではないという一点に，自分自身が逃げ道を持つことができる。「まだ慣れへんか」という言葉。慣れないのは親子ゆえであろう。私はひろみさんと近しい状況を体験し，役割を交替することはできるが，等しい心情を体験することはできない。

　ひろみさんはTEACCHの勉強を契機に，「自閉症の特性を理解し，上手に育てている母親」として，地域の障碍児の母親たちの信頼を得ている。これがひろみさんの社会的な「顔」となり，自分の中でもトシの母親としてのアイデ

ンティティが確立していくことになる。このアイデンティティは，トシのためになるものであるし，自分を支えるものの一つになった。ひろみさんにとって，トシの行動は，母親として自分のしていることの結果を映す鏡である。と同時に，もう一つ，子どもを上手に育てている母親という社会的な「顔」を維持させてくれたり，逆に危うくするようなものでもあるのではないか。

「つらそうに見えたくないなあ」という言葉。つらそうに見えてもいいんだ，と言葉で言っても上滑りになる気がし，「見えたくないなあ」と，私もそうだよと共感する言い方で，いったん受け止めた。ただその反面，つらそうに見えたくないから，走り続けているようにも見えるところに，ひろみさんがどこか遠い感じもしていた。これまでのひろみさんにとって私は，自分のつらさ，弱さについて何もかも打ち明けるような存在ではなかった。その一線を越えないような私たちの関係の中で，私は彼女にどれほど近づいたらいいのかわからなかったのである。そのような遠慮にも似た気持ちを払拭して，もう少しゆっくり過ごしてもいい，ぎりぎりまで自分を追い込まなくてもいいという，最近のひろみさんに持っていた印象を，やっと伝えられた言葉だったような気がする。

<u>つらさを共有する人々</u>

ゆかさん，山下くんも，ひろみさんが気にしていたような「打つ手がない親」という見方ではなく，自分たちは自分たちなりのトシとの歴史の中で，つらさや力のなさを思っただろう。この場はひろみさんを評価する場ではなく共感の場であった。少なくとも私には「なんか，わかってやれへんですまんなしかないなっていう」，「育てる者」の気持ちはしみじみ心に響いた。そして，「あれはあれでしゃあない」と折り合いをつけていく感じが，いつも共にある生活の共同者としての，素朴な姿なのだと思う。そして，「わかってやれへんですまんなしかないなって」という言葉と，純さんの「言いたいことが伝わらんかったらつらいわなあ」という言葉は，子どもを思う親の心情として，見事（？）に呼応しており，親としての思いが間主観的に共有されている場であったことは，ゆかさんの語りで考えたことに通じる。

元をただせば，対話の発端は学生たちの感想メールに私が苛立ち，ひろみさ

んが余計な痛手を受けたのではないかと思ったことだった。「観ること」が観られる者にとっては苦痛にさえなるということ。そのもっとも大きな要因は、学生たちが、子どもたちを感じることができなかったことである。養育者と子どもの関係の歴史、トシの心の育ち、ひろみさんの思い、それを何らかの感じとして受け取っているトシの思い、そのようなもろもろの事柄をPで一緒に過ごしてきた人々。深みのある共同生活者としての視点で子どもを見ている現場の人たちと、見学学生の見ていた表層的な見方は大きくちがっていた。その結果、観察も、子どもの行為を自分たちには自明だと思われている目標から評価するしかなかった。ひろみさんは感想メールに関して「おまえらそんなにえらいんかい」と冗談めかして言ったが、その程度のとらえ方で、これ以上メールをめぐってのわだかまりも、こだわりもないようだった。繰り返しになるが、その人をわかりたいと思う、深い関与なしには、何も心に届くものがなかったということの証である。

私は何を観ていたのか

　この夏はトシにとってもひろみさんにとっても、Pに参加するということがたいへん苦しいときだった。私はひろみさんにそれをどこまでたずねたらいいものか、本当はトシよりもひろみさんにかかわりづらさを感じていたのかもしれない。そう考えると、トシのあの日の混乱が、何もかもが連動して、沸点に達したようなものにも感じられる。私が対話の中で、新しい関係に誘い込むようなことを言わなくても、若い学生やボランティアがトシを大切に思い、支えになろうとし、母親たちは母親たちで感じ合える関係を作り、トシを囲む輪になっていることが、「凹んでてもいいんやな」と自分のことを自分で決着をつけることの後押しをしたのだと感じられた。

　私はあの場で学生たちに観られる者の一人だったが、それでは、私は何を観ていたのだろうか。そのときのトシの行動を私もまたトシが楽しめていない姿として観ていた。それは、ゆかさんやひろみさんと同じである。私は指導員としてもトシの混乱をミーティングなどであらためて取り上げることをしなかった。「問題行動」であるとみなしたくなく、起きたこと自体を「大したことで

はない」と低く見積もろうとする姿勢をとっていた。感想メールで指摘されたことさえもちがう場面のことだと思っていた。それを重く取り上げることは，トシの障碍が重いというところに結びつくのではないかと怖がっていた。これは，今年のひろみさんへの配慮と言いつつ，ひろみさんをわかりたいと，向き合う覚悟がなかったのかもしれない。「打つ手がない親」などとは思いもよらなかったが，簡単に立ち入ってはならないような領域として，（トシのつらさを引き受けるのはひろみさんしかいないんだよという意味で）親子で観ていた。そして，私はどんなプログラムならトシが喜ぶのか，どうすればトシがみんなと長く一緒に過ごせるのか，トシをどうするかという視点でしか観ておらず，トシのつらさ，ひろみさんのつらさというところに思い至っていなかった。

3　総合考察

（1）私たち「観られる者」に届いたもの，届かなかったもの

「観る」行為が一方向的なものに終始すれば，観られる者にとっては暴力的にさえ感じられる。その要因を学生たちの行為と私たちの思いからもう一度振り返っておきたい。

①評価されたという思い

私たちは実践の善し悪しを評価されたと感じた。その評価の観点が，私たちの思いとずれていた。また，私たちには受け取る用意ができていなかった。

②場に影響を与えたことに無自覚であること

場の成員以外の者がそこに来るということだけでも，有形無形の影響があることに気づかない無邪気さ。この自分たちの存在に無自覚であることが観られる者の違和感に上乗せされた。

③「わかろう」とせず，「わかった」つもりでその先を見ていると私たちに感じられたこと

学生たちはトシの行為を問題ととらえた。教え導くための最適な方法を習得することで教員になる準備をしなければならない彼らと，子どもたちとの日常

的な関係を，手応えを感じながら生きている人々との間の大きな隔たりが露わになった。

　学生たちが少しでも子どもたちとかかわる立場でPに入ってもらえていたなら，学生たち自身の実感から語ることができたかもしれない。関与することを制限されていたために，感じることができない観察者は，自分たちの目標，拠って立つ理論，自分たちのやり方に潜む「価値」から自由になることができず，それに合致するかどうかを基準に，Pの活動を評価するようなコメントをしてしまったのではないだろうか。この，子どもの固有性，実践のユニークさを「内側」から理解するのではなく「外側」にある自分たちの価値にあてはめることによって解釈しようとした姿勢が私たちには耐えがたかったのだと思う。その結果，観察された者は，反発を感じるだけで，何も心に届くものがなかった。子どもの姿を問題にしていながら，子どもをかけがえのない大切な存在と考えていないように私たちには思われたのだった。

（2）　ゆかさん，ひろみさん，純さん　3人の「見ていたもの」

　3人はトシの混乱をやめさせなければならない「問題行動」とは見ず，何らかの気持ちの表現としてとらえた。私には3人が共通して持っているものとして，トシへの「願い」が感じられた。障碍児の高次の目標として集団に入ってほしいといったことではなく，トシに夏休みの一日を楽しく活動してほしいという願いである。その大人たちの願いとトシの思いがずれている場面であったと思われる。

　3人の願いのさらに後ろにそれぞれの「思い」があった。

　ゆかさんは，トシを感じながらそのかかわりの歴史から彼の成長をとらえていた。その上で，ひろみさんとトシの日常へと思いを馳せ，子どものことがわからない母親の困難を思った。

　ひろみさんは，この夏の自分とトシのありようからトシの混乱を意味づけた。そして，トシに対処できない母親として観られる自分にいたたまれないような気持もあった。しかし，最終的には，周りの人々の支えを率直に受け入れ，

これはこれでしかたないという境地に達した。

　純さんは，表現したいことが伝わらないトシのつらさと，子どもをわかってやれないひろみさんのつらさを思い，その両方を共に分かち合おうとした。

　このように，3人にはそれぞれがトシの行動に見出す「意味」があった。それは第三者的に外から観察するのではなく，「共にある」人のみが見出せる，「私」がこのように経験して生きていること，そのものが持っている「意味」であった。

（3）私の目指す方法的態度

　私は修士のころ意図を持って「関与しながらの観察」をした。身体を携え現場に臨むことで，内部から感じ，子どもとのつながりができることはわかった。それは，協力者の子どもを対象化しないあり方であると思っていたが，実践の場全体を考えると自分の中に「おじゃまする」感があった。まずその「おじゃまする」感の出所は参与の形態に依存しており，「積極的な参与者」の立場では，自分の実践に責任がもてない立場であったからだろうと考えた。

　Pの指導員になり，そこを現場として観ることで私は「完全な参与者」になれた。しかし，まだ実践に貢献するということを胸を張って言えるとは思えなかった。研究者が見出したことに対する，実践の場にいる人の了解可能性の問題が残っていたからである。

　一人の母親（第4章の薫さん）と対話したことを契機に，研究協力者を「観ること」はどのようなあり方をすれば許されるのか，完全にわかり合うことはいかに可能になるのか，そのような観察者のあり方を求めていたのだ。

　次の年，Pに学生が見学に来た際の出来事に出会い，私も母親たちと同じ立場の「観られる者」になった。そして，当事者から切り離された外部的・非主観的視点から観られることは，暴力的でさえあるということを「観られる者」になった私たちは同様に感じた。この暴力性はどのような参与形態であろうと観察者の姿勢によっては，そう感じられる可能性がある。

　対象者自身の生きてきたこと，生きていこうとすることを，「私」が「デー

タ」として扱うことは，当事者から切り離された，わかったふうな「解釈」につながってしまうのではないかという危惧が，研究協力者を「観ること」はどのようなあり方をすれば許されるのかという問いの根底にあったのだと思い至った。

　もう一つ観られる者になって感じたことは，いくら研究者が実践に生かすためと臨んでも，対象にされる側は，「完全にわかり合うことはできない」，「そう簡単にわかったふうな顔をしてほしくない」と思っていることだった。逆に言えば，研究者としての私がもっともおそれていたのは，「あんたらに何がわかるねん」といった，研究協力者と研究者の断裂であることに気づいたのだった。学生の見学の一件に出会う前に私が考えていた研究協力者と研究者の「共同する」は，完全にわかり合うことを目指すあり方だった。そうすることで研究協力者にも意義ある研究にしたかった。それゆえに，ひろみさんとの2度目の夏を迎え，2人がわかり合うことはできるのだろうかと不安を覚え，たじろぎ，ひろみさんと向かい合うことを棚上げにしていたのだと思う。

　第2章6節で述べたように，Pに集う保護者たちと私は子ども観，障碍観をすべて一致させて活動をスタートさせたわけではない。子ども，親共に一個の主体である限り，一致させることはおそらく不可能である。親は子どもと「共にある」ことが宿命づけられており，私はいくら「わかった」と言おうともいつでも離れることができる。究極には，ここに私の研究協力者に対する「私は当事者ではない」という後ろめたさがあり，そのために持ち出してきたのが，わかり合うことを目指すあり方であったわけだ。

　今回の2人との対話には，私は非常に心地よさを感じていた。それは彼女たちとの関係性の上にあるのではないか。西（2006）は「表現と理解」の関係をこう述べる。「完全にわかる，などということはもちろんありえない。しかし，それはなんら問題ではない。話したいことがあれば話せばよい。尋ねたいことがあれば尋ねればよい。互いを理解しようという意思（気持ち）が，相手のなかにも自分のなかにもある。そう実感できることが大切であって，それを「信頼」と呼んでもよいかもしれない」。

ゆかさんや他の若者たち，母親たちがしていたことは，子どものことがわからないという，わからなさを分かち合うことだった。そして，トシを囲むそれらの人たちは，「共に生きていこうという願いを持って実践に当たる」というやり方でひろみさんを支える者になれていた。

　完全にわかるということはないという前提でよいのだということである。その上で，「私」―研究者―がその場で起きていることに真摯に向かい，協力者も研究者も一個の主体であるという方法的態度で臨むならば，両者の関係性の新たなる展開があるということは実感できた。それがひいては対象者に届くものになりうるのではないか。それゆえ私はこの「表現と理解」の関係を方法論の基盤に据えたい。私は，トシへの実感をひろみさんに伝え，対話することにより，ひろみさんの心情に多少なりとも触れ，「新しい」ひろみさんに出会った。

　私が本書で目指す方法的態度を以下の3点にまとめる。
①何を観ようとするか
　子どもといかなる歴史，関係を持っているかによって，捉えられる出来事の意味は浅くも深くもなる。自分が観ようとしたものしか観えないし，観たものだけに固執すると，実践を相対化する契機を失うことにもなる。当初，私はこの「深さ」というものは，参与の形態によるものであると考えてきたが，「深さ」はたんに役割だけには帰すことはできず，目の前の子どもをやり過ごさずにできる限り身体その内部から感じるという態度，共に生きる共同生活者ならではのあり方になれるか否かにかかっている。

　私が目指す対話は「観る者―観られる者」という関係を超えて，主体どうしの出会いを作る方法である。その目的は，新しい関係の創出であり，主体どうしの交わりの「体験」の場にすることである。感じたことを当事者と分かち合い，理解を深めていく。そこに創出された「新しい関係」が「新たな環境」となり，昨日とはちがう私はまた場に臨む。Pは子どもたちと，また母親たちと私が共に出来事を生きていく意味生成の場である。

②何を見出すのか

　「あんたらに何がわかるねん」からは逃れようがない。当事者には成り代われない。共に出来事を生きていく姿勢で当事者性に立ち，しかしなお間主観的に「わかる」と「わからない」の間を揺れながら行き来し（鯨岡, 1998）そこに見出そうとするのは，研究協力者と私が，共に生き，願いを実践するための意味である。

③「表現と理解」の関係から共同へ

　そして，見出したことはそこが到達点ではない。2人の齟齬を率直に出し，ひろみさんとの対話自体がその後の実践に意味を持つものになった。ここには意味の共有を目指して，まずはお互いの思いを知ろうとする関係があった。子どもと母親たちの心情に思いをはせながらその関係性を生きること，実践と研究の往還の中で，協力者に届くものが生まれるのではないか。それゆえ私はこの「表現と理解」の関係を方法的態度として，研究に持ち込みたい。この態度を基盤に「わかったこと」を伝え合い，同等の主体として結びつき，新たな関係を結ぶ。そのことを「共同する」と呼ぶ。

　当事者には成り代わることができないならば，「私」の生に対面できるのは「私」しかいない。誰にも理解されることはないと感じているならば，それはたいへん苦しいことだろう。匿名ではない固有の存在としてその人を理解しようとすることによって，それがたとえちがった仕方であっても，共に生きているという感覚をつくり出せるのではないか。研究協力者と観察者は置き換え可能であるべきだという近代科学の呪縛から解かれ，「かけがえのないこの子ども」「かけがえのないあなた」というメッセージを研究協力者にぜひ届けたいと思う。

第4章

事例：構造化のプログラムを越えて
――学童期（桃・薫さん）――

1　はじめに

　第3章でふれたように，私は修士のとき療育通所事業を現場にして，場を同じくする者の間に起きる，身体が感じることに基づくコミュニケーションを手がかりに，自閉症児との関係性を形成することを実践した。そこでの体験は，自閉症のある子どもが人とつながる可能性には閉じていないことを実感させるものだった。博士課程に進んだ2005年の7月，ひろみさん（第3章の研究協力者）から「Pの指導員をしてくれないか」と打診された。ちょうど次は養育者との関係を含んだ，自閉症児の関係発達を主題に研究を発展させたいと思っていたところだったので，二つ返事でその申し出を受けたのだった。

　私は地域の障碍児保育サークルのボランティアをした後，小学校の臨時任用の仕事に就いたり，大学院に進んだりしていたため，地域の活動とは疎遠になっており，Pに参加している子どものうち何人かはその幼少期の姿を見知っていたが，昨年までPがどのように活動を行っていたかまったく知らなかった。母親たちと，その前の年も指導員を経験していた田中君（この事例の研究協力者）とは，事前ミーティングの場で会い，サポートブック（支援者に子どもの特性や援助方法を伝えるためのプロフィール表のようなもの）を見せていただき，子どもの様子などをきかせてもらった。私はそのころ京都のいくつかの保育所で発達保障論に基づく発達相談を始めていたので，子どもにどのような力がついていて，どこが遅れているのかといったことを確かめるような子どもの見方

はしないようにしようということは心に刻んでいた。子どもとも保護者ともまず気持ちの交流を大切にし，それを手がかりに関係を作らなければという思いだけで，そこで何が生まれるのか，想像もできない状態だった。

　はじまってみると，すでに存在するボランティアのシステムや，場になじむことに，また一から臨む一人一人の子どもたちと関係をつくることにただ懸命だったような気がする。だからこそ，どのように関係が深まっていくかを自分の中で自覚することが貴重な体験になるのではという，予感と期待がしだいにふくらんでいった。

　この年一番印象に残った，自閉症のある女児，桃とその母親である薫さんの事例を取り上げたい。桃とはこの年のPではじめて出会い，新しく関係を作っていく過程があった。薫さんは，夏の前には，第2章で述べたような，子どもに対して「行動を観察する」構えと「気持ちを感じ取る」構えが共存していると感じられた母親である。

　Pの期間中は毎日，保育終了後に，その日の印象的な出来事をエピソードに起こした。その上で，私，薫さん，桃が場を共にしたときのエピソードの中から印象的な5つの場面を抜き出し，私の「わかり方」を考察したものと共にあらかじめ薫さんに読んでもらい，その場面を振り返るという形で薫さんと対話した。2005年9月13，21日に実施（於薫さん宅，各2時間程度）し，ボイスレコーダーに録音した。桃の絵日記は私がもらったものと，薫さんにお借りしたものである。

2　事　例

（1）**研究協力者**
桃
　公立小学校2年生。女児。家族構成は両親，2歳違いの弟（こうじ）の核家族世帯。2歳半で自閉傾向を示唆され，4歳のとき自閉症と診断される。

第4章 事例：構造化のプログラムを越えて

バンビのようなつぶらな瞳がかわいらしく，細身で身体の運動能力に問題はない。音楽に関心が高く，ピアノを習っている。個別学級（現在の特別支援学級）に在籍しているが，算数以外の時間は個別学級の先生と共に親学級で過ごしている。「響く男性の声が苦手」。現在困っていることは，「興味があるものにひきつけられてしまう」「先の見通しが持てないと不安がつのり，他のことを楽しむことができない」。「刺激を避けるために」たいてい帽子をかぶっている。（「」内は母親薫さんの説明）

薫さん

桃の母親で，Pの中心メンバー。初対面時から明るく，積極的な印象を受ける。事務処理能力に長ける。桃が幼稚園年少時から生活の中で構造化のプログラムにより支援している。

指導員　田中君

快活な男子大学生，教育学部3回生。自分も楽しみながら，場を楽しい雰囲気にしていくことができ，どの子どもからも慕われ，保護者の信頼も厚い。高校生のころからPのボランティアを続け，昨年から指導員になった。私が参加する子どもの顔ぶれをみて担当ボランティアを配置し，当日のプログラムを計画する，彼が活動を進行するという役割分担である。

（2）エピソードと対話

ではまず，Pにおける桃と私のつながらなさの事例から提示する。

エピソード1　「のりちゃん（私）におつりちょうだい」
　　　　　　　——"スケジュール"によって動くように見える桃（8月9日）

・活動内容：焼きそば作り，外遊び
・場所：母子センター2階（調理室と20畳ほどの和室がつながっている）

今日は焼きそば作りが主なプログラム。何を買うか参加の子ども全員で相談し，それぞれが買う物のカードを持って近くのスーパーに出発する。帰ってくると子ども一人一人からおつりとレシートを私がもらうことになっている。桃

はいつもどおり順調に買い物をすませ，この日も一番に帰ってくる。

　桃は私を見ることもなく，財布と帽子を部屋の入り口のテーブルに放り投げるように無造作に置き，部屋のすみに置いてあったキーボードに直行した。私は財布を拾い上げ，桃のところに行き，それを目の前にかざし「桃ちゃん，のりちゃん（私）におつりちょうだい」と言った。桃は，財布も私の顔も見ず，嬉々としてキーボードで遊んでいる。たんに通じないというより，私がそこにいることが桃に感じられていないかのような様子である。そのため，再度「おつりちょうだい」と言ったときは，調子が少し強くなった。私が少しひるんだ感じでその場で躊躇していると，それに気づいた薫さんがすばやくやってきて，用意していたスケジュール表を見せながら，「おつりを渡します」と桃に言う。桃は即座にキーボードから離れ，私におつりをくれる。薫さんの顔が上手にできるでしょうというふうに私には見える。

[考察]
　このキーボードは集まりの会と終わりの会にみんなで歌を歌うときのために，いつも部屋の隅に置かれている。桃はこのキーボードのボタンを押して様々な楽器の音を聞くことがお気に入りで，手持ち無沙汰になるとキーボードに向かう。
　さて，桃がキーボードに向かったとき，私の中には桃とよい関係を築きたいという思いから，今，楽しんでいることをさして制止する必要もないとも思う一方で，決まり通りにおつりを渡すことを「させる」ことに向かう気持ちが入り混じっていた。「ひるんだ感じ」があったのは，私のはたらきかけにまったく桃が反応しないことに対して，次の一手を探しあぐねていたからである。
　薫さんは，普段から構造化のプログラムに沿った考え方をしており，桃の担当ボランティアに対しても，スケジュール表を渡し，話しかけるときにはあまり感情をいれない一定のトーンの「ですます調」で語りかけるよう依頼していた。構造化のプログラムによれば，語りかける人の言葉の調子が変わると「同

じことを言っても違う言葉に聞こえるから」ということである。このことを私は知っていたが，ここで私はわざといつもの話し言葉で語りかけた。それが私と桃のつながりの作り方だと思っているからである。

　私が「ひるんだ感じ」になったとき，薫さんは実際にスケジュールを示し，それに従って桃はてきぱきと行動した。これに対し私は，本当にスケジュール表を示せば動くんだという驚きと，これでいいのかなあという思いが入り混じった気持ちを持った。換言すれば，少々「やられました」という感じである。私は桃が私の言葉に応じてくれなかったことに動揺したというより，桃から何も私に返ってくるものがなかったこと，私と桃の間につながりが感じられなかったことに，軽く失望したのだった。ここでの私は，「のりちゃん」として桃が親しみを感じる一人の大人として桃の中に存在したい気持ちと，それが果たされなかったことへの失望と，私の構造化のプログラムに対する懐疑的な気分ともいうものが，ごっちゃになった気分にとらえられていたと言ってよいだろう。

　さらに，この場面は，私と桃の二者の関係の中に現れた出来事のように見えて，じつは桃の背後にいる薫さんの存在が私と桃それぞれに影響を及ぼしている。薫さんの対応は，何も構造化のプログラムの「威力」を私に見せたかったわけではないだろう。Ｐの流れに乗っていない桃の行動を軌道修正することと，私が困っているようだったので親がフォローしてしかるべきだということを純粋に思った結果だろう。私は，薫さんたち母親が子どもを思い，その願いを託して行っているであろう構造化のプログラムを，私も踏襲することを求められているのかどうかの判断をこれまであいまいにしてきていた。あえて，それに与しないスタンスをとれば，私が自閉症の「特性」を理解していないと思われるのではないかと気にかけているところがあった。これらをうまく説明できるような関係がいまだ作られていないこの段階で，私には薫さんの対応が桃を「操作する者」として見えた。そして，薫さんと桃の間に何が通い合って桃が行動することになったのかがつかめない状態だった。

エピソード2　座布団リレー——桃の情動　くやしさ（8月18日）

・活動内容：室内のゲーム，外遊び
・場所：母子センター2階

　来所予定のすべての子どもの個性，興味にプログラムを合わせることは至難の業である。参加児童のうち3名は，事前にその日の予定を写真の入ったスケジュール表にして持参するので，行き当たりばったりは避けたい。この日の参加者は中学生2人と，桃とその弟のこうじだけなので，身体を動かすことと，ゲーム性のあるものと考え，そのバランスに苦心した。中学生2人をチームリーダーとして，年長者の自覚を持たせ，2チームの対抗戦の形で進めようと計画した。最初の"座布団リレー"は座布団に座り両端を持ち，座ったまま全身で跳んで進むリレー遊びである。

　　桃は1回目こうじと，2回目田中君と対戦して，連続して負けた。その瞬間，桃の表情はさあっとくもり，涙ぐんで，部屋の隅で片づけをしていた薫さん（この日，たまたま当番で部屋にいた）の横に座る。桃は薫さんに何をうったえるでもないが，うつむきかげんで，悔しさにじっと耐えているようだった。薫さんも用を続け，桃に声をかけるでもなく，今は，手出し，口出しすべきではないと思っているように見えた。部屋の他の人たちはあーあという感じで，事の推移を見守っていたが，田中君が場をとりつくろうように「桃，もう一回しよう」と，明るい声で誘った。田中君は，今度は負けてあげるのだろうと私は思った。桃はその言葉に応答せず，まだ薫さんのとなりにいたが，次の瞬間，さっと立って，自分の帽子をかぶり，靴をはき，悲しそうな顔のまま「わからない」とつぶやくとドアに向かった。そこで「わかりません」とさらに大きなはっきりした声で言う。今にも部屋を出て行きそうな雰囲気だったので，私もすぐ靴をはき，後を追う。桃が出て行かないことを確かめつつ，「じゃあ，次のゲームに移ります」と次の"人形かくし"のルールの説明を始めた。

第4章 事例：構造化のプログラムを越えて

［**考察**］

　夏休み限定の保育も中盤を過ぎ，子どもが「わかる」遊び，子どもが喜ぶ遊びをどう準備するのか，私はこの時期プログラムの選択に少々苦しんでいた。構造化のプログラムに則れば，準備は際限がない。ゲームの内容を構造化しようと思えば，要素を1個1個ばらして写真で提示することさえ必要だ（実際，調理の手順はそうしていた）。母親たちにゲーム大会をすることは伝えたが，詳しい内容までは伝えていなかった。母親たちがそれをすべてスケジュール化することは非常な手間であるし（彼女たちはやりとげるだろうが），そのために遊びの種類が限定されることは本末転倒だろうと思われたからである。田中君に今日のゲーム大会は少し不安がある旨を伝えたところ返事は「なんとかなるでしょう」だった。私はいつの間にか，日々の保育の流れがスムーズに進むことばかりに目がいき，自分が「楽しむ」ことをすっかり忘れていたことにはっと気づかされた。このとき，多少進行がぎくしゃくしても，子どもたちの様子を見て進めようと思えたのだった。

　"座布団リレー"に負けて桃がすねた様子を見せたことはとても意外だった。それまでの桃は対戦型の遊びでは，「お姉ちゃん負けました」と大きな声で言いはするものの，さばさばしている印象を持っていたからだ。桃は対戦すること自体が楽しいのであって，勝ち負けには固執しないと私は思いこんでいた。勝ち負けに対する情動が発達していないのではと漠然と判断していたと言ってよい。つまり，私は桃の気持ちに定位して桃をとらえるのではなく，情動の多様性を持ち合わせていない「自閉症児」として桃を見ていたのかもしれない。薫さんの隣でうつむいている桃に対して，弱ったなと思うと同時に，それまでのイメージとはちがう桃の豊かな情動表出に接し，新鮮な驚きとうれしさも感じていた。というのも，エピソード1とは違い，桃の気持ちが私にしっかり伝わってきたからである。

　そして，薫さんがたまたまそこにいることで，薫さんがどうするか，薫さんがどう思ったかを気にもしていた。薫さんはつねに「子どもにわかるように提示し，子どもができることをする」ことを心がけて生活を組み立てている。今

の場面が，桃が挫折感を味わったように見えたのではないか，そのことが私に対する薫さんの信頼に影を落とすのではないかという心配もよぎったのである。

　さて，田中君の誘いかけに桃が応えた「わかりません」ははじめて聞く言葉であり，抑揚のない一本調子の表現だった。この状況での桃の「わかりません」は田中君の誘いの答えになっていない。しかし，私には，桃の悔しさ，混乱した気持ちの表出として受け止められ，その情動の強さが印象付けられた。桃はドアのところまで行ったものの，部屋を出ていくことはしなかった。私たちを見限って外に出て行かなかったのは，負けたことは愉快ではないが，皆と遊びを続けたい気持ちが残っていたからだと思う。本当に興味が途切れてしまったら，誰にも何も告げずにふらっとどこかに行ってしまうのがこれまでの桃の姿だった。そこで私は，桃が「わかる」ように説明を加えることはせず，場面を転換する方を選択した。このリレーゲームが中断したことは残念だったが，とにかく桃が部屋を出て行かなかったことで，その場には安堵した空気が広がった。

エピソード３　人形かくし――桃の情動　喜び（エピソード２の続き）
　"人形かくし"は，一人の鬼が部屋から出ている間に，残った人たちで部屋のどこかに人形をかくす。鬼を招き入れ，見ている人たちは鬼が人形のかくし場所に近づくと拍手を大きくし，鬼はその拍手の大きさを頼りに人形を見つけ出す，というものである。

　　まず中学生の林君が鬼になり，一度やってみることになった。田中君が
　　重ねてあった長机の間に人形を隠す。桃はいつの間にか靴を脱いで部屋の
　　中に立っていた。その目には，何が始まったのだろうという好奇の光が
　　戻ってきていた。拍手の大きさによってかくし場所を推理するという点は
　　少々難解だったようだが，林君は人形を見つけ出すことができ，とりあ
　　えず，初回のゲームは終わる。なんでもやりたがり屋のこうじが次の鬼に志
　　願し，２回目が始まる。林君が人形をカーテンの陰にかくし，こうじがに

こにこしながら入室して探し始めると，かくし場所を知っている桃はすぐその場所に行き，かくしてあった人形を取り出し，「見つけたあ」と笑顔で叫ぶ。こうじはしょうがないなあというふうに小さく笑う。3回目は高校生のボランティアが鬼になり，こうじが人形を床の間の横の小さな物入れに隠す。鬼が入室してくると桃はまたふらふらと人形がある場所に近づく。こうじはあっという顔をしながら，お姉ちゃんそこに行ってはいけないというように桃を遮るように近くを歩くが，やはり桃が人形を取り出し「見つけたあ」と叫ぶ。薫さんは「そういう遊びじゃないんだけど」と苦笑いをしている。

4回目，いよいよ桃が鬼になる。靴をはいて廊下に出，かくし終わるのを待っている。「もういいかい」「まあだだよ」を繰り返し，うれしさを抑えきれないという表情で，和室にもどる。前回までに人形が発見された場所，長机の間，床の間付近と見ていく。見つからないが，あきらめず，まだ目の輝きは始めのままだ。物入れのカーテンをシャーッと開ける。人形を持った手を高々と上げ，はじけるような声で「見つけたあ！」と叫ぶ。周りの人々もみんな笑顔になり，部屋全体が大きな喜びに包まれたように感じられる。

<u>終わりの会</u>

終わりの会の始めには子どもたちをクールダウンさせる意味もあり，絵本を1冊読むことにしている。田中君が用意してきた絵本を持って，座布団に座った子どもたちと向かい合ったそのとき，桃も田中君の隣にちょこんとみんなの方を向いて座っている。「桃も読みたかったんや」と私が言うと，田中君は桃に絵本を渡す。皆は桃が読んでくれることを期待して待っていたが，桃は始めないので田中君が読み始めると，それに合わせて絵本のページを1枚1枚めくっていく。桃は声を出すことはしないのだが，しっかり目で読んでいるらしく，田中君が読み間違うと，ちがうという感じで次に進まない。その駄目だしもおもしろく，私は思わず吹き出してし

まう。

[考察]

　この遊びは"座布団リレー"の対戦とはちがった意味で「人との関係」が組み込まれているゲームである。鬼はいったん共同体から引き離され，人形がどこにあるか知っている集団の中に戻る。探索と見つける楽しさを味わった後，再び共同体に迎え入れられる。初め，鬼と他の参加者は対立関係にあるが，鬼はただ探索するだけでなく，参加者の導きによってヒントが与えられることで人形を見つけ，また元の共同体の一員に戻る。

　また，"人形かくし"は「心の理論」の課題そのもののような構造を持っている。すなわち，部屋に残る人々は人形のありかを知っているが，それを秘しておく。人にはそれぞれ独立した精神状態があることを考えることができなければ楽しめない遊びである。こうじは姉が人形に近づくことを言葉で制止すると，鬼に人形のありかを知らせることになってしまうことが理解できているので，さりげなく姉の側に行き，「人形に近づかないで」ということを知らせているのだが，それも通じなかった。私は桃を試すことにならないかと，プログラム決定までに大変迷いがあった。この遊びが子どもたちにとって楽しいものになるであろうと選択しておきながら，一方でじつは桃が「心の理論」を獲得しているかどうかを私自身が見たいと思っているのではないかという疑念を，払拭できないでいた。当初私が計画していた"人形かくし"ゲームは成立しなかった。しかし，2回目のこうじの鬼の番のときに，「これはいいぞ」という確信を持てた。やはり桃は「心の理論」を獲得していないと見える光景だが，それが露呈したことよりも桃が楽しんでいることの方がはるかに大きく，価値のあることだと感じられた。"人形かくし"で他者が秘していることをとらえることができなかったとしても，自分が人形をみつけ，他の人たちが拍手して笑顔で喜んでくれたことは感じられていた。ここには確かなつながりのコミュニケーションがある。自分の情動の動きに従って動く，主体としての桃を私は見ており，桃がその喜びを他者に伝えようと意図していないにもかかわらず，

それが伝わり，私の喜びになる体験だった。桃の生き生きした姿に接したこの時点では，私の中に薫さんの存在は意識されていなかった。

　直後の終わりの会で，桃が絵本をめくる役をしたことも，私には興味深かった。普段その役を取るのはこの日は参加していないたけし（小学校3年生，ダウン症候群と難聴の重複障碍がある）だった。たけしは難聴があるため，読み聞かせを聴く側になって楽しむということができにくい。そこで彼はみんなに絵本を見せる側になるという自分なりのやり方で，この場に参加する一員になろうとしているようだった。この日，桃はそこにいるのが当然だという顔で初めからそこに座っていたのである。私は普段のたけしの位置が思い出され，「桃も読みたかったんや」と言った。これまでの桃が本当にたけしのように本の読み手になりたかったのかどうかはわからないが，今日の桃はPの集団の一人として積極的にそこに居場所を見出していた。それも，田中君と同じ側に身を置くことは，みんなをもてなす役まわりである。絵本は自分が見るものではなく，みんなの方に向けられ見せるものである。と同時に，自分はみんなから見られる者である。他者に認められ，迎えられている。先ほどの"人形かくし"の体験が，桃の自己意識に何らかの強い印象を残し，集団の一員としての自己―「私は私たち」が芽生えたことを表現する姿のように私には感じられたのだった。

　ここから，この夏の学童保育が終わって9月に行った薫さんとの対話を提示する。薫さんとはひと夏を共に過ごし，いっしょにPを作り上げていく仲間という感覚に変わっている。エピソード1の話から遡り，桃の乳幼児期の様子から，構造化のプログラムに出会うまでの語りになった。

対話1　「1日が終わらない終わらないって感じ」――乳幼児期の困難

（桃が産まれてから，どこかおかしいなと思うまでの話があって）

私：診てもらってどうなったん？

薫さん：自閉傾向。今はけっこう早く診断つくんですけど，様子見ましょうから長かったんですよう。1年半か2年くらい，自閉傾向のままで，3カ月おきに先生が様子見はるだけ。らちあかないんですよ。どないかするしかないやろなって思っても，自閉傾向の意味もわからないし。お医者さんに説明してもらっても全然ぴんとこないし。まだそのころね，『光とともに…』（戸部，2001〜2010）も出てないし。

私：気持ち的には？今聞いてる限りでは…

薫さん：そら大騒ぎですよ。［けらけらと笑う］

私：暗ーく大騒ぎなん？前向きに大騒ぎみたいな感じするんやけど。

薫さん：泣いてばっかりでしたね。やっぱり。

私：本当［意外な感じ］。実際子育てもしんどい？

薫さん：しんどかったですね。2歳から3歳にかけて，さっぱりわからへんし。今考えたら，ああいうことがわからんで怖かったんやな，しんどかったんやなってわかるけど。とにかくこっから（居間），があーっと外へ出て行こうとするし。こうじは（乳飲み子で）まだ寝返りも打てへんし，置いて行かれへんし。チェーンして鍵かけて，結局。やっぱりその辺は納得いけへんし。他の子，幼稚園くらいの自閉の子見ても思うけど，できるとこはすごいできるでしょう，障碍の特性で，でけへんところがあって，バランスの悪さ，ここはこんなにできてるのに何でって。家の中ほんまめちゃめちゃですよね。乳児がおって一人パニック起こしてて。お父さん帰ってきてもぐちゃぐちゃになってるし。伝わらへんし，私も怒るし。パニック起こしてる子に怒ってもしょうがないんですけどね，今考えたら。人から言われてもいややし，そのときは。（桃が）いやーってなってるから夏も窓開けられない，閉めてクーラーかけて。さすがにこの声が外に聞こえたらいかんやろっていう気はあるんですよ。自分の中に。毎日大騒ぎ。

私：1日1日過ごしていくって感じ？

薫さん：1日が終わらない終わらないって感じですね。幼稚園に行くまでは。ずーっと一緒でしょ。あんまり覚えてないんですよ。他のお母さんとも話

第4章 事例:構造化のプログラムを越えて

すんですけど,一番ひどかったときのことは忘れないと進んで行かれへん。自己防衛やろなって。それ覚えてたら生きていけない。「光とともに…」のドラマ見て思い出して,あんなんでなかった,もっとひどかったなあって(自閉症のある子どもを育てている母親たちと話し合った)。だんな衆はあそこまでひどくなかったって言うんですよ。うち(の夫)も言ったし,よそ(の夫)も言った。(夫たちに対して)あほかあ[笑い]。(桃,こうじ,薫さんの)3人で1日過ごして,お父さんが帰ってきたらふっと気がそれるんですよ。その後は比較的平穏に行くんですよ。だから,お父さんは何で(そんなに困っているの)?って。あんたが1日(子どもの面倒を)みときよ。そしたらわかるわって[笑い]。

[考察]
　この対話は全体に明るいトーンで,うれしかったこともつらかったことも薫さんの語り口にさしてちがいはなく,淡々と行われた。
　子どもが2カ月くらいのころ,ほんの短い間ではあるが,私にも子どもが泣くということに過敏だった時期があった。泣かさないように泣かさないように,授乳して寝付くまで,ほとんど抱っこして育てていた。そんなふうにしていると,子どもが起きた瞬間にびくっとして「起きてしまった,ずうっと寝てればいいのに」と思う自分がいて,そんな自分にそら恐ろしさを感じたものだった。子どもがなぜ泣くのかわからないということは,子どもの欲求に的確に応えるよき母親でありたいという自分の理想が脅かされる不安となった。つい2カ月前までは私の身体の一部としてあったはずなのに,泣いている子どもは自分のすべてを支配するような,恐ろしい他者のように感じられていた。また一方で,こんなに待ち望んで誕生した子どもであるのに,こんな気持ちになるんだなあという感慨のようなものも覚えていた。しかし,3カ月を過ぎたころから,私の子育ての負担感はどんどん減少していった。後はどんどん子どもが自分で立っていく感じを覚える。たとえばこちらが微笑めば,子どもは私に微笑み返すということ。これだけでもう通じ合う喜びが生まれる。さらに,言葉を介し

て子どもは私を「わかる」ようになり、私も子どもを「わかる」ようになる。私も子どもも楽になるだけである。私が発した「1日1日過ごしていくって感じ」は、混沌とした中にも1日1日を過ごしていけば、1日の変化はそう感じられなくとも、何日かしてある日振り返れば、子どもは「わかる」存在に変化していることに気づくという、発達が自ずと進んで行くように見える「健常」な子どもを持つ者の感覚だ。それを薫さんは「1日が終わらない終わらないって感じ」と表現したことにあらためて心に突き刺さるようなちがいが感じられる。

　薫さんと私のこのちがいは何であろう。心の主題を共有することがむずかしい桃は、薫さんとの関係を軸に自己感を形作ることができず、薫さんにも術がない。間主観的な通じ合いのなさが、「さっぱりわからへん」という言葉になったと感じられた。身体と行為はそこにあるのに桃の思いに触れられないことが悲しい。ここには進んでいる、遅れているという観点から発達をとらえ、それを促進するという見方は薄いのではないかと感じられた。

　一方、「人から言われてもいややし」「さすがにこの声が外に聞こえたらいかんやろっていう気はあるんですよ」の部分には、余裕のない中にも、自分の子育てと子どもがどう思われるか、世間から評価されることから切れていない葛藤が読み取れ、生活する者としての薫さんの姿が垣間見える。現在、することを着々とこなし、確信に満ち、充実したときを送っているように見えた薫さん。私は自分の子育ての経験からなんとか一致点を持ち出して桃と薫さんの関係性の困難を類推しようと試みるのだが、まだまだそのたいへんさがアクチュアリティを持って感じられたとは思えなかった。では、薫さんにとっての構造化のプログラムはどういうものなのか、話は続いた。

対話2　「これがピアノでこれがお母さんか」
──構造化のプログラムがもたらした喜び

私：構造化のプログラムは「光とともに…」の見よう見まね？

第4章 事例：構造化のプログラムを越えて

薫さん：いまだに何がなんだかわかってない［笑い］。

私：ものすごいみんなで勉強して，きちっきちっとしてはるんかと思ってた。

薫さん：理論的なことはわからない，写真を撮っていろんなものを見せたらそれで入ったんですね。全然わかってなかったんや［大きく］と思って。

私：何歳くらい？

薫さん：(幼稚園の) 年少かな。この部屋の中で見なあかんとこを抜き出すことができてないんですね。テレビはこれ，全体がピアノなんやで，冷蔵庫なんやでって。画面の中から切り取ってやることではじめてわかった。ちょうどインスタントカメラが流行り出して，それでね，あれこれ写真とって，庭か，これが庭か，これが幼稚園かっていう感じやったんですよ，それほどわかってなかった。

私：［驚き，勢い込んで］言葉と一致してしゃべりだしたん？

薫さん：増えましたね。お母さんという言葉と私とが一致してなかったですね。入園する前の夏，3歳の直前にはじめてしゃべった言葉が青ですね。青色が好きだったんで。それと数字の5。青の次，赤。色はしきりがないでしょう。この色が青なんやっていうことはわかったんです。今考えたらね，理論はわからへんけど，とにかく切り取って見せなわからへんってことがわかって。「お母さん」も実際，呼びかけるのにはそっから何カ月もかかるんですけどね。私が幼稚園迎えに行って，顔見たらちっちゃい声で「お母さん」って言ったって先生が。私の前に来て「お母さん」とは言わないんです。呼びかけるのにはそこから何カ月もかかるんですけどね。自分が写真で覚えてるものと一致させて，これがピアノでこれがお母さんかって。そこからこうじがしゃべりだすんですね。本人が覚えてるものと，こうじがしゃべるものとでなんとなくわかってきた。他の物にも名前があるってことがぽちぽちわかってきた。言葉から言うと，今はそこそこしゃべれてるけれども，学校行き始めてからですかね，かたことで。なんて言っていいのかわからないから，ぎゃーって言う方が多かった。文になってきたのは年長の秋くらい。

（幼稚園の話があって）
　　構造化のプログラムとかじゃなくって，そういうのをやってそこそこかたちになったころに，これは構造化のプログラムの一部やったんやなってやっとわかったんですね［爆笑］。
私：えらい最近や［2人で笑う］。楽になった？
薫さん：今は桃に自分がどうしたらいいかわかってるし。にっちもさっちもいきませんって状態ではない。相談できるところもあるし。私が落ち着いたから桃も落ち着いた。相互効果かな。（後略）

［考察］
　構造化，視覚支援のかかわりは確実に自閉症児支援の大きな柱になってきている。その背景にはその「効果」が顕著であるからだろうことを推測はしていた。この語りによって，薫さんの桃の「わかり方」がどういうものであるか，たんに行動を制御するために使っているのではないことがわかり，私はほっとするうれしさを感じていた。
　薫さんは「桃のわかり方」を，視覚を切り取るということに求めている。それによって，見えているものと言葉を一致させるということを通して，桃に自分がいる世界を認識してほしいと思っている。構造化のプログラムに取り組んでいる保護者の体験談にはしばしば「子どもとわかり合えるツールができた喜び」が語られる。薫さんも長く続いた桃のことがわからない日々を経て，やっと得られた「わかる感」が喜びとなり，それが原動力となり夢中で写真を撮っていたのだろう。この方法が薫さんを裏切らなかったことは事実なのである。自分がしたことに対して桃に変化があることは，薫さんの関係の意識を強めることになったであろう。
　ここで一つ気になったのは，「お母さん」と「ピアノ」が並列で語られていることである。見えているものと言葉の一致という点だけからみると「お母さん」も「ピアノ」はたしかに並列されるものになる。しかし，生きている桃にとって「お母さん」と「ピアノ」は並列される存在ではないだろう。お母さん

の姿を見つけて小さな声で「お母さん」とつぶやく桃はピアノを「ピアノ」と言ったのと同じ気持ちで「お母さん」と言ったのだろうか。そこをさらりと言ってのけた薫さん。薫さんは「人は（顔は）一定でないからわかりにくい」という説明をされた。小此木は，訳書のまえがきで，スターンが「母と子が前言語的，あるいは前表象的なレベルで，すでに通じ合い，わかり合っている事実そのものを論議の原点」(Stern, 1985a/1989)にしていると述べているが，桃と薫さんの間には，その通じ合いが感じられなかったことこそが原点ではないかと感じられた。「呼びかけるのにはそっから何カ月もかかるんですけどね」。はじめは「お母さん」と「ピアノ」は並列だったのかもしれない。呼びかけるまでのこの何カ月かの間に桃が愛着対象として重要な他者である母親について心の中で育んでいるものがあるのではないかと思う。やがて幼稚園にお迎えに来たお母さんを見つけて桃が心をこめて「お母さん」と小さくつぶやくようすが目に浮かぶようだった。

　呼びかけられたとき薫さんにはどのような喜び，感動があったことだろうか。薫さんは「わかり方」の指針を手に入れることにより，共に生きることに前向きな展望を見出せるようになってきた。そして，自分が子どもをわからないという視点から，子どもはわかってもらえなくて不安の中にあるという視点への転換がもたらされ，桃の主観的な体験の理解へと向かったと言えるだろう。

　次に，エピソード2，3のゲームの場面の対話に移る。

対話3　「みーつけたはどっからきたのかはわからない」
　　　　——"人形かくし"での桃の「わかり方」

（人形かくしの話になって）
私：ルールがわかるかなっていうのは気にしてたんや，"人形かくし"することについてどう思ってた？
薫さん：わかるんかなとは思ってましたけどね。ルールはむずかしいのはむずかしいんですよ。いったん見えなくなるでしょう，自閉の子みんなやけど，

見えなくなったらないものってなってしまうんで，小さいころ"いないいないばー"で，出てくるまで待っとくことができなかったんですね。「いないいないばー，ばー」ってしたらもういない，本人が［笑い］。"いないいないばー"喜びますよ」って保健師さんも言うでしょう。1歳くらいからけっこう長い間喜ぶでしょう。それが，しゅーっと本人がいなくなる，それほどわからなかったんですね。ちょっとずつ，いるのを見つけて，いなかった人が帰ってくるとか，だんだんわかるようになってきて。最近プールでもね「田中君見つけた」言うてて。あの「見つけた」が，どっからきたのかわからないんですよ，テレビとかなんかきっかけがあったと思うんですよ。最近お父さんが違う部屋に行ってて，探すってわけじゃないけど自分が2階に行ってお父さんがいたら「お父さん見つけた」っていうのがあって，家でそういうことがあったから，見つけるっていうのをだれかがやって，見つけたっていう瞬間を見たらなんとなくわかるかな，わからんかもしれんな微妙って思ってた。(中略)

私：「心の理論」って聞いたことある？それがクリアしにくいっていう自閉の子の特徴として。

薫さん：ああ，サリーとなんとか？

私：まさにあれ。そうそう。試すつもりはないんやけど，嫌だったらやらんとこかなって私も迷ってて。見つけたときの，そんな課題ができるかできないかよりも喜び方がすごい大きかったから，これはいいんやなって思って。

薫さん：見つけるっていうことがけっこう入ってるみたいで，たぶん，一番最初のきっかけは，お風呂でお父さんが手になんか持って，どっちに入ってるってやってたんですよ。最初はそれだったと思うんです。見えてないものをこっちやって，みーつけたはどっからきたのかはわからない。ないものを探すのはむずかしいんですね，あの人には。よう帽子をそのへんにほりなげて，「帽子ない」って言うんですけどちょっと探してみつからなかったら，長いことは探さない。(帽子は彼女にとって)必需品なんやけど

（それでも探さないのだから，このときの人形も）ちょっと探して見つからなかったらあきらめると思ってたんですよ，あのとき，すごいしつこく探してたから，こうじの刺激なんかな。

[**考察**]
　この対話で私が一番印象的だったことは，私と薫さんのこの場面の見方のずれである。私は桃の喜びが私の感動になったことを薫さんに伝えたいと思っているが，薫さんはその点はあっけなくやりすごし，あくまでも解釈が先にたつ感じがする。「見つけた」がどこからきたのかが中心になっている。障碍児を持つ母親と話しているときにしばしば，私がその子どもに対して肯定的なことを言っても，手放しで共感していないなあと感じることがある。一喜一憂しない身の処し方をわざとしているのではないかとも思えるようなことがある。そんなとき，私は障碍を持つ子どもの親の厳しい現実を垣間見るようで，居心地の悪さを感じる。見方を変えると，薫さんと私とでは桃と共に過ごした歴史のちがいがあることが感じられるとも言える。私にしてみればこの場面の桃と喜びが共有できたことがとても大きなはじめてとも言える体験だったのだが，薫さんにとってはすでに情動の共有は安定したものなのかもしれない。

　自分の子どもとの会話を振り返ってみると「もうそんなことを言うのか」と驚く瞬間がある。たとえば，幼稚園に入って，自分の家と友だちの家はちがうとわかったころ，10，11歳ごろ社会見学などで公の世界がわかり始めたころなどであった。言葉の発達は言葉の意味一つ一つが理解されていくと言うより，自分と他者の関係において，その取り巻く世界が拡がったときに質的な変化をとげる過程だったような気がする。薫さんの桃の言葉の獲得に対するとらえ方はインプットとアウトプットが直線で結ばれているような考え方であり，それがここにも続いているのではないかと感じた。

　"いないいないばー"は「ふれあいの関係，他者や世界との原初の関係に根ざしたもの」（西村，1989）であり，たんに認知の発達を表現するゲームではないととらえたい。スターンもこれを例に引き「2人の間の相互創作」（Stern,

1985a/1989）と表現しているが，乳幼児期の桃にはやはり薫さんが共にある他者ではなかったことがうかがい知れる。しかし，見つけてまた出会えたことがうれしい田中君や父親を「見つけた」と言う桃は，他者と共にある自己であり，その言葉は語用的なものではなく，すでに情動がふくまれたものとして存在している。さかのぼって"人形かくし"の場面を再考すれば，人形は物だが，そこにはたくさんの桃を見つめる他者の存在があり，その人たちは自分が見つけることを共に喜んでくれる他者ではなかったか。

ここから，桃のこの夏の後半のエピソードと，それに関する薫さんとの対話を提示する。

エピソード4　猫——桃は何を見ていたか（8月23日）

　夏休みも終わりが近づいている。私は桃に出会ったらまずはじめに「ぎゅう」っと言いながら抱きしめることをしてきた。このころは逃れる感じではなく，笑顔を見せるわけではないが身を任せてくれるようになっている。毎日の「ぎゅう」の感じを楽しみにしている私がいた。

　この日，Pはお休み。終盤の保育に使うため，薫さんが不要になったビニールプールを私の家まで届けてくれることになっていた。約束していたわけではなかったが，桃とこうじが一緒にやってきたら，うちの2匹の飼い猫を見せようと思っていた。

　　到着した車には桃の家族みんなが乗っていた。プールの受け取りが終わり，桃とこうじに「のりちゃんちの猫見る？」と誘うと，2人は興味を持ったようで，すぐばたばたと家の中に入ってきて，猫を求めてあっちの部屋，こっちの部屋と探索し始めた。このとき，私も猫がどこにいるのか把握していなかったので，2人の後を追いかける形でついていく。子ども部屋のベッドに1匹が寝ていたが子どもたちは気がつかない。そこで私は2人を制止し「ほら，ここにおった」と猫を指さす。桃は「猫，かわいい

ね」と抑揚のない声で無表情に言う。隣の部屋にいたもう1匹もいつもとちがう騒がしさを感じたのかそこにやって来ている。そして、2匹ともあっと言う間にデッキに面した窓の網戸の破れ目から外にするりと逃げて行ってしまった。私は「あーあ、行っちゃった」と言う。残された私たちは、もうおしまいかという感じを残しながらその部屋から立ち去った。

［考察］

　障碍のあるなしにかかわらず、うちに来る子どもたちは皆、猫に興味を示す。猫にとっては迷惑な話だが、子どもがいるわさわさした雰囲気を察すると、猫は子どもたちから逃げ、子どもたちはまた追いかけまわすという大捕り物になる。子どもたちはそれが殊の外楽しいようだ。このとき桃は、こうじに先導されるように家の中を探索した。そうしてやっと猫を見つけたのに、桃はとくに喜ぶ様子もなく、そこに立ちつくしていただけで、特段気に留めた様子ではなかった。私には猫が「たまんない」とでも言いながら外に逃げ出したように見えた。桃と同じものを見たといううれしさはあったが、猫が去った後の網戸の破れ目をじっと見ている桃が、何を見たか、感じたかをこの時点で感じることはできなかった。しかし、このシーンは桃の心に深く刻まれることになるのだった。

エピソード5　かくれんぼ——他者とのつながり（8月29日）
・活動内容：クッキー作り、シャボン玉
・場所：母子センター2階

　午後のプログラムであるシャボン玉が終わり、2階の和室に戻ると、終わりの会まで15分ほど残っている。誰からともなく、"かくれんぼ"をしようということになる。

　　まず、たけしが鬼になり、1回目が始まる。たけしが誰かを見つけるたびに見つけられたボランティアたちが大げさに反応して、たけしは大得意である。場全体に楽しい雰囲気が充ちる。桃は部屋の隅ににこにこして

立っているだけで，隠れることをしていなかったのですぐ見つけられた。私が「次の鬼は」と言って部屋を見渡すと，桃が帽子をかぶり，靴をはき，鬼になる準備が完了している。そこで，「じゃ桃が鬼ね」と言って，私はふすまの裏に隠れる。桃が入室して，部屋では隠れていた人が次々と見つけられる声がする。ジャーッとカーテンが開く音がして，桃の「見つけた！」という大きな声がする。田中君が見つけられたらしく「見つかりました」とおどけた声がする。「もうみんな見つかったかな，あれ，まだのりちゃんがいない」と田中君の声がしたそのとき，私の前のふすまががらっと開き，桃が「見つけました」と叫ぶ。

[考察]
　誰が言い出して"かくれんぼ"が始まったのか定かではない。"人形かくし"をした日の後，桃とこうじの間で，家でかくれんぼをすることが流行っていたそうなので，そのあたりが発案のきっかけであったかもしれない。ともかく，子どもたちは一斉にこの遊びに乗ってきた。
　桃は誰にうながされたわけでもないのに鬼になる気満々で準備をしており，私はその姿がおもしろく，またうれしくもあった。私は和室のすみの普段使われていない入り口に立ち，ふすまをしめて隠れ，気配に耳をすます。桃が次々と見つける様子が伝わってくる。田中君は"人形かくし"の際，桃が人形を見つけたカーテンでしきられた物入れにかくれているらしい。あの日と同じようにカーテンを開け，桃は田中君を見つけた。その場と桃は一つのピークを迎え，私にはそこにそのままとり残されるのではという思いがちらりと頭をよぎる。鬼から逃れて隠れているはずの私であるのに，見つけてくれることを願っている。そのとき田中君が「のりちゃんがいない」と言ってくれたことでかろうじて遊びは続行され，私はほっとした。私を見つけた桃は上気した顔でそこに立っていた。
　"かくれんぼ"という遊びにはその構造に「見つける―見つけられる」という「私」と他者の間の行為としての受動と能動の相が含まれている。桃は自分

がはたらきかける能動の相，見つけることはできるが，鬼を待って，見つけられるという受動の側に立つことはむずかしかったようで，役割の交替はできていない。しかし，このときの桃の「見つける」という行為には，たんに物を見つけるのとはちがい，見つけた桃と見つかった人との間に何らかの間身体的な交感があった可能性がある。見つかった人の派手なリアクションにはその人の情動が込められており，それが桃に伝わり，桃の情動を揺さぶり，「見つけた」という喜びを大きくしたのではないだろうか。最後に私を見つけた桃の上気した顔は，次々とそれをやり遂げた充足感にあふれているように感じられた。

対話4　「やっぱり，育つんやなあって」──薫さんの桃への「成り込み」

夏休みが終わり，Pの子どもと母親，ボランティアたちはそれぞれの場所に帰って行った。Pの最終日，桃にかかわった人たちは思いがけず，彼女がその思い出を記した絵日記を一人一人プレゼントされた。私は桃の周りに人の輪を広げる薫さんの心遣いに感服した。と同時に，桃が描いてくれた絵日記を見て，思わず涙があふれてしまった。

私がもらった絵日記には「見つけた」のかくれんぼのエピソードと，家に来たときの猫のことが描かれていた（図1）。

絵に表わされているのは，エピソード5で桃がふすまを開け，私が見つかった瞬間で，桃と私がふすまをはさんで対面している。「かくれんぼをしたね」と私に語りかけるような文章になっている。夏休みの初めまでは何の関係性もなかった2人が，お互いの変容を経て，とりあえず到達した状態が表現されている。そして，後半部分は猫のエピソードだった。そのときは桃が何を見ているのかわからない私だったが，2匹の猫がするりするりと網戸をくぐって逃げたことが印象深かっ

図1　私への絵日記

たことが謎解きされることになった。そして，猫が私を表象するものとして桃の心の中にある。この2つのエピソードは私にとってももっとも印象深いエピソードである。桃もそう感じてくれていたことがうれしい驚きだった。

　私と薫さんの対話の話題は絵日記のことに移る。そこで，薫さんの語りは思いもかけない驚きの展開になるのである。

(私がもらった絵日記についての語りになって)

薫さん：最初，かくれんぼしたねえ，見つけたねえって言いながら書いてた。ちょっとまた考えて，「猫いたね」「何日やった？」「23日」。後は全部自分で描いたんですよ。よっぽど猫に，気，入ってた。猫見たら「山崎先生んとこ猫いたね」って今でも言ってるんですよ。

私：「くぐった」はどこからきたんやろね？

薫さん：「くぐった」は何で知ってるんやろ。NHKの番組かなんかできっと見たんでしょうねえ。夏休みは楽しい活動がもりだくさんで，P行くと。そうなると気入った文章が出てくるんですね，宿題（くっくっくと笑う）本人が書きたくもないのに，宿題ってくるとね。

私：日記どれくらい書くん？

薫さん：週に2回くらい，学校行ってても，たいして書くことないでしょう。体育で何したとか。そういう意味では夏休みP行ってる間はすごい書くかな。

(中略)

私：それで，田中君には何書いたん？

薫さん：あれ，おもしろかったんですよ。田中君は結局描かずじまいで，こうやって描いてて（曲線）何かなあと思ってたら，自分は描いてるんですよ，「桃，田中先生どこ？」って聞いたら「田中先生カーテンに隠れてるやん」，カーテンを一生懸命描いてこの向こうに田中君がおるんや（図2）。

私：ええ，すごーい [鳥肌が立つ]。

薫さん：(興奮を隠さぬまま) 田中君にしたら，「俺，いてないやん」って

第4章　事例：構造化のプログラムを越えて

ちょっとがっかりしてたんやけど，私にしたらこの向こうにいること自体がすごいなと思って。それこそ"いないいないばー"がわからなかった人が，かくれてて，このあと田中君出てくるよっていう期待感を持って，それはそれはねうれしそうに。こうね，カーテンのひだを描きながら「田中君どこいった。どこかな，どこにおるかな」[桃の声色をまねてつぶやくように] って言いながら描いてて，すごいびっくりして，はあ，やっぱり，育つんやなあって [感動を解き放つように] 田中君には気入ってるんやな。はじめてですね，そういう絵は。今年は（絵に）ボランティアがはっきり出てくる。やっぱり，楽しい経験があったらこんなにちがうんやなあって思って。

図2　田中君への絵日記

[考察]

"かくれんぼ"が桃と私をつなぐ印象的な場面であることは想像通りであったが，わずかな時間の出来事であった猫との遭遇について，その様子を生き生きと書いていることが私には意外で，そのことにふれている。「くぐった」という表現自体はTVが出所であったかもしれないが，この動詞に猫の醸し出した力動感＝vitality affect（鯨岡，1997）がしっかりと表れている。じっと網戸の破れ目を見つめていたあの日，桃は自分の身体を猫に重ねて動きを見ていたのである。

2枚の絵日記からは，人との関係が深く桃の心に刻まれていたことが感じられる。そのことは薫さんにも大きな喜びをもたらしたようで，とくに田中君への絵日記について語り始めた薫さんはそれまで分析的に述べていたのとは明らかに様子がちがっていた。桃がその絵日記を描いているときの様子を語る薫さ

んもまた楽しげで，桃が今ここで絵日記を描いているように，説明するというよりも，演じているようだった。話しているのは薫さんだが，薫さんが感じた桃を，薫さんを通して私は感じることができた。

　カーテンの向こう側に自分の大好きな田中君がいて，自分が見つけて田中君が出てくることを期待して待っている場面を描くことによってもう一度体験する絵である。田中君はそこに見えてはいないが，たしかに桃の中には「共にある」。「見つけた」という言葉がどういう文脈で使われるかを理解して使うというよりも，田中君との関係性の中で起きていることを鮮やかに表現していた。

　田中君の絵日記は，「桃は田中君が好き」という，桃の人に対する情動から出発している。言葉を獲得した以上に，田中君と桃の間に情動の交流があることに薫さんもまた大きな感動を覚えている。自分のかかわりによって着実に発達してきたと思える桃がそれを超えて大きく飛躍する姿に，子どもの質的な変化を感じた瞬間ではなかったか。これまで，なかなか近づけた実感が持てなかった薫さんであったが，「やっぱり，育つんやなあって」彼女がこの言葉を発したとき，子どもの発達を喜ぶ母親として，薫さんと私はたしかな共感で結ばれた。

3　総合考察

　桃をめぐる私の一夏の体験と，薫さんとの対話から以下の4点を考察した。

（1）　桃，薫さん，私　三者の関係性の変容

　乳幼児期の桃は，薫さんに依存することができにくかったようである。「ここではないどこかへ」行こうとする様子は，薫さんが安心感の源泉になっていないことを示している。薫さんと桃にとって構造化のプログラムは，2人が住まう世界がどのようなものであるかをまず示し，この世界への安心感を得るための手段であった。その出発点が整うことで，心の交流が可能になる母と子になれる。子どもと親の間にもっとも根源的で，発達の原動力となる情動を共有

第4章 事例：構造化のプログラムを越えて

することができないことは，他者という存在を感じることの困難，他者と共にあるという感覚が成立することそれ自体の困難を生み出す。薫さんはまず桃に，自分たちの生きている世界をわかってほしいと思い，構造化のプログラムに取り組むこととなり，そこで生まれてきたのが，「他者と共にある」がわかる桃であった。構造化のプログラムを通して得られた「つながった」という感じが，薫さんの中には強く生きており，桃の行動を今でもその方向から見ている。薫さんは桃が「生きやすいように」と支援しているのだが，それは言葉のモデルを一つ一つ桃に教え込んでいけばよいという考えを薫さんの中に生み出した。桃は言葉のインプットとアウトプットを1対1で直接的につなげて理解していくのだととらえたからだろう。

　手段を持たない私は，桃と場を共にする1回1回の活動の中で関係性を作ろうとし，桃の振る舞いから，また，間主観的に伝わってくるものから彼女の気持ちを探ろうとする。しかし，初期の段階では桃の背後にある薫さんの存在，考え方，または「自閉症」というレッテルに影響され，桃の行動を解釈する部分が多い。だが，場を共にすることを重ね，桃がPの中で生き生きと活動するようになると，桃の情動が身体に通底するようにわかり始め，なんらかの気持ちのつながりとして把握できると感じてくる。

　他者は具体的なかかわりの中で，桃の中に表象の形で存在できるようになる。が，しかし，どの人も同じ水準で存在するのではなく，人によって感じ分けられていく。そして，関係性の深まりの違いによって違う姿として存在するようになっていく。親しい他者とのかかわりの中で，桃による他者の心的状態の理解は，その人と親密さを共有しようという動機によって押し進められた。

　桃が獲得したコミュニケーションはたんなる道具的な意味の情報のやりとりのための手段としてのコミュニケーションではない。Pの中での人との関係性と場の持つ意味によって，桃は「認められ，受け止められる自分」の中核を育んでいったのではないか。つながること，共にあること自体が喜びになった。

　また，猫のエピソードのように，桃がどう感じているのか，他者である私にしっかり伝わってこない場合でも，桃の心に印象的に刻まれることもある。こ

のような桃の姿は私にはある種の「わからなさ」として経験されるが，このようなわからなさを持っているのも桃の一面であろう。

　薫さんと私の関係性が深化することも私の桃に対する見方と無関係ではない。薫さんとはPの活動の中で協働することが多々あり，着実に運営されていることと，桃が変化を見せていることの両方から，私という者への薫さんの信頼感は増し，また，私の薫さんへの理解も深まるにつれ，構造化プログラムが，たんなるスキルとして使われているのではないことが納得でき，2人の間のぎこちなさは解消されていった。そうなると，桃の背後にある薫さんの存在は私の中で背景に退く。このように，子どものとらえ方にはかかわる者自身がとらわれている周囲の関係性や暗黙の枠組みが反映されるという意味で，そのとらえ方は子どもとかかわる者という二者間の関係性のみによって決まるものではないということがわかる。

　子どもの行動の変化や能力の発現はもちろん母親の喜びとなるが，それだけを求めているのではなく，母親が求めていたものは子どもとの共感であることはPが始まって早々に感じ取れたのだが，薫さんと私の対話を振り返ると2人は桃の「わかり方」について，それぞれが自分の納得のための図式を描き，平行線をたどっているように見える。私はつねに桃と共感できた喜びを薫さんに伝えようとするのだが，薫さんには自分の納得の図式に私を立ち入らせないような厳しさも依然，感じられるのだった。しかしながら，田中君への絵日記の話題から，薫さんの桃の「わかり方」がそれまでの語りとはまったくちがうものになったように感じられた。薫さんの感動は私にも強く伝わってき，はじめて子どもへの思いを同じ地平で受け止められたと感じられた。薫さんという人を理解するために始めた対話だが，ここにようやく薫さんと私の間にも新たな関係性が開かれたと感じる。

(2) 母親の「思い」

　薫さんは，世間からどう見られるかを一方で気にかけながらも，主には桃との共感を求め，独自の「桃のわかり方」を模索していた。薫さんは桃が「わか

らない」という思いを持ってはいたが，どんなときも桃に何かが欠損しているとは見ていなかった。薫さんは桃の言葉の獲得に端を発し，自分が桃のためにしていることを含めた環境と，桃の行動の因果関係を確かめながら，桃をわかろうとしてきたが，その理解を超えた桃の姿に接したとき，それまでにない大きな喜びを感じたようである。その際，自分の情動を子どもの内面に深くくぐらせること，つまり，子どもに「成り込む」(鯨岡，1998)ことが行われていた。それが「育てる者」の基底的な構えであり，それが薫さんにも作動していたのだ。桃が「楽しんでいるということ」—Pの活動の中で，人との関係を作り，情動が育まれたこと—が，うれしい発達の姿としてとらえられるに至った。これは通常の子育てとなんら変わるものではない。この点において，私の立場と母親との共同の可能性は大きく開かれたと感じる。

(3) 桃の自己感と表象の発達

この一夏のエピソードとは少し離れるが，桃のこの前後の描画をもとに，自己感の形成と表象の発達について簡単に考察しておく。

図3は1年生の運動会で，自分が行った玉入れの様子を描いたものである。このころの桃は，家族や担任の先生とは関係を築くことができていた。そして，いつも自分がしたことを特定のキャラクターがしたこととして絵を描いていた。この絵には添え書きとして「桃　白　いっぱい入ってるなあ」とも書かれていることからもわかるように，行為をしている自己についての認識はこのころの桃にもあった。それではなぜ，桃は自分を表象することができなかったのだろう。スターンのいう主観的自己感(第2章2節参照)にあれば，自分の主観的体験が他者と共有可能であることが体験されるが，桃はそれが十分でないため，他者の視

図3　玉入れをしている桃
　　　(小1)

図4　私への絵日記（小3）

点が希薄だったと考えられる。

　2年生の夏のPでの体験の絵日記に，自他共にはっきりと描かれていたのは事例の通りである。

　そして，桃が3年生の9月，運動会の練習が詰まっているころ，私は様子を見ておいてほしいと薫さんに依頼され，運動会が終わるまで，計6回スクールボランティアとして，桃の学校を訪れていた。そのときの桃は友だちへの憧れが高まっていて，私をあまり必要としていないようで，進んで私と行動を共にするということはなかった。

　そして，図4はのりちゃんにお礼をと薫さん主導で描かれたこのころの絵日記である。つまり，桃の「気の入っていない」ときの絵だ。事例中の図1，2では表象された人物を生き生きと描いた桃だったが，このときの絵は机に広げられた算数のノートがあるだけだった。このように，桃の間主観性のはたらきは，どのように心を揺さぶられるかによって，大きくなったり，小さくなったりするのではないかと考えられる。この点は自閉症のある子どもの自己感の形成とからめ，第7章でさらにくわしく考察を加える。

（4）　**自閉症児への向かい方，まなざしについて**

　キーボードから流れる機械音を聞いているときや，換気扇が回るのを一心に見ていることも桃が楽しんでいる姿であろうが，私には手放しで肯定的に桃を見ることがむずかしかった。それはこちらに伝わってくる桃の「気持ち」が感じ取れないことが主な要因である。それに対し，桃が集団の中で遊べたとき，また，そこにいる人々から見られ，受け入れられたとき，人との関係性の中で活動したときの桃の姿はより，楽しそうに感じられたし，私にもその場を共有できた喜びが生まれた。

　そして，桃の心を一番つかんだと考えられるのは「大好きな」田中君との関

係性であった。桃を動かしているものは，構造化のプログラムなどの大人が意図した療育的なかかわりそのものではなく，まぎれもなく本人の情動である。自閉症と呼ばれる子どもにその情動の芽が初めから欠損しているわけではないことは，エピソード2，3や対話からも感じられるはずである。これはまた，人と人との気持ちが通じ合う根源には，人は人を希求する存在であることと，身体を介して人と人との間に「通じ合う」「共有する」ものがあらかじめ備わっていることを示していると言えよう。そこに桃の発達の可能性が感じられ，また，「自閉症児」と一くくりにすることのできない，人の存在の固有性を私たちに気づかせてくれる。

　鯨岡・鯨岡（2004）が「私は私」と「私は私たち」と呼び，岡本（2005）が「自己の実現」と「他者の関与」と呼ぶ人間存在の両義性の中で，人は生きていく。自閉症児もまた「他者」との関係性の中で自己の主体性を形作り，それがその子どもの人生を豊かにしていく。まず，かかわりの初期，子どもと自分のつながらなさに簡単に落胆せずに，また子どもの障碍に還元することなく，自分がどのように子どもとかかわっているのかをつねに反省する必要がある。それは，自分の立場，役割もだが，暗黙のうちに自分が身につけているものすべてを指す。子どもを一個の主体としてとらえるためにはかかわる者が自分を反省的にとらえることは必須の条件になるだろう。子どもを受け止めたと思えるときには，同時にこちらも受け止められた感じがする。このように子どもの傍らにおり，素朴に子どもと向かい合うとき，自分と子どもが鏡のように映し合っていることが実感をともなって納得でき，「育てる―育てられる」の交叉した関係を築くことができるのではないか。

　子どもと良好な関係性を築きたいと願っているとき，子どもがネガティブな情動を経験することは避けたいと誰しもが思うだろうし，それに対しては私にも負の情動を経験しないように慮る面があった。しかし，子どもが出会うことすべてに先回りして転ばないように配慮することは不可能である。子どもが経験したネガティブな情動に対して，どんなときも共にあることを身をもって示し，子どもの可能性を無限に信じる。またポジティブな情動のときは，その

楽しさを映し返す。こうしたことが必要なのではないか。行動の発達を促進するために情動の共有を意図し，それを利用するのではない。子どもと思いが通じたことに喜びを感じることは誰にでも体験できることだと思う。

　この夏の私の体験は，桃の変容を感じ，桃と私の関係性が変容していくというものだったが，それは桃に添いながらも，桃がさらにどのように世界や他者に開かれているのかを理解する過程ではなかった。お互いに変容があり，お互いがそれを感じることのくり返しの中で，桃が次に必要なことを私に教えてくれたひと夏だった。

第5章
事例:「私は私たち」という意識はいかに育つか
——思春期(まさき・純さん)——

1 はじめに

　2例目に,2007年のPで出会った事例を中心に,自閉症のある男児,まさきとその母親純さんを取り上げる。

　私は障碍児の保育サークルでボランティアをしていたころ,幼児だった彼と純さんに出会っている。少し困ったような表情が多いが,かわいらしい顔立ちの子どもだった。再会したのは私がPの指導員になった2005年で,まさきは養護学校小学部の6年生になっていた。

　養育者との間主観的な関係の中で,遅れながらも二者間の関係を形成した自閉症のある子どもは,その後どのように友だち・仲間との関係に開かれていくのだろうか。2007年,当初,他の子どもたちに関心を寄せていなかったまさきが,終盤になって友だちとのかかわりを求めるようになった姿を目の当たりにした。そこで,本章ではそうしたかかわりの中から子どもの内面世界を理解することを試み,彼が描く「棒人間」を手がかりに,「私は私たち」という自己意識がいかに表出されるに至ったかについて,受動—能動の他者とのやりとり関係から「内なる他者」を育てる過程を「自我の二重化」の視点から考察する。加えて,思春期にある自閉症児の自己意識の形成をいかに支えるか,その支援のあり方を模索する。

　この事例の,まさきと私のかかわりのエピソードの場面に純さんは立ち会っていない。そこで,純さんとの対話は第4章の薫さんの場合とはちがって,ま

さきの乳幼児期までの様子と，純さんの思いを聞くことが中心になっている。2007年9月8，24日，10月13日に実施した。

この章ではまず前半で，純さんとの対話から，乳幼児期のまさきの関係発達の様相を考察し，後半で2007年の夏のPでの私との関係から，思春期に入ったまさきの自己意識の変化の様相を描く。

エピソード中の「棒人間」の絵は私が携帯電話で撮影したものである。

2　事　例

（1）研究協力者
まさき
　市内養護学校中等部2年。家族構成は両親，7歳ちがいの姉，5歳ちがいの兄の核家族世帯。4歳のとき中度の自閉傾向と診断される。就学前2年間療育事業に通所。3年生まで地域の小学校の個別学級に在籍したのち，養護学校小学部に編入。

純さん
　まさきの母親で，P創設のときからのメンバー。温和な人柄で，自分の責任はこつこつと果たし，表立って人々をひっぱるよりも縁の下の力持ちタイプ。私や他のメンバーにとって安心感をもたらす存在である。まさきが小学校入学前に，構造化のプログラムの研修会に一緒に参加した。ひろみさん（第3章）や薫さん（第4章）ほどは構造化のプログラムに傾倒していない。

（2）純さんとの対話――乳幼児期を中心に
　それではまず，純さんとの対話から，まさきの乳幼児期の様子と，純さんのとらえ方から提示する。純さんには妊娠中と乳児期にすでに違和感があったと言う。

第5章　事例:「私は私たち」という意識はいかに育つか

対話1　「あの子だけなんかちがう感じがしてて」——乳児期までの違和感

(第3子，まさきの妊娠までの話があって)

純さん：(自分がそうであったように) きょうだいの中でぐりぐり大きくなるんやろなって思ってた。1歳くらいまでは，普通に寝返りとかもして。でもね，今考えれば，産まれる前から，ちょっとちがうかもという気があってん。

私：生まれる前から？どんなん？

純さん：お腹を蹴る感じが，力がないのか，なんなんやろ。ぐぐぐぐぐって［ゆっくりと］。いやな感じと思ってて。産まれたのも小さかったんやけど，しわしわってなってて。上2人はぱあんって，［両手で球体を作りながら］玉って感じやったけど。まさきはアレルギーとかもきつくて。乳首の洗浄の薬品で口の周りが荒れたり。すごい敏感で。毎回熱い脱脂綿で（乳首を）拭いて。こういう（肘の）しわのとことかも皮がめくれて乾燥して。

私：過敏な感じ？

純さん：痛々しい感じで［表情を曇らせ］，そのしわしわ感が。おっぱい飲みだしたらましになったけど。あの子だけなんかちがう感じがしてて。1カ月健診のときも，伸びのときにお腹におったときみたいに，くくくってなってて。つっぱったり。これなんやろって，麻痺とかあったら恐いから。3カ月健診でも尋ねたんやけど，首も座りかけてたし他に変なとこもないからそんなに気にすることはない，普通やでって。身体的にはそんときは大丈夫なんやわと思って。(その後) 寝返りもはいはいも普通にしてたから。まあ取り越し苦労やったんやわって過ぎて。でも，抱っこしたらつかまらない。なんか抱きにくい子やなって。普通にもたれてこない。

私：ぺたっと来ない感じ？

純さん：こういう［筒型の物を持つように背中を支える身振りをしながら］持ち方をずっとしとかなあかん，普通やったら子どもからきてくれるから，抱きながらでも片手でなんかしたりできるのに，いつでもこうやって支えな

あかんからすっごいしんどかって。そのときは障碍児とは思ってないから。そんなに手をわずらせるようなことはなかったから。座れるようになって，帯なしでおんぶしてみたら立つねんね，自分が（地面に対して）垂直にならなあかんみたいな。なんでこの子こんなんなんやろっていうのはずーっと。

[考察]
　妊娠中の母体と子どもはまさに一体化した状態である。しかし，ただ融合した関係に浸るばかりではなく，自分の身体とは別の「個」としての子どもの存在を母親は感じる。まさきは純さんの3人目の子どもだったため，妊娠中の母体の感覚も過去の体験と対比され，まさきの胎内の動きに，純さんは「いやな感じ」「ちょっとちがうかも」と，これまでとはちがう感覚を持っていた。出産前すでにあったというその感覚に私は驚き，身を乗り出し聞き入った。
　純さんは産まれてきたまさきに過敏さを感じながらも，3カ月健診で身体的には問題がないと言われ，取り越し苦労だったと一度は安心する。しかし，産まれてからごく早期に，「抱く─抱かれる」という母子の身体的な能動と受動が交叉する場面において，しっくりこないという身体感覚を通した気づきが純さんにはあった。ということは，「抱く─抱かれる」関係のもう一方のまさきの身体もそこに調和した感覚を得ることはできなかったであろうことは容易に推測できる。この間身体的な不調和は，身体の動きが同期し，共振し合う中で感じられる，通常の母子には自然にある情動的な一体感が得られないことを表している。
　身体の発達という外部的な視点からは，寝返り，ハイハイと通常の発達の経過をたどっているようにも見え，相談先の医師にも問題ないとされた。純さんも行動を観察する構えでは一応，納得するものの，まさきの気持ちを感じながら，間主観的につながろうとすると，やはり違和感が残るのだった。

対話2 「たまにできるから，かろうじて接点はある」
──養育者の「成り込み」による関係の成立

(対話1の続き)

純さん：この子だけみているわけじゃないから，おかしいおかしいって入り込むこともなく。1歳くらいで普通に「はい」って返事もするようになってたし，言葉でまんまとか，かたことしゃべるようにはなってたから。そのまま大きくなるんかなって。1歳半ぐらいから，オウム返しみたいに繰り返すようになって。2歳くらいになってトコトコ走れるようになったら，手つないでないとどっか行ってしまう。ホームセンターでいなくなって，もう道の真ん中をだーっと走ってて。「この子道路走ってたけど，お母さんいませんかあ」って見知らぬ人から言われて。家でも，前の道をクラクションがわあって鳴ってると思ったら，隣の人が「まさきが道路走ってるよ」って言いに来てくれて。

私：まさき，そんなんやったん，へえ［驚き］。

純さん：3つくらいまで。門扉にも鍵つけて，家の間のすきまからお隣に行かへんように柵したりとかね。とにかく家から出られないように。いつでもカチャッて上と下2つ鍵しめて，子どもたち（きょうだい）もいちいち2回閉めなあかん。大丈夫と思ってたら，誰かが上の鍵かけ忘れて，また（まさきは）道走ってたりとか。

私：そのころどう思ってたん？

純さん：おかしいおかしいと思いながら，自閉症も知らないし，多動も知らないし。だからってしゃべれないわけではなくて，スイッチが入ってるときは人の名前もちゃんと呼ぶし，普通にできるところもあるし。排泄の自立は早かった。晩から朝まで寝るしね。家で生活する分にはそんなに困らなかったから。でも公園に遊びに行っても，ずっと「まさき，まさき」って呼んでた。

私：同世代の子どもには関心は？

純さん：子どもどうしでコミュニケーションとるっていうのは（ない）。親でもきょうだいでもむずかしい。でも，いっしょに何かをしてて，楽しいものを見て笑うとかたまにできるから，かろうじて接点はある。まるまるできなかったらおかしいってなるけど。少し大きくなったらわかるようになるん？って感じで。

[考察]

　多くの自閉症児の幼児期の多動は年齢が上がると共に減少する。現在のまさきは私とも言葉によるやりとりもあり，ほとんどPの流れに沿って活動しているので，乳幼児期の子育てのたいへんさは想像以上のものであった。10年あまり前のことであるが，まさきの多動にまつわる危険を回避するための家族の苦労も臨場感を持って語られた。

　子ども3人の子育て中の多忙さゆえ，純さんは，不安を心の片隅に抱きながらも，まさき一人のことに「おかしいおかしいって入り込むこともない」状態だった。だが，まさきが移動できるようになると，心配は日ごとに大きくなっていった。道路の真ん中を走るというまさきの行動は，たしかに危険で誰もが驚かされる行動である。しかし，たとえば転がるボールを追いかけて道路に飛び出した，道路の向こう側に家族の姿が見えたなど，何らかの理由があれば，それはそれで納得できる。まさきの行為にはその身体に何らかの意図や要求を感じる「向かう力」（浜田，2002）が見て取れなかったのである。純さんはそこに何とも不気味なとらえ難さを感じた。だが一方では，自分をコミュニケーションの相手とするときのまさきを「スイッチが入る」と表現し，まさきからの情動的なサインを受け取ることができ，一体感やつながりが感じられる，ともしている。この大丈夫と思ったり，いややはり何かちがうといった定まらない感じは，自閉症のある子どもの幼少期の，養育者の不安の大きな要因である。

　鯨岡（1997）は養育者の「いつも，すでに」のメタ水準の関心が作動している下で，「このいま」の瞬間において自分の「ここ」から相手の「そこ」に気持ちを持ち出し，その重ね合わせから相手の「そこ」を一時的に生きる様態を

「成り込み」と呼んだ。すなわち「成り込み」は共に暮らし，子どもに気持ちを向け，心の動きを感じ取ろうとする構えによって行われる。定型発達の子どもの場合，養育者の成り込みに支えられ，間主観的な関係を基礎に主観的な自己感を体験する（Stern, 1985a/1989）が，まさきはというと，「スイッチ」のON，OFF があるように，つながったり，切れたりするため，自分の内部に他者性を感じることもまた遅れたのではないかと考えられる。

対話3 「すごいよな人間って」──「成り込み」の深度と共同主観性への気づき

引っ越したことにより，自治体間の健診制度のわずかなずれでまさきは1歳半健診が受けられなかった。違和感を拭いきれない純さんは自治体が行っている子育て相談にも足を運んだが，「どこかの校長先生だったとかいうおじいさんの相談員で，全然話にならず」，心配は残ったままの日々を過ごした。やっと迎えた3歳半健診で，危惧していたことは現実のものとなり，「コミュニケーションがとりにくい」という理由で発達相談を勧められ，療育事業へ通所するところまで，一気に進んだ。

（療育事業に通うことになるまでの話があって）

私：それまでに，しつけができてないんかなとか思わんかったん？

純さん：［断固とした感じで］最初の子どもやったら（考えたかもしれないけれど）。同じように育てて同じように接してるのに，うーん，なんで，みたいな。

私：私の育て方じゃなかったって，ほっとするという人もいるけど……。

純さん：しつけとかそんなレベルじゃない［強く］。上2人育てるように育ててるから。でもちょっとこの子はちがうって周りの人も思ってたかも（しれない）。発達のところでつまずいてて会話にはなりにくいって説明して。でもわかってるくせに「男の子やから口遅いよね」とか言ってくれる人がおるんよ。これってなぐさめ？［小さく笑う］

私：ああ［つらさがぐっと感じられ］。

純さん：健常ならそうなんやろけどね。だまって（近所の）よその家に入って て，「まさき君，うちにいるよ」って言われたりすることもあった。「まさ き，だめ」って言ったら，本人も「だめ」って繰り返す。その人の手前， その場で怒って。（まさきも）怒られたらごめんなさいは言わなあかんの はわかってて。「ごめんなさい」って言うて。（そんなことの繰り返しで） 近所には迷惑はかけたかな。

私：お父さんはなんて言いはった？

純さん：お父さんの方がショックは受けてたかもしれん，2回目の発達相談は お父さんも一緒に行ったんやけど，帰り道，会話がなかったから。お父さ んも泣きながら帰ったし。違う子とは思ってたと思うけど。 （療育事業T園の）入園式見たときにすごい（障碍が）重い子もいるし，あ あ，こういう所に入らないかんのやって思ったみたいやけど。何回も（T 園に）行くうちに自分ちの子どももそうなんやろなってわかってきたかな， ちょっとずつ，たぶん母親よりはゆっくりやけど。

私：（障碍を）否定して他のとこに（相談に）行ったり，そんなんはしなかった ん？

純さん：なかったな，お父さんも上2人いるからよけいわかったのかもしれん。 まさきがお絵描きしててね，お父さんが「マジックで絵描くんやったら新 聞しいて描きよ」って言うたんやんか。そしたらまさきが新聞持ってきて， 自分のおしりの下にしいて［笑いながら］。それを見て，だまってたけど， ちがうやろこの子って（感じていたと思う）。

私：ほんまにするんや，そういうことを。

純さん：座布団みたいにしいてね。たしかに「新聞しいて」って言われたこと やから（言葉の意味には）合ってるけど［苦笑］。でも，すごいよな人間っ てって思うよね。それで，普通はマジックが裏うつりするから（新聞を） しいて描くってそこまでわかる。そういうことが普通にいっぱいあるんや んか。これ片付けてって言ったら，これってどれ？みたいな感じやったし。 具体的に「今飲んだコップを片付けて」って言うらできる。逆にそうい

う表現って（生活の中に）多いな。
私：お互いわかってるっと思って（使っている）。
純さん：うんうんうんうん，そういうことだらけやから。（家族）みんな，まさきにわかるように言うてくれるようにはなって。一番お父さんが具体的じゃないから［笑い］。わかってない。接する時間が短いから［笑い］。
私：こつがつかみにくい？
純さん：今でも。（父親が）一番ややこしいと思われてる［2人で笑う］。上2人（のきょうだい）に，「お父さん全然わかってないって」［笑い］言われることあるし。

[**考察**]

　純さんがおかしいと感じていたことが，いよいよ発達の問題として第三者に取り上げられるようになった。純さんは，きょうだい児との比較から，まさきの発達の問題と養育態度とは関係がないと考えていることを強い調子で主張した。自分はまさきの発達の遅れを，近所の人たちに説明もするのだが，理解を得ることはなかなかむずかしく，なぐさめようとしてくれているのかもしれないと思いつつも，傷つくことも多かった。近所の人の視点は，家族のそれとは異なるものになってくる。家族は個別の身体のかかわりを通して，交換できない人と人との関係を生きているが，社会的関係では，それぞれの身体の個別性，特殊性を捨て，言語的レベルでのコミュニケーションや常識的規範に沿った行動様式に重きを置かねばならない。家族のつながりは，間主観性がはたらく関係の下にあるが，社会において，近所の人は行動を観察する構えでしかまさきを理解しないのは仕方のないことである。社会的な規範に合わせるという，新しい世界に純さんとまさきが参加する際の，この家族というつながりから見る子どものとらえ方と，社会規範に合わせて生きるときのとらえ方のちがいが純さんの「迷惑はかけたかな」という回想につながる。

　純さんからは，まさきの障碍がわかったころの悲嘆があまり語られなかった。もうずいぶん前のことなので，時の流れがそうさせた面もあるだろうし，自分

が早くから気づいていたことを誇る気持ちがあるわけではないだろうが，きょうだい児との比較から，何かおかしいという感じが長い間あったことで，やはりそうだったのか，と納得する面が大きかったのではないだろうか。それが私に，純さんの揺るがない強さのようなものばかりを感じさせたので，私の方から父親はそのことをどう思ったのかについての問いを投げかけた形になった。

新聞紙のエピソードは，自閉症のある子どもの，見えないものをとらえることのむずかしさ，表象化された次元の獲得という観点から興味深い。村上（2008）は，養育者と子どもの間身体的な交流が，知覚から得られた情報を高次の次元にまとめ上げ，情動や社会的記号といった知覚以外の意味に重層化していくはたらきの元になると想定しているが，そのことを裏づけるエピソードであろう。家族という親密な関係にある人たちは，生活の具体的な場面でまさきのわからなさに遭遇するが，設定した状況に応じた言葉に含まれるニュアンスを教え込むといった療育などの文脈ではなく，「成り込み」を背景とする受け手の側の能動性によって，つながりを作り，まさきが後天的に言葉に含まれるニュアンスを獲得することを助けていく。それは母親，きょうだい，父親が，どれだけまさきと共に過ごす時間があるか，どれだけまさきに思いを馳せているかの次元で語られ，純さんは，家族それぞれの「成り込み」の深度に差があると考えている。家族の中でユーモアを持って語られるようなこととして，そのように家族が支え合いながら，まさきを一人の自己と思いなして見守っていることがうかがわれた。

また，純さんは次に，まさきの能力を云々するのではなく，「すごいよな人間って」と，当たり前のようにできている人間の共同主観性にかかわる気づきにつなげている。わが子のことにとどまらない，この大きな気づきは，私には純さんの包容力の大きさ，当事者のすごみのようなものとして感じられた。

（3） まさきの乳幼児期の関係発達

純さんとの対話から，まさきの乳幼児期の関係発達の様相が表れている部分を取り上げ，以下に考察する。

第5章 事例：「私は私たち」という意識はいかに育つか

　まさきの乳児期からの，母親が抱こうとしてもぴたっと身体に添ってこないといった，身体行為における〈能動─受動〉がしっくりこないような状態は，間身体的な通じ合いが弱かったこと，養育者と子どもが相互的な関係に入ることが難しかっただろうことをうかがわせる。また，この弱さからまさきは安心感の基盤を得ることができず，その基盤を欠いた状態は，周りの人に彼の志向性が感じられないような多動を生み，つねにここではないどこかに行こうとしていた。

　まさきの場合，養育者との気持ちの交流がまったくないわけではなかった。それはスイッチが入ったり切れたりするように養育者には感じられた。感情や意図の交感が遅れがちになり，幼児期に入っても，新聞紙のエピソードのように，身体に根差したパースペクティブの交換に問題を残していた。定型発達の場合には間身体的な交流によって容易にわが物にできる，知覚から得られた情報を社会的記号にまとめ上げるはたらきの部分に弱さがあったと思われる。しかし，家族という親しい他者の中では，受け手側の能動性によってまさきの行為は対話的な意味で理解され，まさきの弱い部分を補うこととなり，一定のコミュニケーションが成立するようになっていった。

（4） エピソード──2007年のPの事例を中心に
　ここからは私がまさきに再会してからのPの活動の場面を中心に，学童期の終わりから思春期にかけての関係発達の様相を明らかにする。

Pでの様子
1年目（2005年）小学部6年生
　いつもその日のプログラムの流れにスムーズに乗るが，他の子どもたちに自分からはたらきかけることはほとんど見られない。ゆえに他のメンバーとの軋轢もない。自分と担当ボランティアの二者関係の中だけで，安定した状態を作り，満足しているように見える。この年，頻繁にまさきの担当になった和田君は保護者たちの間で，好意的な意味で「空気みたいな存在」と呼ばれていた。

強く何かをさせようとはせず，まさきの行動に合わせて動き，不都合がありそうなときに補完するようなはたらきかけだった。和田君が担当だとわかると喜ぶことから，まさきにたいへん好かれていたと思われる。

　まさきが自分から私に声をかけてきたのは最終日1度だけであった。縁日遊びが催されていたその日，スタンプカードに自分がほどこした装飾が気に入らなかったようで，やり直したいことを告げに来たのだった。まず和田君に「のりちゃん（私）に話がある」と訴え，和田君に付き添ってもらうことで，勇気を出してやっと来たという様子で，顔は上げないまま「部屋に帰りたい」と言った。私はまさきにPの活動を仕切る者として認識されていた。ひと月同じ場所にいたことはいたが，気持ちがからんだという実感を持てていなかったので，最終日ではあったが，まさきからのアプローチにとても充実感を感じた。

　まさきはスターン（Stern, 1985a/1989）がいうところの自己・他者感のうち，行動の発動者，感情の体験者，意図の決定者についての感覚は獲得していると思われる。平安が保たれ，安心できる和田君と自分の関係においては，間主観性のはたらき合っている体験をしており，自分の主観はつねに大人に理解されているという安心感であったのではないかと考えられる。

<u>2年目（2006年）中等部1年生</u>

　まさきは前年のひっそりと目立たない様子から打って変わり，全体的に生き生きと振る舞うようになった。担当ボランティアとの二者関係だけに留まらない，集団の中で自分を押し出す意欲が強く見られた。

　春ごろから，まさきがいつもすることの一つに，のっぺらぼうの頭に直線の手足がついた「棒人間」を描くということがあった。学校で見たPCゲームがヒントになっているらしかったが，そのまま真似たものではない。何人かの「棒人間」にはそれぞれに装飾がほどこされ，名前がついていた。私はどこでも「棒人間」が描けるように，いつもA3大の紙を用意した。「棒人間」の集団を描いたものを彼は「ハッピー新聞」と呼び，大人やボランティアに，「ハッピー新聞知ってる？」「ハッピー新聞好き？」と尋ねることがあいさつ代わりであった。大人が「知ってるよ」「好きだよ」と答えるとまさきは満足

気に「うん」とうなずく。

　自己表現が活発になると同時に，子どもどうしの軋轢がぐっと増えた。年かさの子どもが「ハッピー新聞なんておもしろくないわ」と，わざと彼を挑発するような言葉を言ったとき，顔を真っ赤にして机をドンとたたく場面があった。また，「終わりの会」で絵本の読み聞かせをするとき，誰が読むかをめぐり，読みたい子ども3人がにらみ合うことが夏の後半では常態化した。3人共が自分が読むと言って引かないため，最後には順番に3人とも読むことになった。

　自分というものの認識が明確になり，発動者として振る舞うことが楽しくなってきたようだった。その一方，家族などの親しい他者の中では，自分が主人公として尊重されるが，同世代の友だち間でそれはかなわない。そういったいら立ちがあるようだった。

3年目（2007年）中等部2年生

　中等部1年の後半から，養護学校の同級生に苦手な友だちができ，その存在に悩まされるようになった。まさきが教室で絵を描いているとその生徒も描き，運動場に出るついて来るというふうに，むこうはまさきにアプローチしているようにも見えるのだが，まさきは避けるように動いていた。そのいらいらがつのるようになってから，スクールバスを降りたときに，急に上半身を脱力し，膝から崩れ落ちるように倒れる動作をするようになった。

　Pでも2年生夏前まで，「気になる行動」と見える4つのことがあった。

　①ボランティアを寄せ付けないことがある。それまで3年間の付き合いのある女子ボランティアにさえ「あっち行け」などと暴言をはき，厳しい表情で，後ろや，横の方向に，シャドーボクシングのようにパンチを繰り出す動作をする。

　②武器を持つ「棒人間」。ハッピー新聞の「棒人間」はたんにキャラクターの描写だけだったが，このころの「棒人間」はいつも，なた，チェーンソー，剣などの武器を持つようになっていた（図5）。

　③急に上半身を脱力し，膝から崩れ落ちるように倒れる動作をする。Pの活動の中では，ふざけるたけし（ダウン症児で難聴の重複障碍。養護学校小学部5

図5　武器を持つ「棒人間」

年生）に，頭をはたかれたときなどにこれをする。

④「引っ越しおばさん」の話題。このころ近隣トラブルで世間の注視の的だった「引っ越しおばさん」の口調をまね，状況に関係なく「引っ越し，引っ越し，さっさと引っ越し」と連呼する。

気難しげな表情をしていることが多く，声をかけるのもためらわれるようなぴりぴりした感じを身体全体から発していた。そのことと考え合わせ，上記4点とも，自己防衛的で，硬い鎧を身にまとっているようであり，ネガティブな情動が優勢のように見えていた。「棒人間」はまさきの分身として心の内を表しているように感じられたのだった。

母親　純さんからのメール

　夏の初めに母親の純さんから次のようなメールをもらった。そこにはそのころのまさきの変化を考慮しつつも，私の印象とはまた異なる母親の願いが表れていた。

　最近，まさきは女の子ボランティアさん（初対面の男の子もだと思います）を苦手にしています。嫌いじゃないと思います。中2でもあるし，今回はどんな参加のさせ方があるのか，山崎さんにアドバイスしてほしいなぁと思っています。
　ボランティアさんもずっとはいらないと思いますが，どう思いますか？
　母としては，家では下の子なので，できれば，みんなの為に，サポート的に動く時間があるといいなぁ〜今は家でも，沢山手伝いをしています。洗濯，花の水やり，夕飯の簡単な手伝い，ゆで卵やミニトマト洗ったり，ヘタをとったり，など。活動に参加しながら，お手伝いできればいいなぁと思います。また，プールでも，時間や集合したときに指導員さんに声をかけにくるとか…　長い時間の

中でみんなと遊ぶ時間が少しあるとか，でもいいのかなぁと思います。注意やまさきへの事前サポートは必要ですが，大きくなっていく子の参加のさせ方を考える時期なんだなぁと思っています。色々打ち合わせも必要なのかも〜。（後略）

　まさきの上の世代には同じ養護学校の高等部生が3人おり，まさきを合わせて4人がPの高学年の子どもだった。ボランティアが1対1でつくことが，子どもを囲い込むようになって子ども集団の形成を阻んでいるのではないかというのは前年から引き続きの課題であった。私も子どもの自主性を活動の中に持ちこめないかと考えていた。

　純さんの提案の背景には，せっかく来てくれたボランティアがまさきに拒否されることで失望するのではという心配がある。もう一つ，親の目から見て，つきっきりのボランティアがいなくても行動することができ，それも自分が遊ぶだけではない，小学校低学年の子どもたちとは違う立場で，役割を持って活動してほしいという願いが語られている。このときは私も同感だった。

　普通の中・高生らしい活動をさせたいという願いは，他の保護者も同じで，電車で遠出し，子どもたちで連れ立って繁華街に出かけるなど，年齢にあった経験をする日を2日設けることにした。その事前の準備として中・高生ミーティングを開き，行く場所，係などを話し合った。

　では，ここから2007年夏のPでの事例を提示する。

エピソード1　「ぼくのボランティアさん誰？」
　　　　　——必要だった映し返す他者の存在（8月1日）

・活動内容：プール遊び
・場所：市民プール

　まさきはこの年はじめての参加日。この日はボランティアが子どもと1対1でつくだけの人数に満たなかったので，複数のボランティアで複数の子どもをみるという体制だった。中・高生の子どもたちには多少なりとも仲間を意識して，一緒に行動することが期待されていた。

プールの入り口で，小学生にはいつものように担当ボランティアとの引き合わせをした。私を含む2名の指導員のうちどちらかが，まさきにつく心づもりはあったが，「まさきにはのりちゃんのお手伝いをしてもらいます」とだけ伝え，この日の保育が始まった。
　まさきは流水プールで流れたり，前転をしたり，機嫌よく一人で遊んでいた。ところが，11時の休憩の時間に私に「ぼくのボランティアさん誰？」と聞いてきたのである。リーダー的な動きをすることなど露ほども思っていない真正面からのまさきのこの質問に，私は自分のまさき理解の誤解を知り，すぐ，もう一人の指導員がまさきといっしょに行動することに変更した。女性だったが，その後の時間を楽しそうに過ごし，避けたり，乱暴に振る舞うことはまったくなかった。

[考察]
　まさきは実際に「あっち行け」などの激しい表現でボランティアを寄せ付けないようにすることもあったし，ときに「一人になりたいの」と言い残し，誰もいない場所に行ってしまうことがあった。また，まさきの母親，純さんは，せっかく来てくれたボランティアに対してまさきが拒否的な態度をとったり，反応を返さなかったりしたら申し訳ないという思いも持っていたため，担当ボランティアなしでやってみようということになった。私が想定していた「のりちゃんのお手伝い」は，仲間がどこにいるか気を配り，他の子どもの様子を私に知らせてくれたり，年下の子どもといっしょに行動したりすることであった。家庭で役割を持ってお手伝いをしているまさきには，それができるのではと思った。
　そろそろまさきに年下の子どもたちをいっしょに見てくれるよう頼もうかなと思っていた11時の休憩時，まさきから「ボランティアさん誰？」と尋ねられたのだった。彼にとって一人の遊びが満ち足りた状態なのではなく，これまでのボランティア拒否の態度が，その通りの意味でなかったことに気づき，これまでのまさき理解の間違いを思い知ったのだった。また，自分のしていること

第5章 事例：「私は私たち」という意識はいかに育つか

に共感してくれる人，いっしょに遊ぶことで遊びが広がり楽しくなる人，話し相手になってくれる人という位置づけの大人がいなければ，自然に子どもどうしの交流が生まれるという単純なものでもなかった。私は，まさきのボランティアへの拒否的な態度を，1対1のボランティアがもはや必要ない姿ととらえ，それならば役割を持つということが新たな動機づけになり，子どもたちの集団の中に自分を位置付けることができるのではという構図を描いていた。まさきは身辺自立は完全で，自分のことは自分で判断して行動しているように見える。通常，子どもは家族が安心の基盤になり，その共同，励ましによって身辺自立ができるころには，より広い世界—同世代の友だちの世界—が楽しくなってくる。そのような生活上の子どもの変化から，この年代で集団生活に入っていくことが多い。

　負の情動も含めて，周囲の人に「自己」を強く押し出すことは，子ども間ではかなわず，大人やボランティアならそれがかなうという線引きが彼の中に存在している。まさきには，家族との関係性，他の大人（私やボランティア）との関係性，同世代の子どもとの関係性が別々にとらえられており，家族などの「親しい他者」との関係性からそれ以外の他者との関係性構築への間には，彼の自己に質的に，大きな飛躍が必要なのだろうと感じた。

エピソード2　三文字しりとり——役割の交替（8月2日）

・活動内容：アミューズメント施設に出かける（高学年遠出企画）
・場所：電車内

　普通の中・高生が経験することをさせたいという親の願いから，今夏は中・高等部の仲間だけで，遠出する企画が2つ考えられていた。出かける前に私の家に集まり，ミーティングをした。お仕着せのスケジュールをこなすのではなく，自分たちで計画する体験である。行きと帰りの電車の乗降駅や時間を確認したり，インターネットの映像でどんな場所か具体的なイメージを持って何をしたいか話し合ったりした。能動的な参加を促すために，一人ずつ係を担うことにし，まさきは「電車係」になった。電車係は，駅を確認し，皆に乗り換え

を指示したり，電車内で遊びを提供し，楽しく過ごすことの中心になったりする役である。まさきは決まったことを遂行することが得意で，また，自分自身が電車がきちんと運行されていることを確認しないと落ち着かないところがあるので，一石二鳥をねらう役割だった。

その日の参加メンバーが全員電車に乗り込み揃ったところで，私はまさきに「じゃあ，電車係さん，電車の中のお楽しみをお願いします」と言った。さっそくまさきは高校生のボランティアに向けて「暇なとき履く靴は？」などとなぞなぞを始めた。いくつかのなぞなぞが終わるとすぐに今度は，「三文字しりとりをします」と言った。（まさきが好きなテレビ番組の中でされているゲームであることは後で知る）「じゃ行くよ」と急に始まるので私が引き取り，「順番はどうしよう」「こう回りね」などと具体的にみんなでゲームができるようにお膳だてした。まさきははじめのお題「りんご」と言うと，上目使いに次の順番の人をちらりと見て，名前を呼ばずに「ふん」と人差し指で力強くその人を指でさしていく。まさきは回答者の答えを聞いていないわけではないが，誰が答えてもいいとも悪いとも言わないので，私が進行を仲介しながら，一回りし，再びまさきの番になった。私が「はい，次まさき」と促すと，口を真一文字に結び，目を閉じて，腕組みをしていやいやというように首を横にふる。「まさきは司会の人だから，答える人にはならないっていうこと？」と私が尋ねると，うんうんと大きく首を縦にふる。仕方がないのでまさきはとばし，他の子どもたちはボランティアのヒントをもらいながら，何順か回り，電車の中は楽しく過ごすことができた。

[考察]
まさきはゲームの場を与えられると，待ってましたとばかりに，張り切った様子を見せながら，なぞなぞを始めた。しかし，ボランティアだけに問題を出し，子どもたちには出さなかった。しりとりのとき，他の子どもは自分が答えにつまると「待って」と言ったり，ボランティアの助けを借りたり，困ったり，

笑ったり，騒いだりしながら，個々になんとか答えようとする気持ちを出して参加している。それに対し，まさきは自分の番が来たとき，まるで自分は回答してはいけないんだというふうに固辞したことがとても印象に残ったのである。自分からの能動だけで，自分が回答する役割をとることはせず，役割の交替はない。自分を押し出すことは楽しいが，一方通行で，自分のしたいことを通しておしまいというふうに見える。正確にはここにはやりとりは成立していない。まさき自身はこのしりとりを楽しんでいるのだが，みんなといっしょに楽しむというあり方とは少しちがうのではと思われた。また，依然として同世代の子どもに自分からはたらきかけることはないので，大人が介在する必要があった。

　ワロンは，乳幼児期の周囲の人との一連のやりとりの中での，受動と能動の役割を含む交替遊び的なやりとりの重要性を説いた。その繰り返しの中で，相反する情動を交互に体験することによって自他の区別が促進されるとしている。そこで発見される他者は「両者は本質的にはおたがいに等価」(Wallon, 1946/1983)な他者である。まさきの場合，自他の区別（自他の行為を区別している感覚など）が未分化な状態ではない。なぞなぞではまさきが問題を出し，ボランティアが答えるということはできた。能動を向けるのはボランティアや大人に限られている。しりとりは，前の人が言った答えを受けて，自分が次の答えを出すことの繰り返しである。同世代以下の子どもに対してのここでのやりとりの不成立，ぎごちなさは，他の子どもが，相互に主体的な存在としては立ち現れていないということではないだろうか。自分のイメージを遂行することが集団内の自己の出し方なのである。とすると，たんに役割を付与することだけで，彼の中の自己感が変化するのではないということであろう。

エピソード3　「チェーンソーを，人に向けたらどうなる？」
　　　　　　──身体の共鳴とやりとり（8月3日）

・活動内容：工作，お弁当作り，川遊び
・場所：公民館

　「引っ越し，引っ越し」の連呼は毎日続いていた。世間の耳目を集めた事件

を彷彿とさせるため，それがまさきの口から発せられると大人は誰もがおもしろがってくれる。それをまさきはわかり，他者との関係を築くための機能を持たせたか，落ち着くきっかけになる儀式的なこだわりの言葉ともとれた。まさきの「引っ越し」のお題目は，一方的に善悪で断罪するという雰囲気ではなかった。この人そのもののキャラクター，繰り返されるリズムなどに何か惹きつけられるものがあるようで，まさきが大声で繰り返す「引っ越し，引っ越し」はそれに陶酔し，何かを解き放つような自由感があった。彼の連呼に自分の声を重ねると，私もまたこの自由感を感じることができた。

このころの「引っ越しおばさん」についての報道は裁判の成り行きを伝えるものになり，まさきは家でしきりにそれを話題にするようになっていた。そんなときのまさきとの会話である。

川に向かう道々，まさきは「ねね，のりちゃん，裁判って何？」と尋ねてきた。私は突然のことにどぎまぎし，そう言えば裁判って何だろう，彼にわかるように説明するのはとても難しいなあと思いながら，ゆっくりと「うーん，裁判かあ，2人の人がいて，片方の人があの人は私にこんな悪いことをしましたと訴えて，裁判官が，両方の人のお話を聞いて，本当に悪いことをしたかどうか決めるところだよ」と答えた。私が言い終わるか終わらないかのうちにまさきは「裁判はね，悪いことをした人が罰を受けること！」ときっぱりとした，少し浮き浮きした口調で言う。続けてまさきは「ねね，のりちゃん，チェーンソーを，人に向けたらどうなる？」と質問した。私は，ここでどう答えるかは重要だと思いながら「向けられた人は怖いやろね。まさきはどう思う？」と返す。考えているのか少し間があって「いやあ」と答えたので，私も「のりちゃんも，いややな」と言う。また少し考えているような間があり，まさきは「うーん，チェーンソーを人に向けたらぁ」と言いながら，身体の前に両手で×印を作りながら「ダメ！」と言った。

この会話はその後も会うたびに繰り返された。私は何度聞かれても毎回

第 5 章　事例:「私は私たち」という意識はいかに育つか

正しく答えようと心掛けているけれど，まさきが私の言葉を聞いているかどうかは自信がない。まさきは裁判についてはすぐ，自分の答えを繰り返す。だが，チェーンソーのパターンは次第に型通りのジョークのような意味合いを帯び，最後の「ダメ」に向かって2人で言葉遊びをしている様相になっていった。

［考察］

　まさきが「引っ越し，引っ越し」と連呼し始めると，真似ようと意識される前に，自然に身体が呼応するともいうべきあり方で私も口ずさんでしまう。そのリズムや躍動感に身を任せることは話題の性格とは裏腹に，とても心地よいものだった。その行為はたしかに状況にふさわしくないものだったが，問題行動としてこの行為を減らすことをいったん保留して，まさきの体験している世界に参入することにより，まず，身体感覚の共感による「共にある」場が形成された。

　「裁判って何？」の問いは，まさきの中で「引っ越しおばさん」の話題からつながっていることがわかった。私はまさきに理解しやすいようにと真剣に言葉を選んで答えたつもりだったが，彼はあらかじめ答えを持っており，その一方的な感じから，本当に裁判の意味が知りたいのではないと感じた。ここでももっぱらの能動のまさきであり，自分の回答を言いたいがために問答をしかけ，私の答えによらず，自分の回答を言う一人二役的な会話である。そこに私を挟むのは，自分の一人二役的な会話のイメージが中断される恐れはない相手として私は選択されているからであり，そのような意味の信頼を私は得ていると言えるだろう。チェーンソーの話題に移ったことは本来ならば唐突に感じられるだろうが，まさきが描く，武器を持つ「棒人間」に関心を持っていた私には「引っ越しおばさん」「裁判」「チェーンソー」の関連性が腑に落ちた感があった。すなわち，社会の規範と罰の存在である。従わなければと理解する一方，逸脱すると，「引っ越しおばさん」のように，糾弾され，罰を受けると思う，怖いもの見たさも含まれたアンビバレントな心情のようにも受け止められる。

「チェーンソーを，人に向けたらどうなる？」の問いに対してもおそらくまさきには，チェーンソーを人に向ける行為は悪であり，その人は罰を受けるという流れのイメージに基づく，想定した答えが用意されていただろう。このときの私はただ答えを返すよりも一つでもやりとりができればと考え，「まさきはどう思う？」と尋ねてみた。明確な返答があるとはさほど期待していなかったが，結果的に〈能動と受動〉の反転を私がしたことになった。パターン化された会話をいったん止め，まさきが新しく答えを導き出すというちがった形で展開された。まさきがとった間は，他者の主観を考慮する時間であり，たんなる言葉の表面をなぞることを超え，自分がチェーンソーを向けられるところをイメージし，我が身に引きつけて考えようとした一瞬であった。そして「いやあ」という多少なりとも彼の想像する気持ちがこもった返答となったのである。

チェーンソーのパターンは繰り返しのうちに2人の共同作業となり，おもしろさを共有するという，ちがう意味合いがそこに生まれていったのだった。その中で，不謹慎であるかもしれないが，この話題の暗さ，重苦しさは払拭されていった。

エピソード4　「冷たくて入りたくない」
　　　　　──「私は私」と「私は私たち」の間での揺れ（8月6日）

・活動内容：川遊び（家族，ボランティア一緒の1泊のキャンプ）
・場所：キャンプ場横の川

　1年に1度の宿泊行事は家族も参加し，ボランティアも気心の知れた大学生ばかりで，例年皆が楽しみにしている行事である。昼過ぎに現地についてすぐの川遊びの時間のことである。

　　　キャンプ場の横の川は，幅20メートルくらい，正面には巨大な滝があり，その手前は大きな深いたまりがある。堰をはさんで下流は川幅が狭くなっており，大きな岩がごつごつしている。ここは魚影も濃く，体長5cmくらいの魚が簡単な網でいくらでも捕れる。子どもたちは，たまりでは大きな

ボート型の浮き輪に乗ったり，泳いだりし，下流では魚を捕まえるなどして，それぞれに遊んでいる。まさきははじめから浮かない顔で，積極的に川に入ろうとしない。たまりにちゃぽんと浸かってはすぐ上がり，といって下流の魚捕りに加わるでもなく，堰のあたりで，下を向いて立ち尽くしている時間が多かった。大学生ボランティアの岡田君はまさきの横にいて，彼の興味に合わせてついて行く。プールで泳いだりもぐったりすることは大好きなのだが，同じ水でも薄暗かったり，冷たかったりする川を嫌がることはこれまでもあった。

　それでも，しばらくすると，どうにか興味がわいたのか，ボランティアとボート型浮き輪に乗り，滝の近くまで漕ぎだして行ったので，私は，ああ，やっと遊ぶ気になったかなとほっとしていた。

　私が堰のあたりで他の子どもたちと魚を捕っていると，「のりちゃーん」とずいぶん遠くからまさきの声がし，岸で見ていた母親たちからも「のりちゃん，まさきが呼んでる」と声をかけられる。ボート型浮き輪に乗ったまさきは，滝の手前辺りから私を目指して漕ぎだしている。堰の私のところに来ると，「のりちゃん，明日も川に入る？」と尋ねた。私が「うん，明日も川だよ」と答えると，下を向き，くもった表情で「冷たくて入りたくない」と，ぽつぽつと言う。「そっかあ，冷たいよね」と私は答える。岡田君は，まさきの隣で，事の推移を見守っている。私は逡巡しながらも何らかの見通しをまさきに持ってもらおうとの思いから，「明日の午前中はお母さんと岡田君の3人で，洞窟探検でも行こうか」と言った。私の提案にまさきは思うほど反応せず，返事はあいまいなままその場は終わった。その後まさきは河岸で魚影を追いかけるなどして時を過ごした。

　その日の夜はまさきは宿でゆっくりとおもちゃで遊んだり，ボランティアとトランプをしたりした後，他の子どもたちと布団を並べて寝た。結局，次の日も単独行動をすることはなく，みんなと川遊びをした。

[考察]

　母親もボランティアもたくさんの人がそこにいるのに，まさきに遠くから呼びかけられたことにうれしい気持ちがあった。今年の彼は，何か迷ったときや判断を迫られるときに私の意見を聞く。私がその場の運営の中心だと理解しており，信頼してくれていると感じることができる。私が提案した次の日の別行動は，とりあえずの提案で，決定したことでもなかった。まさきはうれしそうでも，ほっとするでもない様子で，その反応の薄さから，とりあえず，今は入りたくない気分だということを私に伝えたかったのだろうと感じる。プールで水遊びをすることは好きでも，自然の川や海で遊ぼうとしない子どもがいる。水温，コケや水草などの感触，うっそうとした樹木の暗さ，ゴミなどの見た目などによるものか。まさきはこれまでも「不気味だ」と表現して，川に入ることに乗り気ではなかったこともあり，水が冷たいと本人が言うのであれば，そのまま受け入れるしかないかなという思いだった。

　その日の夜，純さんら母親たちに，明日，まさきは単独行動にするかもしれないと言うと，せっかくみんなで来たのにという雰囲気もあったが，保護者たちも夜は親睦と骨休めをしたい気持ちがあるので，つきつめて議論することはせず，明日のまさきの様子次第，なりゆきでということで，その話は終わった。

　まさきが楽しい方を選択して決定すればどちらでもいいというのがいつものPの考え方である。しかし，仲間で遊びに来ていることを考えると，単独行動に簡単に踏み切っていいものなのか，私にも残念な気持ちと迷いがあった。一方で，まさきのこの姿を，スケジュールにのせられて行動することから，自分の意志を表明するようになったと積極的に評価することもでき，活動を選ぶこと自体は好ましい姿とも考えられる。純さんもきっとそう思っていたと思う。

　次の日，まさきは何事もなかったように川で遊んだ。2日目の川が昨日より冷たくなかったのではないし，強制的に我慢させられたのでもない。知覚の問題よりも，みんなといることを選んだのか？　それができると自分で立て直したのか？　それはわからなかった。ともあれ，まさきにとって水が冷たいという知覚の問題は絶対的なものではなく，それより面白いことがあれば，背景に退く

第 5 章 事例：「私は私たち」という意識はいかに育つか

ようなもので，そのときの気分と関係しているものなのではないかと考えられる。自閉症児の行動の知覚過敏による説明に対しても示唆に富む行動であった。

エピソード 5　「棒人間にありがとうって言って」
　　　　　　──「棒人間」によるやりとり（8 月15日）

・活動内容：カレー作り，設定保育（ミニボーリング，魚釣り遊び）
・場所：A公民館

　午前中に今日の主たる活動のカレー作りは終わり，食事後の午後はゆったりと過ごす。ホールには，ペットボトルをピンに見立てたミニボーリング場と，魚釣り遊びの2つの遊びのコーナーがあり，子どもたちは両方の場所を自由に行き来して遊んでいた。まさきは，まず魚釣りに熱中し，しばらくそこにいた。私は他の子どもたち数人とミニボーリングを楽しんだ。その回，たまたま私が最高得点を出して終了し，そこにいた人たちはばらばらになったが，白板に書いた得点表はそのままになっていた。

　　私が魚釣りのコーナーに移動し，そこから全体を見るともなく見ていると，白板の横に立っていたまさきはおもむろに得点表の横に「棒人間」と吹き出しを描き，そこに「のりちゃん　一番ですね　おめでとう」とすらすらと書いた。私は，何が起きたのかよくわからないまま，すぐまさきのところに行き，はずんだ声で「わあ，まさき，のりちゃんが一番ですって書いてくれたんや！」と言った。すると，まさきは表情を変えずに「棒人間にありがとうって言って」と言う。私は多少面喰いながらも，まさきが描いた「棒人間」に向かって，「棒人間，のりちゃんのことほめてくれてありがとう」と言いながら，ぺこりと頭を下げた。まさきは私に向かって静かにではあるが満足気に，「どういたしまして」と言った。

［考察］
　8月4日以降，「棒人間」は武器を持たず，走ったり，跳んだりという躍動感のある動きをするものに変わっていた。この日の「棒人間」は，役割を持ち，

実在の人間（私）とかかわりを持つ存在である。しかも人から喜ばれるポジティブな存在としての「棒人間」を見たのも初めてだった。まさきは私に直接「のりちゃんが一番なんや」とも，「これを描いたよ」とも言わず，それでも「棒人間」を介したコミュニケーションがここに成立した。武器を持った「棒人間」はただ描かれ，人を寄せ付けない雰囲気を纏いながらそこにあるだけだったことを勘案すれば，人との関係を肯定的に動かそうとするコミュニケーションをするこの日の「棒人間」の質の違いは驚くべきもので，まさきの中にもそのような心情が出現しているのではないかと思われた。最高得点が私以外の人でもこのメッセージを描いたかどうかはわからない。しかし，受け手の私にすれば，それはまぎれもなく私に向けられたものであり，まさきがそのような方法にしろ，私を讃えてくれたことは非常にうれしいものだった。

　これまでのまさきの私へのはたらきかけは，自分のイメージを一方的に言うこと，困ったことや心配なことを訴え，「大丈夫」と言ってもらう確認，いっしょに言葉遊びになだれこんで行く，の3パターンだった。私は「棒人間」が私を「一番ですね」とほめたことに対して，「のりちゃんが一番ですって書いてくれたんや」と，まさきに直接感謝を言わず，「棒人間」を媒介にしていることを尊重した発言をした。するとまさきは間髪を入れずに「棒人間にありがとうって言って」と言う。「ありがとう」を言われたのは「棒人間」だが，それを受けて，まさきが「どういたしまして」と返していることから，「棒人間」はまさきと切り離して考えられない分身のようなものであることがわかる。いずれにしろ，こうして会話のやりとりが成立した。もし私がこの「棒人間」に気づかなければまさきはどうしただろう。私は直後には「気がついてよかった」と素直に思っていたのだが，私と対面した後の行動を考慮すれば，まさきは何らかの方法で私と「棒人間」を対面させたのではないかと思う。まさきはやりとりを試みたかったのではないか。彼には自分と現実の「他者」（私）との間に「棒人間」を第二の自分として，可視化した形で存在させておくことが必要であった。「棒人間」と私のやりとりを俯瞰するように見ながら，また同時に，「棒人間」と自分を自由に行き来することで，やりとりの当事者として

体験もする。そして，やりとりが成立したことによって，人をほめ，感謝されるような自分を，「よき自分」として十分に味わえたのではないかと思う。

エピソード6　「自分を傷つけたい」──自己に向かう衝動性（8月18日）
・活動内容：焼きそば作り，川遊び
・場所：公民館

　たけし（養護学校小学部5年生。ダウン症と難聴の重複障碍）は活動の意欲が旺盛で，どの子どもとも関係を持とうとし，ムードメーカーとしてありがたい存在ではある。しかし，人の注意を引く行為がしつこく繰り返されることがあるので，つねに険悪という状態ではないものの，まさきはいやがっている。まさきが何かの拍子にがくっと膝から崩れることをすることは1日の活動のうち，2，3回はあることだが，とくにこの日は強く出た場面で，激しかった。

　　焼きそばを作って食べ，昼ののんびりした時間。午後の川遊びに備えて，個々に準備している。私は玄関前のロビーの長椅子のところで，川遊びに持って行こうと，ペットボトルを利用したおもちゃの仕上げをしていた。テーブルにはペットボトルに穴を開けるためのドライバーやビニールテープが置かれていた。そこにまさきが担当ボランティアとやってきたので，「これで遊ぼうね」などと言いながら，おもちゃを見せていた。
　　そこに，たけしもやって来て，いかにもいたずらっ子という風情で，まさきの身体を指でつんつんとつついたり，ぽんと頭をたたいたりして，さっと逃げ，長椅子の後ろに身を隠すというようなことを繰り返す。まさきは初め，たけしが何かする度に，苦々しい表情で「うっ，うっ」と言いながら空(くう)に向かってパンチを繰り出していた。そして，座っている椅子を後ろにさげ，テーブルにぶつからないくらいの間隔をとると，上半身の力を抜き，ガクンと立て膝になるように椅子から崩れ落ちることを何回も繰り返す。間隔をとったといっても，倒れる動作が大きくなると，時々は頭や身体の一部が椅子やテーブルにぶつかって，痛い思いもする。

私はたけしにはメッと言って怖い顔をして見せ，他のボランティアに向こうに行くよう頼んだ。まだ脱力を繰り返すまさきには，ボランティアと一緒に「危ないからやめてね」とか，「たけし君いややなあ，やめてほしいねえ」などと声をかけるしかない。まさきははじめこそ苦しそうな表情をしていたが，しだいに無表情に，どこか淡々として本当に身体全体の力を抜くようにして崩れることをした後，テーブルにあったドライバーを手にして，空につきさすような動作をする。そして，低く絞り出すような声で「自分を傷つけたい」と言う。

[考察]
　自傷的な行動はその場に居合わせた者にとってもとても不安を掻き立て，大人には止めさせたいという気持ちが強く喚起される。一応，まさきの気持ちを推し量り，「たけし君いややなあ」などと言ってみるが，まさきに届いた感じはせず，外からのはたらきかけで行為を制止することの難しさを思う。
　特徴的なことは，たけしのこのからかいの行為に，まさきはいつも受動一方であることだ。やられっぱなしで，決してたけし自身に抗議したり，やり返したりしない。また，私たちに訴えたり，助けを求めることもしない。その代わりに自分の不快感は身体全体で表現している。
　たけしは多少手話を使う。指導員たちも基本的なことは教わっているものの，活動の中身を彼に十分伝え切れていない面があり，たけしは視覚からの情報を頼りに状況を判断し，周りの人に行動を合わせていると考えられる。また，自らが動くことによって周りの状況を変化させて楽しむのも常である。いったん何をするかわかるとそれに固執することもあり，行動が切り替えにくいところがあるが，そんなときも「待って待って」と追いかけっこにしたり，競争を仕掛けられたりするとつい楽しくなって動いてしまう。そんなたけしを見ていると遊びの中のやりとりは，「やろうとするよりも前にすでにやれている」ものであることが実感される。また，たけしはおやつをみんなに配ったり，食器の配膳をしたりするなど，自分のことよりも他の人のことを気にかけ，何くれと

なく世話を焼く。関係の発達は，言語を介さない時期から，「自分がされたようにする」ことを基本に，能動と受動の二重性を遊びの中で豊かに経験する中で促される（麻生，1992）。たけしは追いかけてほしくてまさきをからかい始めたのだ。たけしはまさにそのように生活し，人との関係性を育んできたのである。たけしと比べて考えると，まさきのやりとりの成立の困難の背景にあると考えられる相互性の経験の乏しさには，受け止めることの弱さが含まれており，ここに相手との相互に主体的な関係を築くことのむずかしさが生まれる。たけしが楽しい遊びを仕掛けたつもりでも，まさきには楽しい体験にはならなかったのである。

　まさきの膝から崩れるような動作は，繰り返しているうちにしだいにたけしの行為とは関係なくなり，まさき自身がその動作に没頭しているように見えた。ワロン（Wallon, 1938/1983）は怒りという情動の高まりには「一種の自己満足がはたらいて，その情動表現を強めて，まるで，自分自身にそれを見せつけているように思われる」情動的ナルシシズムが観察されると述べる。

　ただ黙々と，苦痛を自分に引き受けているように見えるまさき。しかしそれは，周りの人々を巻き込まずにはおれない。まさきを苦しげにうめかせる情動は彼のものでありながら，周りの私たちにもまたその苦しさが伝わってくるのである。まさきの情動によって出現した表情や姿勢を通じて周囲の人々はまさきと共振する関係になり，いやだったなあ，苦しいなあという同じ意味で結びついたのである。間身体性に開かれにくかったと思われるまさきだったが，このような形で情動が内と外へ同時に作用することで，つながったと感じることもある。すぐさま問題を解決することはできなかったが，私たちがまさきの苦痛と「共にある」ことも大切なことだったのではないかと今は思う。

エピソード7　参加した「棒人間」——「私は私たち」の意識（8月24日）

・活動内容：プール，制作，体育館での運動
・場所：養護学校

　Pの活動も回を重ね，後半に入っている。毎日の「集まりの会」は白板に

図6 スケジュールにそって活動する「棒人間」

はってある今日のスケジュールを示したカードを見ながら，指導員が活動の流れを説明することから始めるので，子どもたちが来たときには，すでに白板にカードが貼られている。

　部屋に着くと白板に向かい，棒人間を描き始めるのはまさきのいつもの行動だった。ところが，この日の「棒人間」は，それまでPの活動と関係なく描かれたものとちがい，スケジュールにそって活動しているではないか（図6）。まさきは誰に知らせるでも説明するでもなく，ささあっと描くと何事もなかったかのように着席した。指導員のスケジュールの説明もこの「棒人間」も使って行われた。

　プールから部屋に戻り，みんなでおやつを食べながら一息ついていると，まさきから「ねね，のりちゃん，まるまるちびまるこちゃん，うちでいっしょに観る？」という誘いがあった。この番組の中で行われる「三文字しりとり」のゲームがまさきは大好きで，Pでも何度か行った。私が「まるこちゃんは木曜日にやってるんかな，じゃあ木曜日にまさきんちに行けばいいの？」ときくと，「ううん，いつでもいいよ。録画してるやつ（をいっしょに観る）」ということだった。

[考察]

　この「棒人間」たちは対象化された一般的なものとしての「棒人間」なのか，まさき自身も含まれた子どもたちの姿なのかはこの時点ではよくわからなかった。いずれにせよ武装をといて，泳いだり，トランポリンをしたりしている「棒人間」の姿は，Pの活動を楽しむ，このころのまさきにふさわしく見えた。

　まさきが私に「三文字しりとり」の問題を出して答えさせるということは今年のまさきの流行りだった。私が仲介して他の子どもに輪を広げて遊ぶことも

あったが，同世代の子どもたちとは，共に楽しむところまでいかなかった。まさきは問題を出して裁定するだけで，私が促しても絶対に回答者にはならず，役割交替をしなかった。

それに対してこの日の私への提案は自分の大好きな番組を私に見せ，いっしょに観ることによって，人と共に楽しい時間が過ごせるだろうというイメージをまさきは持っており，とてもスムーズな会話が成立している。このことを考え合わせると，スケジュールの中の「棒人間」は他者一般の一員として子ども集団に属し，一緒に活動している「私は私たち」としてそこに参加するまさきの自己の姿だと考えられるのである。

エピソード8　「道を作ってくれてどうもありがとう」
　　　　　——意味の共有を含む能動——受動（8月29日）

・活動内容：ハンバーガー作り，散策
・場所：A公民館

この日もまさきはスケジュールに合わせて活動する「棒人間」を描く。

ハンバーガーはそれぞれの子どもが自分とボランティア（まさき担当は和田君）の分を作ることになっている。まさきは玉ねぎのみじん切りで多少苦戦していたものの，調理はスムーズに進み，ハンバーグの種を成形して，フライパンに2つのハンバーグを入れ，焼き始めた。

> 焼きあがりを待つ間，まさきは白板に—まさきの調理台が白板のすぐ隣だった—さらさらっと何人かの「棒人間」を描く。そして，間隔をとり少し離れたところに1軒の家を描き，「この人は家を建てました」「家を建てました」と何回か繰り返し言う。私はまさきのすぐ脇におり，「ふーん，この人は家を建てたの」と相槌は打ったが，まさきの興味がハンバーグから離れているように見えたため，この行為を好ましく思えなかったことと，ハンバーグが焦げないかの心配とで，その「棒人間」と言葉への関心を表明することに二の足を踏んでいた。次にまさきは「突然道がなくなってし

図7　ハンバーガーの皿を持つ「棒人間」

まいました」と，これも何度か繰り返して言う。たしかにまさき自身が「棒人間」と家を離して描いたのだから，そこを結ぶ道はなく，このままでは「棒人間」は家にたどりつくことができない。

　私は他の子どもたちの様子を見るため，そこを離れた。その後，まさきは和田君に，丁寧な言葉使いで「道を描いてくれますか」と依頼し，自分はフライパンのところに戻る。和田君は，「えっ」と少し面喰ったようだったが，「棒人間」と家の間を曲線で結んだ。まさきは，また白板に戻り，その道を進む「棒人間」を何人か描いた。

　ハンバーグはおいしそうに焼け，付け合わせもすべて皿にのせられハンバーガー2皿ができ上がった。するとまさきは白板の家の横にもう一人大きな「棒人間」を描き，吹き出しに「道を作ってくれてどうもありがとう」と描いた。その「棒人間」は湯気のあがるできたてのハンバーガーがのったお皿を持っていたのだった（図7）。まさきができあがったお皿の一つを和田君に渡したので，私と和田君は顔を見合わせ，「まさき，そうだったんかあ」と口々に言う。まさきは特段感情を出すでもなくきまじめな顔で「うん」とうなずいた。

[考察]
　まさきが調理中に「棒人間」を描きだしたので，私はまさきの調理台は白板から遠い場所にすべきだった，環境設定を誤ったと，内心後悔していた。フラ

第5章 事例：「私は私たち」という意識はいかに育つか

イパンに向かっては絵を描き，絵を描いてはフライパンに向かうという姿は，調理に集中していないように見えるし，火や包丁を扱っているだけに，その動きが危なっかしく見えていた。活動がプログラム通りに遂行されることを求め，それに熱中する子どもを見たいと思う私だった。「棒人間」が含まれた物語の展開はこれまで見たことがなかったので，非常に興味深かったのだが，入り込むことはできない。和田君がコンロの部分をフォローしてくれていなければ，「描くのは後にしようね」と制止していたかもしれない。

「棒人間」と家を描いた時点で，ハンバーガーを使ってお礼を言う着想がまさきにはすでにあったのだろう。和田君に「道を描いてくれますか」と言ったのは「棒人間」であり，語り口が丁寧語になっている。ハンバーガーが完成したところまで見通して，それを使ってのやりとりを，自分なりに組み立てている。他者とコミュニケーションしたいと思っているまさきである。

4回生の和田君はあまりPに参加できておらず，久しぶりに担当したまさきに「こんなにしゃべるようになったのか，こんなこともできるようになったのか」とその変化に驚いたそうである。道を描くよう依頼されたとき「具体的に何かを頼まれたことは初めてだった」ので驚きながらも，「くねった方が迷路みたいでおもしろいと思い」起伏のある道を描いた。私と和田君はこの絵が完成したときに本当に驚き，なぞ解きを終えたような気持ちと心が温まるような気持ちの両方を感じたのだった。

まさきが「棒人間」と自分を行き来してストーリーを展開し，「棒人間」が人に喜ばれるような存在になっているところはエピソード5と似ている。そして，エピソード5の「感謝される」受動体験を，今度は自分が「感謝する」能動体験に替え，「されたことをする」ということが含まれている。また，ここでのまさきはたんに一人二役的な行動をしただけではない。道を描くのは和田君であり，自分（「棒人間」）が受けた行為に対し，ハンバーガーを使ってお礼を言うという，手の込んだ仕掛けを含む能動─受動が出現している。さらに，今日は和田君といっしょにハンバーガーを作って食べるという，Pの活動を共有することが予期されており，実際にできてよかったなと皆が思えるプランで

ある。自分のしていること（ハンバーガー作り）に対する間意図性，意味世界の共有という，別の角度からの意味づけが見られる。また，数年まさきと共に過ごしてきた和田君にとっては，「道を作ってくれてありがとう」の中に，ここまで育ったまさきの成長に喜びを見出すことができ，いっしょにいてくれてありがとうという意味まで持つものなのである。

　このように，エピソード5と8の私と和田君の反応はその情動を映し出し，まさきの心に蓄積していった。自分の行為を喜んでくれる人がいる。人に喜ばれ，自分もうれしい。自分が誇らしいものに映る。情動が強く表現されることはないが，その全体を通して，まさきの心には，他者との関係における自分が誇らしいものとして映り，蓄積していったのではないだろうか。思春期の子どもの自己肯定感が高まるとはこういうことではなかろうか。

エピソード9　「青い船に乗って，友だちに会いに行った」
——表出された「みんなの中の私」（8月30日）

・活動内容：プール遊び，制作，体育館での運動
・場所：養護学校

　最終日31日は，高学年のお出かけイベントのため，主なメンバーが設定の通常保育に集まるのは実質的にはこの日が最後である。子どもたちにも，大人にとっても，最後の日だという達成感やある意味解放感も感じる日である。今日のまさきの担当木村君はA大で発達障碍児の教育工学を専攻している大学院生で，Pははじめてだが，自閉症児のボランティア経験は多いと聞いている。

　この日の集まりの会でもまさきは「棒人間」がスケジュールにそって活動しているところを描いてくれる。武器を持つ「棒人間」は一人もいない。

　木村君は最初から積極的にまさきに話しかけ，まさきは人見知りもせずに応じている。集まりの会が始まり，この日もたけしがちょっかいをかける素ぶりを見せるのだが，まさきは正面から向かわずに，自分でたけしから離れたところに椅子を移動させ，知らん顔して座っている。

第5章 事例：「私は私たち」という意識はいかに育つか

プール

　プールには畳一畳大のフロートや，フラフープなどが浮かべられている。フロートを揺らしてその上に乗っている子どもたちに「地震がくる」とごっこ遊びをしたり，プールサイドから大人2人が子どもを持って，揺らして投げたり，大胆な動きを伴い，プールは大騒ぎである。子ども一人一人が盛り上がっているのが合わさって，さらに強い力になっている。普段あまり感情交流のない自閉症児のトシもプールに投げ入れてほしくて，早く早くと焦っている感じが伝わってくる。そんな中，まさきはそれらの輪には加わらず，木村君ともぐったり，軽く泳いだりしていた。木村君が他の子どもに呼ばれてプールサイドに行ってしまったので，まさきは一人になり，私がまさきの近くに行く。人差し指と中指が足である「棒人間」がフロートにいるという設定で遊びが始まった。

　まさきが「棒人間族だあ」と言いながら，フロートに人差し指と中指立てたので，私も自分の右手で「棒人間」を作り，その横に立てる。私はおもしろいことが始まったなと思いながら，まさきの指「棒人間」を指し「これはだれ？」と聞く。まさきは「ゲン（これがおそらくまさきに相当する棒人間）だよ」と応え，入れ替わりに私の指「棒人間」を指して「それは誰？」と聞く。私は以前のまさきの「棒人間」のキャラクターを思い出しながら「フラワーだよ」と応える。ゲンがフロートから水の中に落ちて，「助けてえ」と助けを求めたので，私は「ゲン大丈夫か！僕につかまれよ」と言いながらフラワーを水に飛び込ませ，ゲンを救いあげる。まさきは「ありがとう。ああ助かった」と言い，ゲンはまたフロートに腰かける。今度はフラワーが落ち，ゲンが助ける。2人はこんなやりとり遊びをしばらく繰り返す。そこに木村君が戻ってきたので，私はすっとその場を離れ，木村君にその遊びは引き継がれる。

　残り15分くらいになったとき，まさきは新しい遊びを始めた。彼と木村君は青いフロートに乗り，手でこいで，プールの端からプール中央に向かって出発した。まさきは大きな声で「おかもとトシくーん」とプール中

央にいるトシを呼ぶではないか。そして隣にいる木村君に「友だちを発見しました」と報告する。次に「もも，もも，もも，ももちゃーん」とさらに大きな声で桃に呼びかけた。呼ばれた2人のどちらからも返事はなかったが，まさきは意気揚々としたままだ。そして，ゆかさん（もう一人の指導員）に「あの子はだあれ？」と桃の隣にいた弟の名前を尋ねる。こうじ君だと確かめると「こうじくーん」と呼ぶ。こうじはちょっと照れたような表情を見せた。

終わりの会
　子どもたちは順番に，今日楽しかったプールやトランポリンのことを発表していき，最後にまさきの番になった。待ってましたという感じで「青い船に乗って，青い船に乗って，青い船に乗って…」と言い，ここで一度切り，司会をしているゆかさんに「ねえ聞いてる？」と確かめてから，力強く，「友だちに会いに行った！」と言った。ゆかさんが「友だちは誰ですか？」と尋ねると「トシ君，桃ちゃん，こうじ君です！」と，はっきりと答えた。私は，すごいことが起きたねという気持ちから，思わずゆかさんに目配せをした。ゆかさんは目を大きく見開き，驚きの表情で返した。

[考察]
　Pに集うのは顔見知りのメンバーであるが，7月に始まった当初は，ぎこちなさや緊張が私にも子どもたちにも感じられる。例年，回を重ねるに連れて，馴染んだ場所という感じになってくる。この日も盛り上がろうという雰囲気が感じ取れた。ボランティア木村君はPの参加は初めてだったが，さすがに手慣れた様子で，高校生ボランティアのようなおっかなびっくりの接し方ではなく，始めから子どもたちの中に入っていき，まさきにも積極的にアプローチする。まさきは初対面にもかかわらず，固さも見せず，むしろ楽しそうにおしゃべりをしていた。この日のプールは，個々に遊ぶというより大きな集団で遊ぶという雰囲気が早くから生まれ，あちこちで歓声が上がる。まさきは年長らしく，騒ぐことはしないが，木村君に水中前転などを披露していた。

第5章 事例:「私は私たち」という意識はいかに育つか

「棒人間」族はまさきが始めた遊びで,私はそれに合わせて指で「棒人間」を作りながら,二次元の世界の「棒人間」が質量を持って,いよいよ三次元の世界に現れたのだと感じた。2人の「棒人間」は危ないところを助け合うという設定で,闘うものではなく仲間だった。助ける―助けられる関係がスムーズに出来上がっており,役割を交替しながら2人は夢中で遊びこむことができた。

その次のフロートを船に見立てた遊びには目を見張った。「棒人間」が探検に出発したのではなくて,生身のまさきが出発したことに感慨深いものがあった。青い船に乗って漕ぎだしたまさきには,自分がキャプテンになり,他の子どもたちを見つけるという考えが設定されていたのだろう。このような大きな声で,子どもたちの名前を呼ぶことさえ初めてのことだった。桃を呼ぶときには,ある緊張が見られる。こうじの名前も知らないとは思えないが,「あの子はだあれ?」と確認している。確かめる行為を,一歩踏み出す契機にする。まさきにも子どもたちに呼びかけるという行為は,飛躍のいる,重大なことだと感じられていたのではないか。呼びかけられた方はきょとんとして返事をするわけでもなかったが,まさきの探検には支障ない。終わりの会で一番楽しかったことを発表するまさきには,大事なことを発表しますという緊迫感,昂揚感が感じられ,それを言う自分に満足している感じもした。

まさきはフロートに乗って「友だち」を見つけに行ったのだが,このとき心的にも「友だち」を発見したのだと感じられる。これまでまさきがはたらきかける「他者」は大人とボランティアに限られていた。いっしょに遊んだり,おしゃべりしたりしていてもまさきにとって,それらの人々は「友だち」ではなかった。大人には「自己」を強く押し出すように見えても,そこには受け入れられることを前提にすることによってのみ「自己」でありうるような脆弱さがあった。Pの子どもたちとまさきとのかかわりは,数年間にのぼるが,この間,まさきにはまだ同世代の「他者」に開かれる準備ができていなかった。ここでの「友だち」の発見は,相手を受け入れることの表明なのではないか。それは,彼自身にとっても心躍るような充足感を伴う体験であると感じられた。

3　総合考察

（1）　Pでのまさき（2007年まで）

　Pの場には，緩やかに方向づけられた先に楽しい活動が用意されており，体験を共有する人がいる。まさきが生き生きと毎日を過ごしてほしいという大人たちの大きな願いの下，私と和田君はそれぞれの役割を背景にして彼と出会った。和田君は物静かで，着実にまさきをわかろうとし，ついていく受動的なあり方をした。わかりやすく設定された環境と，和田君に代表されるような人の中でまさきは，他者にかかわるというよりは包まれるような状態でそこにあった。何の制約もなく，自分が丸ごと認められる居心地のよい場で，まさきの自己性は大人に対しては早い時期から発揮され，「私は私」の自己意識と共に充実してきたと考えられる。この保護された状態を抜け，子どもどうしの世界に参入しようとした途端，自分のすべてが認められるわけではないという事態に出会う。自他の異同の意識はあるが，まだ他者の思いに自分も合わせていこうという方向には受け止めることができず，自己防衛的になっていた。

（2）　**まさきの関係発達**

　2007年の夏を迎えて，まさきの人を避けるような姿は「私は私」が確立し，大人の支えを必要としない自立のときを迎えているように大人たちには見えていた。私はそのようなまさきに役割を与えることで，他者を思いやるような「私は私たち」の面をより引き出せるものと思っていたのだ。しかし，行動の自立と，自己感の発達は一致していなかった。

　そこで私は，エピソード3のように彼の関心事にのる形でかかわったところ，身体に根ざした原初的な共振による，融合したような楽しさが生まれた。このことをきっかけに，まさきの私への関心はぐんと高まり，楽しさを共有しようという行為が保育のたびにあり，2人の関係は深まった。

　まさきが私や和田君と始めた「棒人間」を使ったやりとりは，まったく自発

的なものであった。まさきと過ごした時間の中で，結果的に受け止めてくれる特定の人としてまさきに選ばれたと言うべきであろう。まさきはほめたり，感謝したりする人との肯定的な関係を作るという計画を持って「棒人間」を見える形で置き，やりとりをさせることで「現実の他者」とつながり，一方で，内なる「もう一人の自分」を見ようとした。ここに自己に向き合い，内的な対話を行う端緒があった。このやりとりはまさきの計画通りに遂行されたわけだが，自分に向けられたまさきの行為を，私や和田君は，まさきが直接的に表す感謝などの意味以上のものとして，すなわち，主体としてのまさきが作り出そうとした共感の場ととらえ，そのことがうれしいという気持ちをまさきに映し返すこととなった。まさきは他者のうれしいという気持ちを感じ取り，私たちを主体として受け止めるということを繰り返した。それはまさきにとっては自分が認められる経験の積み重ねとなった。

　内的な対話と他者とのかかわりの循環の過程で，人をほめたり礼を言ったりする，社会生活にふさわしい対人関係のルールは，一方的に誰かから与えられ，押しつけられたものではなく，まさきが自分を発見したり，納得したりしながら進める喜びや自由の感覚に満ちたルールとなった。こうして「もう一人の自分」が実在の他者へかかわる際の媒介になることで，また新たな関係性の充実につながったと考えられる。まさきの「もう一人の自分」に生命を吹き込んだのは，相互に受け止め合う関係性であり，ルールはまさき自らが獲得していったものなのである。

　エピソード6で述べたように，私は，ときにまさきの様子につらさを感じ，立ち往生することもあった。Pの人たちと体験を分かち合い，私もまた内的な対話を繰り返しながら，自分のあり方を振り返り，まさきを主体として見守るという構えをくずさずに，彼の変容を信じるということが今のところの到達点である。

　こうして最終日のプールの場を迎える。まさきにとって「友だち」とは，通常大人たちが思い描いているような悩みを打ち明け合ったり，助け合ったりする存在ではないだろう。「友だち」の発見は，大人より近く，親和性を抱いた

他者を「友だち」と呼んで声をかけたいような気分だったというところが一番ふさわしい表現のような気がする。しかし，受け止められることを当て込んでいる大人やボランティアとはちがい，わからなさを持つ存在である子どもたちを「友だち」と呼び，かかわろうとしたその姿勢こそが尊いものなのである。これまでの大人との関係で培われた「私は私」という自己意識の充実，自信を源泉に，「私は私」であるが，「私は私たち」なのだという二重化された自己意識の萌芽が見られ，より広い他者と社会に対する志向性に開かれた。「友だち」の発見は，大人の願いとまさきの願いが一致した瞬間であった。

　自己意識の形成についてはまだ，議論をつくしていないことがある。「私は私」が受け止められる大人との関係は相当前からできあがっていたのに，それがなかなか「友だち」への「私は私たち」に広がっていかなかったのはなぜなのか。自閉症のある子どもの自己意識・他者意識の発達は定型発達のそれとどのような違いがあるのか。さらに，まさきの「棒人間」は自己意識の形成にいかなる役割を果たしたのか。それらのことについては他の事例と併せて，自閉症のある子どもの自己感の形成として第7章で考えていくことにする。その中でこのような議論は，「育てる者」の視点からでのみ可能であることも浮かび上がってくるだろう。

　「友だち」と呼ばれた子どもたちとまさきは，一見何のかかわりも持っていないかのように見える数年の年月をPで過ごしてきた。それは彼らにとって必要な積み重ねの時間であったのだろう。Pには共に子どもを育んでいこうとする姿勢を同じくして母親たちが集い，「障碍への対応」ではない，子どもの育ちに寄り添い，成長を喜びあう人々の心情があった。最後に，それをつねに用意してきた母親たちの努力があったことを敬意と共に記しておきたい。

第6章

事例：自己肯定感の形成
—— 「軽度」と呼ばれる子ども（きりた・恵さん）——

1　はじめに

　2006年の障害者基本法の全面施行に伴い，療育手帳を取っている障碍のある子どもは児童デイサービスに通うことが一般的になり，親が自発的にPのようなグループを運営しなくても障碍のある子どもの居場所はなんとかあるという状態になった。それも関連して，Pのメンバーの子どもたちの障碍の程度はだんだん軽症化していっている。2009年，Pには新しい参加メンバーを一度に5人迎えた。いずれも小学校1，2年生で，うち3人が広汎性発達障碍の疑いのある子どもで，おしゃべりを活発にし，一見しただけでは，どこに障碍があるのかわからないタイプの子どもだった。
　就学前の発達相談に出向くと，集団に入ると目立つ，いわゆる「気になる子ども」の相談が目白押しである。このような，広汎性発達障碍が疑われるものの，定型発達の子どもと変わらないように見える「軽度」と呼ばれる子どもの姿について描きたい，描かなければいけないという思いはずっと抱いていた。このきりたの事例は，桃，まさきの事例とは異なり，ひと夏で劇的な変化が見られたわけではない。きりたはそもそも参加日数も少なかったため，養育者も子どもも，どこが困っているのかつかみにくく，「これ」と描ける変化が乏しいと感じたのも本音である。そこで，私がきりたとかかわった3年間を通して描き，なんらかのまとまりをもったものとして提示したく思う。
　「軽度発達障碍」という言葉の広がりは，文科省が特別支援教育の方向性を

打ち出したことや，発達障害者支援法が施行されたことと時期を同じくしている（田中，2008）。主に高機能自閉症やアスペルガー症候群など，知的発達の遅れを伴わず，かつ，自閉症の特徴のうち言葉の発達の遅れを伴わない子どもをさすと考えられるが，広汎性発達障碍と診断名がつくかつかないかの状態で，「ボーダー」などと呼ばれ，なんとなく集団の中で居心地の悪そうな子どもも含まれているようだった。その意味する範囲が必ずしも明確ではないこと等の理由から「軽度発達障害」の表記は，原則として使用しないとされたが，ここではあえて「軽度」という語を使う。ここで使いたい「軽度」とは，その体験世界が定型発達者のそれと地続きに，想像しやすい，あるいは想像できると思えてしまうという意味である。

　知的に遅れのない広汎性発達障碍を持つ子どもとのかかわりにおいては，自己肯定感─自分という存在や自分のすることに対する信頼感─を高めるということに力点が置かれている。この事例で取り上げるきりたは，私が出会った小学校1年生のときには，自分にかかわってくる他者に攻撃的な姿勢を見せる子どもであった。私は当初，きりたは失敗体験や友だち間のトラブルなど，自分を否定的に映し返しされる体験を多く味わってきたため，自己肯定感を保つために，自分を大きく見せようとしたり，相手を攻撃したりしているのではないかと考えていた。

　きりたの母親の恵さんは，きりたのすることを許容して献身的に尽くしているようだったので，なかなかきりたの負の行動を伝えることができなかった。3年間，一緒にPをやってきて，きりたによい方向への変化の兆しが見えたので私はやっと，これまでの様子を伝えることも含めて対話をする決心がついた。詳細は事例の中で示すが，実際のきりたは，劣等感を持たないようにと周到に配慮された生育環境で育てられており，何かを強制されることはないようで，失敗を経験することにはまだ出会っていなかったことと，きりたが他者に対して攻撃的な様相を見せるのは，Pと，Pとほぼ同じメンバーで構成されている運動クラブにいるときに限られていたことが，対話によってはじめてわかった。

　そこで，きりたの3年間を振り返り，自己肯定感の形成を，幼児期の養育者

への心理的依存から脱却して，自分が大切にされたように他者一般を受け止めていこうとする心の育ちの課題としてとらえ直した。きりたにとって私（筆者）およびPの人たちがどのような者として現れ，他者関係がいかに変化していったかを考察する。そして，自分の価値を評価し，自分を大切にしようと思う気持ちがどのように生まれたか，その自己感の中身を描き出すことにする。

きりたの母親，恵さんとの対話は，3年間のPの活動の後，研究の主旨を伝えて快諾された。2011年9月16，22日に実施（於私宅，各2時間程度）し，ボイスレコーダーに録音した。

2　事　例

（1）研究協力者
きりた

地域の公立小学校個別学級3年生。家族構成は両親ときりたの核家族。

1歳8カ月健診で言葉の遅れと過度な人見知りを指摘され，2歳から療育事業A園に通所。4，5歳時は地域の保育所に通う。就学時に両親の積極的な医療受診で広汎性発達障碍と診断されているが，そのことを両親が知ったのは，2011年の9月（3年生時）である。外見は"活発な男の子"という印象。

恵さん

近隣にある実家の自営業を手伝っているが，働き方は自由度が高く，子どもの生活に合わせた動き方をしている。清楚な感じの方で，子どもに献身的である。子どもを否定したり，強い口調で制したりする姿を見たことがない。グループ内では積極的にメンバーをリードするタイプではないが，担当の役割は誠実にこなす。私とは世代もちがい，今回の対話を行うまで，私は彼女のことを詳しくは承知していなかった。

努

きりたより1歳年上のPの参加メンバー。広汎性発達障碍の疑いがある。A園で1年間一緒に過ごしたためか，何かにつけきりたが頼りにし，よく行動を

共にしようとする子どもである。

（2）　小学校１年生（2009年）時のエピソード
　では，３年間のPでのエピソードを提示する。
　恵さんは，ひろみさん（第３章の研究協力者），薫さん（第４章の研究協力者）が主催しているTEACCHの勉強会に参加していたことからPを知り，きりたは小学校１年生（2009年）の夏からPに参加することになった。

エピソード１　大騒ぎの初回──定まらない自分の意図（８月10日）
・活動内容：木工（写真立てを作る），クッキング（たこ焼き），運動遊び
・場所：支援学校
　毎年，小・中学生の夏休みは７月20日過ぎから始まるが，高校や大学は授業が続いているためボランティアが集まりにくい。そこで，７月終盤の２，３日は，保護者同伴の親子保育としている。きりたは７月に３回，親子保育を経験して，通常の形の学童保育としてはこの日がはじめての参加であった。私は都合で親子保育には参加できなかったので，彼のサポートブックを見ただけで，この日はじめてきりたに会った。

　　集まりの会が行われる視聴覚室に子どもたちがそろい始めると，室内は騒然とした雰囲気になってきた。小学生の３人は，お兄さんボランティアの背中に乗ったり，キックをしたりなど戦いごっこのようなことをするかと思うと，走り回る，ピアノの上に上るなど，激しく動いていた。誰の動きが発端かわからないが，一人が走り出すと他の子どもも後について動きだすような感じである。きりたにとって努は，この場で唯一見知っている子どもである。その努にも，軽く叩いたり，蹴ったりしているうちにそれがどんどんエスカレートして，止まらなくなるといったことも見られた。ボランティアのお兄さんたちに対しても同様のかかわり方をし，きりたの笑っていた顔はだんだん真剣みをおび，興奮した表情になっていく。私は

きりたとは向き合ってきちんとあいさつすることもできなかった。

　大人たちで子どもたちみんなを取り囲むようにして，なんとか子ども全員が椅子に座り，集まりの会が始まった。にぎやかだった子どもたちは，一人ずつ名前を呼ばれると，一転，もじもじして誰もはっきり返事をしなかった。

制作
　今年の制作の中心となるプログラムは木工である。保育期間の前半は写真立てをつくることになっている。木工室に移動し，ボランティアと席に着くと，きりたは意外に落ち着いており，じっと席に座っている。私のことを何の迷いもなく「先生，先生」と呼び，父親がすごいプラモデルを持っている，父のコレクションにあるようなエヴァンゲリオンを作りたいということを言い，この活動に意欲的に見える。しかし，彼の木工制作の力量を考えると，そのようなむずかしいものはできない。私は，きりたがイメージする作品ができずにやる気をなくさないか，内心ドキドキしながら，慎重に進めなければと思った。きりたははじめこそ，用意された木くずの中から，エヴァンゲリオン制作の材料になるものを探していたが，拍子抜けするほどあっさりとそれをあきらめ，既成の写真立ての枠組みを作り始めた。

[考察]
　昨年までのPは，仲間とかかわりを持つこと自体を避ける子どもが多く，ボランティアと2人で行動するため，全体はひっそりしている雰囲気だった。それで，この日子どもが集まったときの大騒ぎに，私はいささか面喰った。きりたの行動は，じっとしていられない，走り回る，高い所に登るなどの多動，順番を待てない，大声を出すなどの衝動性など，ADHDの「行動特徴」と見えることが盛りだくさんだった。そして一般的に言われる「テンションが高くなる」という状態が腑に落ちた気がした。それは子ども間で波状のように広がるし，一人一人の子どもの中でも強まる様子が見て取れた。そしてどの子どもも

フォーマルな場で自分を押し出すことにはめっきり弱い。名前を呼ばれて、素直に答えることをしなかった。

きりたは何かを作ることは好きだと聞いていた。制作の木工室では様子は一転、多動の姿はなかった。ただし、大きな希望はいろいろあるのだけれど、自分がどうすればそれを実現できるか、じっくり考えることができにくく、自分の力量や作りたい物の難易度などの現実検討ができていないように見えた。

Pではできるだけ子どもの動きを力ずくで制止することはしない。走り回ることさえある程度は許容している。日常生活の中で子どもたちは、たいてい制止させられているので、しっかり身体を動かし、活動のエネルギーを発散させることは、行動のめりはりをつける上でも重要だと考えている。よく観ると、きりたは一人で動き回っているのではない。誰か他の子どもが始めたことに同調しているのだ。そこには他の子どもたちとかかわりたい気持ちが感じられるし、それを楽しんでいるような表情も出る。「テンションが上がる」と見えることも、自分一人で勝手に登りつめていくものではなく、誰かがそこにいることによって初めて起きる。一見、自由で能動的に自己を主張しているように見えて、誰かの起こすムーブメントに乗ることでのみ、自分も動くことができるのではないかと思われた。

そして、木工のときの姿からは、先生としての私（筆者）と、教えてもらう自分という構図に自らをはめ込んだ方がその立場や距離感が明確になり、落ち着いていられるのではないかと考えられる。

エピソード2 「お前が悪いんじゃよう」
──かかわられることに対する拒絶（8月12日）

・活動内容：プール遊び
・場所：市民プール

公営の市民プールは、流れるプール、カエル型のすべり台がある小児用のプール、競技用の大プールからなっている。

この日も「努くん努くん」と呼びかけながら，努の後をついて回り，流れるプールに流され，漂うことと，小プールのすべり台を滑り降りることを繰り返す。2つのプールをあわただしく行ったり，来たりする。先導しているのはつねに努で，きりたは笑顔で後を追いかけて行く。午後からきりたは大プールに行きたくなり，努を誘ったが，努は深いところに行くのは怖かったのか，同意しなかった。あきらめるのかなあと思っていると，ボランティアに励まされ，大プールに行くことができた。

活動終了の時間になり，男の子たちは着替えを終えて私たちのグループが陣取っているプールの片隅に集まってきた。私はきりたがTシャツを前後ろ反対に着ているのに気づき，「きりたくん，シャツが反対になってるよ」と，軽く着替えるように促した。その瞬間，きりたはキーっという表情になり，着替えるどころか「お前が悪いんじゃよう」と毒づく。豹変したその姿に私は立ち往生してしまった。

[**考察**]
　私がこれまでPでかかわってきた子どもたちは，同世代の子どもとはなかなかかかわろうとしなくても，信頼関係と呼べるようなものがあるかどうかはわからないが，ボランティアとは早い段階から一緒にいようとすることが常だった。きりたはボランティアよりも，同世代の友だちと一緒にいようとする。そして，ボランティアや大人とかかわるときよりも，子ども同士（主に努）の関係のときの方がへりくだったような様子を見せる。努をよりどころとし，追従というやり方で，合わせているようだった。自分の思いを通せない弱さのようなものが気にかかっていた。それで，大プールに行くことを努が了解しなかったとき，私はきっときりたは行かないだろうなと思った。しかし，午後の最後の最後で自分の思いを通して，大プールに行けた。

　シャツが前後ろ反対であることは，本人にとっても，私にとってもさして重要なことではないかもしれない。私は「あの子はシャツを前後ろに着ている」と見られないように，社会的存在としてのきりたを気遣った。また，恵さんが

迎えにきたときに，よくみてもらっていないと思われるのではないかという気持ちから，着替えることをうながしたのだった。このときの瞬時の表情と感情の変化には，大人の私にとってさえも迫力があり，絶句してしまった。このような何気ないことにも自分の存在が否定されるかのようにきりたには受け取られるのだろうか？この他者が侵入的に受け取られる様子は，きりたが自己をしっかり肯定できていないゆえと感じられる。定型発達では，自己に対する信頼を基礎に他者を受け入れようとすること，自他を尊重する相互に主体的な関係に入る用意は2歳ころまでに整うと考えられるが，その部分に未熟さがあると考えられる。大人である私は，きりたのそのような行為にも何とか耐えることもできるが，子どもどうしではそうはいかないだろうと，現実の生活上の対人関係のむずかしさを思った。

エピソード3　攻撃性と甘え——対人関係の不安定さ（8月31日）

・活動内容：デイキャンプ（スーパーで買い物，川遊び，昼食に焼きそばを作る）

・場所：川

　最終日は，川でのデイキャンプである。この川は，広い所で幅は10メートル，子どもの腰までの水量があるたまりや，緩やかに流れている箇所もあり，地形的にもおもしろい。魚影が濃く，釣ることも，網で採ることもでき，参加する子どもたちはとても楽しみにしていた。

　午前10時に川の近くにあるスーパーに集合。昼食の焼きそばの食材の買い出しをしてから向かうことになっている。

スーパーの買い物

　参加者がスーパーの入り口に集まった。子どもたちは私が買い物の説明をする間もなく，ボランティアを振り返ることもせず，文字どおり，くもの子を散らすように店内を走り回る状態になってしまった。仕方がないので私はゆっくりカートを進めながら，材料のありかを確かめて回った。そ

れでもしばらくすると，何人かの子どもはキャベツ，豚肉など必要なものを手に持って，次第に私のところに集まってきた。きりたは何が必要か考えている様子はなく，ただ，にこにこして店内を走っていた。何があったのかわからないのだがふと気がつくと，きりたは努の頭をたたいている。執拗にかなり強くたたいている。支払いが終わり，駐車場に向かう出口に来ても，それはまだ断続的に続いていた。努は「うーう」と口を結び，涙ぐんでいるのだが，自分では「やめて」とも言わないし，やり返さない。出口で待っていた母親を見つけると，その手を持って「やり返して」というように弱く，きりたをたたく動作をする。私が2人を引き離し，別々の車に乗り込ませてやっとそれは収まった。恵さんは車で待っていたので，その現場は見ていなかった。

川

　川に到着すると，きりたはさっきのことはまるで何もなかったかのようにいつもの調子で，「努くん努くん」と呼んで一緒に行動しようとする。努は持参した網で小さい魚を捕り始めた。きりたも魚を捕りたくてその網を貸してほしいのだけれど，自分では言えない。私が「努，きりたくんに貸してあげてくれないかな」と頼んでも「いやあ」と断固として貸してくれない。きりたはしかたないというような表情を浮かべ，その場を去った。

　道具がなく魚を捕ることをあきらめて，きりたははじめて女子高校生のボランティアに目が向いたようだった。自分がかぶっていた帽子をボランティアに投げて，「投げろよ」と，自分に返すように要求し，ボランティアがその通りにすると，今度は方向のちがう水たまりに投げて，「ちゃんととれよ」とイライラした気分を帯びた言葉をぶつけた。ボランティアは，そうしなければいけないとも思っていただろうが，彼の要求ににこにこして，100％応えてあげていたが，見ていた私の方が，その様子にこれでいいのかなという思いを持った。きりたの言うとおりにしてあげているにもかかわらず，彼は相変わらず不機嫌そうにしていた。その後，きりたはふ

ざけている感じを意識してつくりながら，ときどきボランティアの胸をさわろうとしていた。

　焼きそばを食べているとき，きりたはややしんみりと「お父さんきらいや」ということを唐突に言い出した。「おもちゃを全部捨てた」など，その理由を断片的に話すのだった。

　帰る時間になり，河原から駐車場まで荷物を分担して持つ。迎えに来た恵さんに「持って」と自分の荷物を渡し，自分は何も持たずに帰って行った。恵さんはきりたをとがめることもなく，両手に荷物を持ってきりたについていった。

[考察]
　買い物時は私の誤算があった。前年までは，子どもたちと事前の話し合いを行い，買うもののカードを持ってボランティアが離れずついて，物品の場所まで行っていたのだが，この年のメンバーは買い物をするということが理解できる子どもと思い，取り立ててその手立てをしていなかった。1台のカートの周りに子どもたちが集い，売り場を回りながら必要なものをかごに入れて行く，というイメージで店内に入ったのだが，まったくそのようにはならなかった。子どもたちには楽しみにしていたキャンプの始まりに，高揚した気持ちもあったと思われる。

　何が契機かわからないのだが，気がつくとすでにきりたは努の頭をたたいていた。努をあれほどたたいたのに，その後の遊びでは，たたいたことを反省するでもなく，謝るでもなく何ごともなかったかのように，努くん努くんと言って慕い，行動を共にしようとする。通常では考えられないような人との接し方である。努にどのように許されると思っているのだろうか，または，そういうことは考えていないのだろうかと疑問が残った。

　道具がなく魚を捕ることができなくなって，きりたははじめて女子高校生のボランティアに目が向いたようだった。大人に向けられる無理難題は，自分がどこまで受け入れられるのか試すような行為のようにも見える。また胸を触ろ

うとすることに，性的な感じはせず，保育園児にときどき見られる，甘えのように見えた。このように，気弱な表情を浮かべるところと，高飛車なところが，かわるがわる見られるのだった。このときは，荷物を両手に抱えて坂を上る恵さんに，家ではどんな様子なのだろうと思った。

この年のまとめ
① 「とげとげしい」印象のときと，落ち着いて作業するときの両義的な姿
　何より強く印象づけられたのは，人にたいして乱暴に振る舞い，雑言を発するときの険しい姿である。そこまで全身全霊をかけないでもよかろうと，見ている者に思わせるほどである。そして，「テンションがあがる」と呼んだ，感情がエスカレートすることは，ただ自動的にわきあがるのではなく，人との何らかの関係を持とうとする接面に表れることは確かであった。だから，それが障碍の"特性"であったとしても，きりたの「個」にあるものではなく，人とのかかわりから考えなければならないということだけはわかった。
　その反面，することが限定されている落ち着いた空間では，きりたも落ち着き，スムーズに活動するのであった。

② きりたの自己感
　これまでPでかかわった自閉症のある子どもは，いずれも，人とのかかわりを回避するような姿から，しだいに，大人（私やボランティア）との二者関係を密なものにし，その安心感を基に友だちの世界へ開かれるという構図があてはまった。ボランティアや私を「活用」し，自分への信頼をもとに自己を充実させてから友だちの世界に開かれていくと考えていた。ところが，きりたにはこの図式が当てはまらないのである。
　きりたは一人で行動したがっていることはない。人を求める気持ちははじめから強く見られ，それは努に同調し，追従するという形が多かった。努との身体を使っての遊びは快の身体感覚となってきりたに残る。努はそれをまた実現してくれる人なのである。意図を持った活動の主体としての自己の根幹がいまだ不安定なのではと感じられた。当然，他者を受け止めることに弱さがある。

その姿は，人を求めながらも，自らその関係を壊してしまうように周囲の人たちには見えてしまっていた。
③この子どもを好きになれるだろうかという私の思い
　エピソードや考察の文面に私のきりたに対する肯定的ではない感情が表れていると思う。人との接面で見せるきりたのいら立つようすの根源には何があるのだろうと，日常生活での傷つき体験，父親との関係，障碍の特性といろいろな可能性をあげてわかろうとした。しかし，大きく前面に出たのは，一触即発を恐れるような気持ち，はたして，この子どもを受け止められるだろうかという，今までどの子どもにも感じたことのなかった自分の危機だったように思われる。そして，それを映し出すように，恵さんがきりたの要求をすべて聞き入れるしかないような状態が続いているのではないかと危惧していたのである。

（3）　**小学校2年生（2010年）時のエピソード**
　この年きりたは，「家庭の都合」という理由で，合わせて4日しかPに参加しなかった。私は，本当はきりたが子どもどうしのかかわりの際，何らかのトラブルを起こしてしまうことを恐れて，恵さんが参加を遠慮しているのではないかと少し考えていた（まったく杞憂であったことは，後の対話でわかる）。これは，1年目のきりたに対する私の思いと，恵さんがたいへんなのではと思っていたことと関連している。

エピソード4　「誰のお母さん？」――「のりちゃん」を意識する（7月30日）
・活動内容：親子保育，プール遊び
・場所：支援学校
　子ども（いずれも小学校低学年）4人と，一緒に入水した保護者は1人だった。親子保育は学生のボランティアがいないので，自然と私が子どもたちを一手に引き受けることになり，遊ぶ時間は長かった。
　　プールでは，すぐに子ども対私の戦いごっこのような形になり，きりた

からも数えきれないくらいのキック，パンチを浴びた。子どもたち対私の戦いだ，という遊びの設定が決まっているからか，ごっこ遊びの中のキックであり，パンチであって，今日のそれは，"テンションが上がって"止められなくなる種類のものではなかった。そのようにして思いっきりはしゃいで終了の時間になり，プールから上がるとき，きりたは私に真顔で「誰のお母さん？」と，尋ねた。

[考察]
　普段私は何の疑問を持つこともなく，特定の子どもを担当せず，全体の進行を取り仕切る大人「のりちゃん」として振る舞っている。この存在の理解は子どもによって様々で，自閉の重い子どもにとっては，Pにいつもそこにあるシンボルのように機能しているのではないかと思う。この何年か保護者と子どもたちが私をそうみなしてくれてそうなっていった。考え直してみると，子どもにとっては直接遊んでくれるボランティアとは異なり，何をするのかわかりにくい存在である。きりたが私を特定の誰かとして認識していなかったことに，昨年，一緒に過ごしたではないかとも思ったが，やはりわかっていなかったのかという思いが強かった。きりたが能動的に私に関心を示したはじめての場面だった。きりたの中で明確に意識された特定の誰かであり，誰だろうと疑問に思い，自分も友だちもそれぞれお母さんと来ていて，そこから類推して「誰のお母さん？」に至ったことは昨年とのちがいだった。何がそれをもたらしたのだろうか。そこには身体感覚の役割があるのではないだろうか。戦いごっこで存分に遊び込んだ。ただ，侵入的にある他者とは異なり，快の情動が付随された他者は身体に刻み込まれ，そこではじめて，主体としての他者となれた。役割として既知の「先生」でもなく，同世代の子どもでもない。ここに誰だろうと考える能動的な動機が生まれたのではないか。

エピソード5　「ゆっくり材料をそろえてやろう」──進んだ現実検討（8月4日）
・活動内容：プール遊び，制作（手芸遊び），運動遊び

・場所：支援学校

　この日もプールの最後は，また私にパンチを浴びせ，髪をひっぱった。じゃれた感じではなく，きつい表情だった。

　この年の制作は手芸遊びである。モヘアの繊維をからませて球を作るというおもちゃを用意した。私も子どもたちと一緒にするのははじめての経験で，はたして興味を持ってくれるのか，多少心配があった。

　制作

　きりたはプールのときの乱暴な様子とは打って変わって，落ち着いた感じで，きちんと椅子に腰かけている。これから3回に分けて一つの作品を仕上げたいというこちら側の意図にそって，何を作るか決めていった。きりたは昨年のように，突飛なものをあれこれ挙げることはなく，見本作品の写真の中から，「くまちゃんが好きやし，これがいい」といって，青いくまを指さした。私が道具を箱から出し，材料を整えていると，「ちゃんと説明書を読んで，ゆっくり材料をそろえてやろう」と私に忠告してくれた。私はその言葉通り，キットの中身を確かめながら，材料をそろえた。球のパーツを作り，それを組み合わせて1個のぬいぐるみをつくるというプロセスをよくわかって取り組むことができ，5個の球ができた。

[考察]

　手芸セットの袋の中には様々な材料が入っており，作りたい物によって必要な材料も変わる。パーツを何回かに分けて作ってから，それを組み合わせるという手順を踏んで，継続して取り組まなければ一つの物として整った作品にはならない。昨年もきりたは，制作時はいつも落ち着いて取り組めたのに，始める前の私は，見通しが持てずにイライラしないだろうかと心配していた。巡回相談などで，あわただしく動き，持続力のない子どもたちを見てきて，知らず知らずのうちに，そのような考えが頭の中に浮かんできてしまったのだろう。何を作るか決めるときも，くまちゃんが好きという理由もつけ，現実検討がずいぶん進んだものだと感心した。きりたの助言はまったくその通りで，それも，

材料をそろえることを人任せにするというより，きりた自身にも言い聞かせているような語調だった。父親とプラモデルを作ることを好んでしているので，日ごろ言われ慣れている言葉だったのかもしれないが，少々緊張していた私の雰囲気をくんでくれたのか，必要で，適切な助言であった。

エピソード6　「おまえなんか好きになると思うなよ」──（8月6日）
・活動内容：プール遊び，制作（手芸遊び），運動遊び
・場所：支援学校

<u>プール</u>

　始めは持参した水鉄砲を離さず，ときには両手に一つずつ持って，誰かれかまわず水を浴びせて，人と攻撃的にかかわろうとした。しかし，この日のきりたは，しばらくすると，「見て見て」と言って，私に飛び込みや水中回転，クロールなどを見せてくれた。また，「あそこまで何秒で行けるか」と，自分で課題を設定して，プールの壁まで泳ぐのをボランティアに「1，2〜」と計ってもらうこともしていた。鼻に水が入るのが嫌で，つねに右手で鼻をつまんでいるので，左手だけを回すこととなるのだが，構わず取り組んでいた。この遊びの間，何度もプールから上がり，「おしっこ」と言ってプールサイドを駆け，「やっぱりない」と言って飛び込むということを繰り返していた。

　休憩時も完全にプールから上がることはせず，ずーっとあわただしく，つかったり，出たり，プールサイドを走ったりしている。休憩が終わり，皆が入水してから，すぐにまた，「おしっこ」と言いながら上がってきて，私の前に来た。「やっぱりない」と言って去ろうとしたので，私はすばやくきりたの腕をつかんだ。休憩もしていなかったので，このあたりでトイレに行っておいた方がよいという思いが，とっさにそうさせた。思わず力が入った。つかんだ瞬間に，きりたは目をつりあげる怖い顔になり，全身に力がこもった。少し，もみ合いのようになった末，私の手を振りほどい

て逃げた。

　その後，きりたはプールを少し早く切り上げ，一番に視聴覚室にもどっていた。私が追いついて2人きりになったとき，精一杯，悪いやつになりましたという顔で，「おまえなんか好きになると思うなよ」と，口汚く言った。

終わりの会
　みんなが白板の前に揃い始めた。私が部屋の端で床に正座して全体を見ていると，きりたは私の背中から肩によじ登り，髪をひっぱったり，頭の上から乗りかかったりしてきた。これはじゃれる感じで，私はされるがままになりながら，何らかのきりたの親愛の情の表現のように感じられたのだった。

[考察]
　後から気がついたのだが，この日は努がいなかった。このことはきりたの行動に何らかの意味を持つだろう。他の子どもたちは年かさで，静かに自分の遊びに没頭する方が好きな子どもばかりだった。思いを託す努がおらず，きりたは一人で立たなければならなかった。それでも努がいないならいないように，あわただしい動きではあったが，前半は自分ですることを考えだし，ボランティアともかかわりがあった。「おしっこ」と，プールを出たり入ったりする行為は，心的に依存できる努がいないため，一人である緊張を少しでもやわらげるための無自覚な行為だったのではないだろうか。
　上述の考察は後からしたものである。そのときの私は一昨日の制作で，一緒にできたなあというあたたかい気持ちを持てたと思ったのに，プールでの何かに突き動かされるように動き回るあわただしい様子に，落胆する気持ちがあった。そして，トイレをめぐるもみ合いである。きりたの絶え間なく動く姿をずっと見ていて，彼の腕をつかんだその一瞬に，彼にたんにじっとしてほしいという一線を越えて，彼を支配したい思いが去来したのだと思う。カッとなって，こちらも力で対応してしまった。私の力に思いっきり反発してきた彼の身

体の力に私は自分の心の動きを認識し，しまったと思った。と，同時に身体と身体ががっぷり組んだ生の感じをはじめて味わったような気がした。

　きりたは「おまえなんか好きになると思うなよ」という言葉が相手にとってダメージになることがわかっている。裏返せば，好きになってもらうことには価値があることがわかっている。「好きになると思うなよ」，に好きになってほしい素朴な子どもの気持ちを感じ，かわいらしく思えた。このときこの言葉は，特定の私に向けた気持ちではなく，きりたの日常の願いなのだろうと思った。そして，友だち関係がうまくいっていないなど，こんな言葉がとっさに出てくるような状況が学校などであるのだろうかということも気になったのだった。

エピソード7　「これ，おれがつかまえた」
　　　　　　──したいことが実現できた喜び（8月31日）

・活動内容：デイキャンプ（スーパーで買い物，川遊び，昼食に焼きそばを作る）
・場所：川

買い物

　スーパーの買い物時，昨年の反省を踏まえ，まずスーパーの入り口で，きちんと集まりの会をした。そして，あなたは麺，あなたはキャベツというふうに一人一人買う物を分担した。子どもたちはボランティアとペアになって目的の売り場に繰り出した。私が中学生とカートをゆっくり進めて行くと，自然にその周りに食材を持った子どもたちが集まってきた。

川

　今年は，きりたも魚とり網も，バケツも用意している。まず，魚を捕ることに熱中した。遊び込めている様子を見ることは私にとっても本当にうれしいものであった。ときには昨年と同じように「バケツ取ってきて」とか，「これ見といて（獲物が入ったバケツの番をする）」などと，ボランティアに指図することもあったのだが，今年の担当ボランティアはその人

のやり方なのか,「お姉ちゃん行く気ないよ」と動かず,きりたの思い通りにならなかった。今年のきりたはそれならそれで意に介するふうでもなく,機嫌よく,こつこつと思い通りに遊んでいた。午後からは,みんなと上流に行き,川のすべり台のようになっているところを努たちと何度もすべる。

帰るときも捕まえた魚を入れたバケツを自分で持ち,「これ,おれがつかまえた,おれがつかまえた」と何度もうれしそうに言った。

[考察]
子どもたち一人一人の成長,経験の積み重ね,事前の準備がかみ合ったのだろう,買い物はいたって順調に進んだ。

この年の川での遊びのきりたは,所在無げにするところがなく,努を後追いするでもなく,したいことが明確で,そのつどのめり込んで充実した活動になった。楽しく遊び込めている自己を存分に味わっている姿は,私にもうれしく感じられた。たまたまこの日のきりたのボランティアは献身的に子どもの言うことをかなえるタイプの人でなかった。それでもきりたはイライラすることもなく,遊びを続けた。本当にしたいことが,自らの力で実現できているので,他者を試したり,操作したりする必要がなかったのだろう。

この年のまとめ
①努がいない日と遊びこむ体験
当時は,自分に充実感を感じることで,日常の自己肯定感の傷つきの体験を払拭しているのではないかと思っていたが,3年間を総合してみるに,自己の発達の遅れから,相手の思いを受け取れない自己中心的な部分が大きかったのではないかと思われる。

意図が明確になり,行動にまとまりが生まれる。努のいない日も経験した。自分の振る舞いに満足するという意味で自己にたいする信頼が生まれ始めた。
②私の気持ちの変化

きりたの中で，私の存在が定着しつつある。多少なりとも，関係は深まったが，まだ私は完全に彼を受け止める用意はできていなかった。振り返るに，エピソード6の持つ意味が大きかった。彼のあわただしい行動に対するいらいらが私に溜まり，押さえつけたい衝動にかられた。そのとき，反発ではあっても，彼の生身の身体の感覚がきりたを近いものに感じさせた。さらに，「おまえなんか好きになると思うなよ」の言葉に，好きになってほしい，きりたの願いが込められており，確実に響いてきた。そうなると，私のきりたに対してこわごわ接する感じが薄れていくのがわかった。たとえ，発している言葉は乱暴でも，そこにきりたの必死さを感じる。それは，愛おしいものであった。

そして，いつも恵さんは「きりたはPを楽しみにしています」と言ってくれる。その言葉を信じてみようと思えた。

（4） 小学校3年生（2011年）時のエピソード

この年の主な参加メンバーは昨年と変わりがない。きりたは中・高生とかかわりを持つことはあまりなく，目に入っているのは小学生3人，かず（小5）と努（小4），修（小2）の兄弟である。かずは動きがゆっくりで，他の3人とはペースがちがうので，活動の様々なところで，よく動く努，修，きりたの3人対かずのような構図ができているようだった。

エピソード8　「代わってあげればあ」——ゆずる気持ち（8月3日）

・活動内容：プール遊び，制作，運動遊び
・場所：支援学校

きりたは集まりの会をする視聴覚室で，他の子どもたちとばたばたと走り回り，努につられるように落ち着かないのは昨年までと変わりがないように見える。しかし，表情が晴れやかで，楽しそうであり，やみくもに誰かに攻撃的にふるまうところはなかった。

かずのことを「5年生なのに弱い」と言ったり，白板の落書きを「努くんが一番うまい」とほめたり，彼なりの人に対する色分けのようなものが表現され

た。

プール

　一通り戦いごっこを繰り広げた前半が終わり休憩の後，努はプールサイドに置かれていたデッキチェアに横になり，リゾート気分を醸すような遊びを始めた。これは努がおととしに思いついた遊びである。それを見つけたかずも椅子に座りたくなり，「どいてよう，どいてよう」と，わずかな隙間に身体を割り込ませようとしたり，力ずくで努を押したり，あの手この手を使って，努を椅子から下ろそうとする。努は口をきゅっと結んでがんとして動かない。2人が小競り合いを続けているのをプールから見ていたきりたは少し微笑むようなやわらかな表情で「努くん，代わってあげればあ」と言う。努は目を閉じて腕組みをし，いやいやをするように首を横に振る。きりたは残念そうな顔をしたが，それ以上は追及せず，やりすごした。

　プールは15時までの予定だったが，14時半の休憩時，努はプールに飽きたのか，集まりの前にしていた大型積木を重ねて要塞のようなものにする基地づくりの続きがしたくなったのか，「つみき，つみき」と言いながら，プールから上がってしまった。努は「修も来るやろ」と弟の修も当然，自分に従ってプールを上がると思っていたようだが，修は従わなかった。さらに，更衣室から窓越しにプールにいるきりたに向かって「きりたあ，更衣室に来い」と呼んで，仲間を増やそうとした。意外なことに，きりたは努の誘いに乗ることなく，「プールが終わってからねえ」と答え，プールでの遊びを続けた。

[**考察**]

　集まりの会の前の騒々しい様子は，全体にはこれまでと同じように見えたが，努と修が走って部屋を出て行くと，きりたには一瞬の躊躇があり，その後自分も続くという具合だった。その姿は，そこに自分が一人残されることに対する不安があるように見え，無目的に多動な行動ではなかった。

努とかずの間でデッキチェアの取り合いが始まったとき，昨年までのきりたなら，きっと努に加勢して，かずを排除しにかかっただろう。自分はそのいざこざに直接はかかわらず，しかも，「代わってあげればあ」と言った。語調もやわらかく，かずを思いやるようなその優しい言葉かけに，私はとても驚いた。そもそも昨年までのきりたは，自分と直接的に接する人にしか関心を向けておらず，第三者の立場で他者のことに言及することがなかった。このときは，自分と同じように他者にも願いがあることを理解しており，かずと努の願いに思いをはせ，おそらく，自分なら代わってあげることができると思ったのだろう。しかも，小学生の子どもの中で，なんとなくはじかれてしまっていたかずの方に肩入れしたのだ。自己というものが確立し，充実し始めたからこそ，ゆずれる部分が生まれた。他者を受け止める準備が少しずつ整い始めたのではないかと思えた。

その後の努の誘いにのらない姿勢も，はじめて見るものだった。迷うことなく，きっぱりと断ったのだ。昨年までのきりたは他者（主に努）に依存する形で，自分の行為を決めて実現させていたが，自分の意思を持ち，遂行する姿に，昨年との変化を感じた。

エピソード9 「お父さんが中国へ行く」——想像で不安を解消する（8月5日）

・活動内容：プール遊び，制作（砂絵），運動遊び
・場所：支援学校

プログラムの進行は指導員がする。毎年スタート時は私が前に立つことが多いが，順次，他の大学生の指導員にその役を譲るようにしていく。この日の集まりの会は大学生の小池君（高校生のときからボランティアを続けており，子どもたちは見知っている）に進行を任せていた。

集まりの会

小池君が子どもたちの前に立ち，「これからPをはじめます」と言うと，きりたは真顔で「それはのりちゃんがすることやろ」と叫び，続けて「の

りちゃんが，のりちゃんが」と何回か疑義を唱えた。小池君が苦笑いをしながら，「今日から小池がします」と言うと，努が「ただの使いっ走りや」と混ぜ返し，部屋全体に大きな笑いが起きた。きりたも笑顔になり，了解したのか，それ以上追及することはなく会は進んだ。名前を呼ばれると，しぶしぶという感じを身体全体で表しながらも，皆の前に立ち，自分の名札を白板に貼った。

制作

　プログラムとプログラムの間は多少ばたばたしたものの，制作の時間になると，子どもたちは驚くほど静かに熱中して取り組んだ。今日は砂を貼りつける前の下絵を描く時間である。努は好きな車，修はドラゴンボールのキャラクター，きりたはデジモンの一人の絵を描いていた。そんな静かな，のんびりした雰囲気が漂っているとき，きりたは前置きもなく「おれの父さん，今日なあ，中国出張行くんよ」と話し始めた。そんなことは初耳だ，恵さんは何も言っていなかったけれど，事業をされているお宅なのでそういうこともありうるかなと半信半疑で私は，「そうなん，どれくらい行くの？」と聞き返した。きりたは「1年くらいかな」と答えた。その場の大人たちがそうなんやと引き続き聞く態勢になって，誰かが「きりたさびしいやん」と言うと，きりたは「お父さんおらんかったらさびしいけどな，お母さんは手抜きができる」と，少しはしゃいだ感じで言ったので，大人たちは笑った。

　迎えにきた恵さんに父親の出張の件を尋ねると，案の定，まったく事実無根のことだった。

[考察]

　小池君はきりたとも過去2年のつきあいがある。最後に会ったのは去年の夏だが，きりたは彼の存在自体を覚えていないようだった。今年，努たちはこの小池君に対して，「たこる」「たこす」などとあだ名で呼んで，命名の遊びをおもしろがっていたが，きりたは小池君を名前で呼んだことはなかった。「のり

ちゃんが，のりちゃんが」ときりたが叫んだとき，私ははっとし，小池君がやりにくくなって悪いなとは思い，それでうれしい気持ちを隠すように，当惑した表情を浮かべながら全体を見ていた。

　重い自閉症のある子どもたちにとって，「のりちゃん」は，つねにそこに存在するものとしてPのシンボルにしてもらっているということは先に述べた（p.185）。きりたは重い自閉症のある子どものような混沌とした世界を生きているわけではなく，ここがどんな場所であるかはわかっているはずである。今年のきりたは「のりちゃん」が何者であるかがわかり，関心をもっている。きりたにとって，集まりの会を取り仕切るのは「のりちゃん」なのである。きりたの中で，「のりちゃん」というものが，明確になってきたと感じられた。場に埋め込まれているだけではなく，固有の「のりちゃん」として存在を認められたようでうれしかった。

　これまでも，きりたが父親の話をすることはあった。父親がすごいと言って自慢すること，自分も影響を受けているプラモデル制作のこと，おもちゃを捨てられた不満などなど。決まって，今日のような静かな時間に唐突に話し始める。私は，単身赴任から夫が戻るとペースが狂ってたいへん，などという友人たちの言葉を思い出しながら聞いており，そのときはあながちまったくの作り話とも思えなかった。ずいぶん大人びた話題で，ユーモアもある。しかし，恵さんからは何も聞いていないし，事実なら，もっと準備やら何やら忙しいはずだしなあ，といろいろな思いがめぐった。そして，やはり事実ではなかった。すぐに作り話だと明らかになることをどうしてきりたはさらりと言ってしまうのだろう。対人関係が狭い子ども時代，誰にとっても父親は重要な存在である。きりたがぽつりぽつりと語る父親の話から想像できるのは，厳しい，強い父親像だ。そんな父親にきりたは憧れているようでもあり，窮屈に思っているようでもあり，どちらにもとれる。今年は，想像の中で父親の存在をうすめ，不安を解消しようとしたのか？父親の存在が，リラックスできないような何らかの圧力になっているのかもしれないと考えた。

エピソード10 「ぼくは包丁が苦手」——多面的な自己理解（8月9日）

・活動内容：デイキャンプ
・場所：近隣のキャンプ場

　この日は小学生だけでキャンプを行った。中・高生は昨年までに泊まりのキャンプも経験しているが，小学生グループでキャンプをするのははじめての試みである。

　　集合場所にした駅からキャンプ場まで，30分は歩かなければならない。子どもたちが途中でくたびれた様子を見せたら車に乗せてもいいと保護者たちと確認してから，私は一足先に荷物を車でキャンプ場まで運び，歩いているグループからの連絡を待っていた。結局，子ども全員，元気な顔で，キャンプ場に到着した。大学生のボランティアたちもくたくたで，口々に「こんなに歩くとは思ってなかった」と不平を言ったが，車に乗りたいと弱音を吐いた子どもはいなかった。きりたはむしろ，歩いてきたことを誇るようにさわやかな笑顔を見せた。

　　キャンプ場に到着すると，子どもたちはすぐ川に下り，思い思いに遊んだ。少し川遊びをした後，子どもたちとボランティアたちは調理スペースに帰ってきて，バーベキューの用意が始まった。川遊びに熱中して，食事の支度には興味を示さないのではという予想とはちがい，努と修は，玉ねぎを切って串に刺す，おにぎりを焼きおにぎりにするために醤油をぬるなど，すぐにそれぞれ作業を始めた。きりたもいったんは，そのテーブルにおり，何をしようかなという感じで，テーブルを見まわしていた。

　　私と数人のボランティアは火の番にまわり，キャンプ場の管理人さんに教えてもらった通り，炭の火を大きくするために，キャンプ場内の杉の枯れ枝をかまどの中に投入していた。そこにきりたがやってきて，「ぼくは包丁が苦手やから，こっちの方がいいねん」と言う。そして，小池君と一緒に何周も場内をまわり，杉の枯れ枝を集めた。炭の火が大きくなり，安定するまでやりきった。

午後からは,とくに一人の女子大学生ボランティアが子どもたちの川遊びにみっちりついて遊んだ。きりたはよほど楽しかったようで,「今度（Pに）いつ来る？」と,その女子大生に何度も尋ねた。

[**考察**]

子どもたちが歩いてキャンプ場に向かう際,「車に乗せて」とか,「のりちゃんだけ車で行って」とか不満を言うのではないかと私は思っていたので,子どもたち全員が歩き通したことに,よくやったなとまた,成長を感じた。汗だくになりながらも生き生きした子どもたちの顔に接し,讃えたい気持ちでいっぱいになった。楽しいことが待っているという動機づけがはっきりしていることがプラスにはたらいているとしても,弱音を吐かず,がんばる自分をまっすぐ出し,自分で自分を励ますことができた。どの子どももそんな自分を誇らしく思うことができたであろう。

努と修のきょうだいは料理が好きで,家でもよくお手伝いするようで,Pで料理のプログラムのある日も必ず参加している。一方きりたはこれまで料理がプログラムであるPに参加したことがなく,きっと選んでそうしているのだろうと私は思っていた。その見たては当たっていたようで,努についていったんは調理のテーブルにいてはみたものの,食材の用意には居場所を見つけられなかったようであった。しかし,悪びれもせず自分は包丁が苦手だということを直視して,努から離れ,何か自分なりに貢献できることを探した。自分に合った仕事を見つけて,自分も楽しめ,他の人とも協同できる参加の形が見出せたことはすばらしかった。些細なことであるが,生活の具体的な場で,これは苦手だけれど,これはできると,自己を多面的に見ることができたと思う。

エピソード11 「ボール上手に投げられへんねん」
——さらに**自己客観視**（8月10日）

・活動内容：プール遊び,制作（砂絵）,運動遊び
・場所：支援学校

この日はボランティアがたくさんいたので，私はプールに入らなくてもよいだろうと思い水着に着替えずにプールサイドにいた。きりたはプールに入ってしばらくすると「のりちゃん，早よ来てよ」と私を誘ってくれた。

<u>制作</u>
　皆は教室で前回からの砂絵の続きをしていた。運動遊びをするために体育館へは16時15分ころ移動する予定だったが，16時になったころ，努はもう体育館に行きたいと言いはじめ，片付けもそこそこに部屋を飛び出していった。きりたは，あっという感じで，努を目で追っていたが，それにはついて行かず，砂絵を続けた。気が散ることもなく没頭し，8割方できた。ボランティアに「上手にできたねえ」と言われ，自分でも満足のいく出来栄えらしく，作品を大事そうに袋に入れ，体育館に向かった。
　私は引き続き，トシと砂絵に取り組んでいた。ふと気がつくと，いつの間にかきりたが部屋に帰ってきていた。私が「きりたくん，どうしたん？」と声をかけると，うーんと浮かない顔ですぐには答えず，所在なさそうに自分の砂絵の作品を手に取ったりしている。そして，思い立ったように急に饒舌になり次のようなやりとりをした。
　きりた「あんな，ぼくはな，まだ3年生やしな…ドッジボールもなあんまり習ってないんや」
　私「そうなんや」
　きりた「あんな，だからな，ボール上手に投げられへんねん」
　どうやら体育館でボール遊びをしてきたらしい。努は最近学校でドッジボールをよくし，自信を持っているということを母親から聞いていた。きっと努に上手にボールを投げられないことを指摘されたのだろう。
　私「ふーん，努くんがきりたになんか言うたん？」
　きりたはそれには答えない。
　私「いやな気持ちがしたんやね」と言うと，こくりとうなずく。トシも砂絵をおしまいにしたので，私はその辺りを片付けながら，きりたに「トラ

ンポリンしに行こか？」と誘った。きりたは「いや，いいわ」と，寂しげに言うだけで，体育館にもどろうとはしなかった。

[考察]

今年のきりたは変わったなと思える毎日だったが，大きな成長を感じた場面だった。まず，努が部屋を飛び出して行っても，きりたはそれに追随しなかった。自分がうまくやれているという充実感を感じながら制作に取り組んだ。それをやりとげた結果，部屋にいた皆もほめてくれたし，自分でもよくできたと思える作品ができた。作品を大切に扱う様子にも，そんな気持ちが表れていた。

体育館から教室に戻ってきたことに気がつかないくらい，きりたは静かにそこにたたずんでいた。何かがあったことは，そのしょんぼりした表情ですぐにわかった。状況の説明はとつとつとだが，はっきりとしたもの言いで，真剣だった。ドッジボールが上手にできなかったことを，ごまかしているようでも，投げやりのようでもなかった。努という他者による，具体的な言葉による評価はきりたのいやな，聞きたくないものであったが，怒りで応戦していないし，他の人にもそれをぶつけていない。ボールをうまく投げられない自分を認めるために，3年生で，まだあまり練習をしていないからできないと，自分なりの説明をつけておさまりをつけた。そこには，やみくもに有能感を誇示し，他者の侵入を拒否していた1年生のときとはちがう，自分の負の感情を静かに把握しようとする内的な自己意識の発達があると思う。私に事の顛末をわざわざ報告しにきたわけだが，苦手のある自分を受け入れるために，誰かにそれを話すことが必要だったのではないかと感じた。

エピソード12 「一つのボールを一生懸命追いかけているような感じ」（8月17日）

・活動内容：プール遊び
・場所：市民プール

8月後半は家庭の都合で参加できないということで，きりたにとって今年のPでの活動は最後の日のことである。市民プールでの活動の日は，子どもたち

は思い思いに遊ぶので，特段変わったことのない1日だったと私は思っていた。夜に高校3年生のボランティアまりさん（何度も来ているベテラン）からメールをもらった。

> メール　原文のまま
> 　こんばんは。今日のプールで私にはあまりしなかったのですが，きりたくんが園田さん（高校1年生のボランティア，きりたとは初めて会った）の頭をしつこくたたくのでどうしたらいいかわかりませんでした。反省会でも言えなかったのですが，やっぱり言っておいた方がいいかなと思ってメールしました。すみません。
>
> 私の返信
> 　まりちゃん，言いにくかったでしょう，気がつかなくてごめんね。教えてくれてありがとう。そのとき，きりたくんはどんな感じでしたか？
>
> 返信
> 　伝わるかどうかわかりませんが，サッカーをしているときに，一つのボールを一生懸命追いかけているような感じでした。

[**考察**]
　私には今年のきりたは順調な発達をたどっているように見えていた。そう見たかったのだと思う。痛打を浴びせられたようで，すべてがひっくり返ったような衝撃を受けた。
　市民プールは広く，他の利用者でにぎわっているので，私はときどき子どもとボランティアのいる場所を確認してまわっていた。私が見たきりたは，努や修と一緒に，楽しげに活発に遊んでいるだけで，まりさんが指摘したような姿には，まったく気づいていなかった。園田さんは，どちらかというとおとなしい感じの高校生で，努の担当だった。努，修，きりたの3人はたいてい一緒に

行動していたので，園田さんもきりたの近くにいることになったのだが，きりたと園田さんの間に何か特別なことがあったとは考えにくい。園田さんが何かのはずみでターゲットになったという印象だ。まりさんが表現したサッカーのたとえは，まさに言い得て妙で，私が１年目に感じた，「テンションが上がる」事態と同じだと思った。と，いうことは，きりたは何にも変わっていなかったのか…。私はこのことをすぐに恵さんに言うことができなかった。

この年のまとめ
①自分にとってどんな問題なのか自分でしっかり考えようとする

　過去２年とのちがいが大きく感じられた。まず，自分の願いを託し，依存する頼みの綱ともいえる努につねに同調する，追随するあり方から抜け出し，自分の意図を持ち，それを貫けるようになった。

　次に，自己を客観視し，自分の得意と不得意を見極め，それを言葉で説明することができた。また，自分の負の感情を内省し，それが自分にとってどんな問題であるのかをしっかり考えようとすることができた。自分のできなさに出会ったときに，それを支える他者がいることも重要である。誰かに思いを話すことが，自分を支えることになった。

　自己理解が進むことと，周りに目が向くことは相互的に発達しているようである。この年の他者に対する協調的な態度や，思いやりの姿勢もきりたの自己理解の発達と関連していると考えられる。

②私のやっていけるという自信　きりたの発達に対する喜び

　私（のりちゃん）というものへの注目，関心が昨年よりもさらに高まり，それに伴って認識が定まってきている。Ｐの中で「のりちゃん」がどんな存在であるのかがわかる。そうなると私にとってもきりたが一人の主体として近い存在になる。

　最終日のプールの件はどう考えればよいかわからない。自己を内省しようとする意識が形成されると，制御不能のように見えていた「テンションが上が

る」という状態が減少するのではないかと私は考えていたのだが，その点は，そう一直線にすべて解決とはいかなかった。やはり，そのことを含めて，恵さんに話さなければならないと思った。

（5）　恵さんとの対話

ではここから，恵さんとの対話を提示する。

恵さんは，きりたをどのようにとらえているのか，家庭での様子も，もっと以前に率直に聞けばよかったと今なら思えるのだが，きりたに対する肯定的ではない思いが私の中にあったので，これまでできなかった。

対話1　恵さんの自然体の構え

（結婚からきりたの出産までの話があり）

恵さん：1歳半の健診で，そのとき人見知りがすごく激しくて。私と私の母には泣かないんですけど，実の父親にさえも，ちょっと，ふぇーんって怖がるくらいで。主人の方の家族が来てくれても泣いて。（身内の人たちからは）そのままおさまるわよって言われてたんですけど，右肩上がりにきつくなっていって。それまでも寝返り，はいはい，歩くのと，ちょっとずつ遅れてる。言葉も遅いですね。（1歳半の健診から）経過観察になって，3カ月後くらいに発達検査受けてみましょうかと言われ，のびのび教室（自治体のフォローアップの教室）に来ませんかってなったんです。（のびのび教室の発達相談でも）発達相談員の先生が，真正面に座ると泣いて泣いて，とてもお話できる状態ではなかったんで。少し離れてテーブルの端と端に対角線に座るようにして，保健師さんが通訳みたいにしてくれて。

私：どっか行くんじゃなくて泣くの？

恵さん：泣きますね。2回目の発達相談は主人と私ときりた3人で一緒に行って。3，4カ月後，2回目（発達相談員に）会ったときも対面ができないくらいで，検査もできず。A園行きましょねってなって。これは単純な人

見知りではないんで，人と対面するのが本人にとって苦痛，と言われて，おじいちゃんおばあちゃんにもやんわり説明して，微笑みながらそうっと近づいてねって。（そうしていると）まあまあ，おじいちゃんおばちゃんには慣れてきて。（祖父母にも）いたね，みたいな感じで泣かなくはなった。2歳10カ月でA園に入園。そのころ一番の課題は，言葉をしゃべらず，ああ，ううとジェスチャーで過ごしてたことと，人を見たら怖がることですかね。

私：A園でどうなった？変わった？

恵さん：変わりましたねえ。3歳児クラスに上がったくらいにいきなり堰を切ったようにしゃべりだした。あっ，しゃべったね，きりたくんがしゃべったねって。周りのお母さん方も心配するくらいやったんやって。私，気づかなかったんですね。ジェスチャーで会話してるつもりだったんですね。母親と子どもとしては。意思の疎通ができてたんで。（しかし）はたから見たら会話ないねって（思われていた）。

私：発達相談とか，のびのび教室とか，恵さん自身はどんな感じやったん？

恵さん：幼児教室にも行ってみたかったんです。すごーい軽い気持ち。（仕事があるので）保育園に預けるか，おじいちゃん，おばあちゃんにみてもらうかになるので。本に書いてあることはあてにならんでって父親に言われて，それを真に受けて，大丈夫やって（信じていた）。

私：ほんとにつらいわっていうのは，あんまりなかったの？

恵さん：寝ない，食べないとかはなかった。私が振り回されることはなかったんですね。夜泣きはあったんですけど主人も夜の12時までに帰ってはこないので，私たちの生活サイクルではあんまり問題にならなかったし。

私：抱っこするときそったり，嫌がったりも？

恵さん：（むしろ）私には抱っこしろ抱っこしろって。のびのび教室も軽い気持ちで（参加した）。気になる子は全員よんでたと思うんですね。私自身がつらいわけではなかったんで。人と接してないんもいけないんかなって。うちの子ども奥手やねって（家族では言い合っていた）。A園行っても，A

園を保育園の手前のものとしてしか思ってなくて。
私：とらえ方がいろいろやね。
恵さん：地元の情報がなくって。Ａ園はああいう（発達につまずきのある子どもが通う）施設やでっていう，先入観ゼロで。子どものためにいいならいかなきゃって，Ａ園には通うようになりましたね。
私：行ってみてどうでしたか？
恵さん：２年間通ってよかったなあって。できれば，ずっとＡ園行っといた方がよかったんじゃないかって思うんですが。Ａ園でのびのびと楽しそうに過ごしてましたね。
私：早く出たいって言う人もいはるのにね。
恵さん：ああ，いますよね。（うちの場合）家からも近いし。Ａ園での課題はとげられたということで，保育園に行くことをすすめられました。

[考察]

　２人で，落ち着いて話すのはじめてのことである。恵さんは何を尋ねられるのだろうと，多少の不安も抱いていたと思う。自分でもご自身のことを子どものころから引っ込み思案で人見知りする性格だったと言われた。しかし，話し始めると意外に多弁で，全体に明るいトーンで話された。
　乳幼児期のきりたの様子をはじめて聞いた。私は今回の対話では，自分の子育ての体験より，ここ数年対話してきた，自閉症のある子どもを持つ母親たちとひき比べることを知らず知らずのうちに行っている。その人たちは１人目の子どもであっても健診の前にすでに何かおかしいという違和感があり，発達相談の結果に，やっぱりそうなのかと思いつつ，それでも，Ａ園に入ることになると，こういうところに来なければいけないのかという悲嘆にくれたことを述べた。しかし，恵さんは幼児教室と同じような感覚で積極的に通い，かつ肯定的にＡ園をとらえている。子どもに必要なものを必要に応じて用意してあげたいという，自然体かつシンプルとも言うべき構えが，貫かれていると思った。
　きりたは人を怖がるという対人関係の発達に何らかの問題があるとされた。

第6章　事例：自己肯定感の形成

恵さんとの二者関係は確立しているのにもかかわらず，この世界で頼りにするのは母親だけという不安に満ちた世界から，きりたはなかなか脱することができなかった。先の人たちの違和感は自分の子どもが「わからない」という，漠然とした理解しがたさから始まっているが，恵さんの場合，親子の間の通じ合い，わかり合いはあるので，問題として図になることがなかったのであろう。この原初的な間主観的なつながりの感覚によって，子どもの内面に動く思いがそのまま押し出されているととらえられ，恵さんにはそれが一個の主体としてのきりたであった。

A園には障碍の重い子どももいる。その中で相対的に自分の状態を考えても，恵さんはつらいとか，たいへんとか思っていなかった。A園に通って言葉も出はじめ，のびのびと活動するきりたの姿が見られ，思い悩むところではなかった。きりたにとっても，また恵さんにとっても居心地のよい場所であったのだろう。

対話2　大切にしていること

1回目の対話の最後にきりたが人をたたくことを伝えた。恵さんにはまったく寝耳に水だったらしい。私はその後も，あえてマイナスの情報を伝えたことの意味を考え続けていた。私は1年目のときから，恵さんは家でもたいへんなので，Pへの参加を遠慮しているのではないかと思っていたわけで，それを伝えることはできたのだが，恵さんはきりたの子育てが困難だと思っていないのであれば，はたして意味のあることなのかどうか，整理できなかったのである。2回目の対話ははじめにそのことを率直に伝えることにした。

私：こないだ思ったんはね，おかしな構造になってると思うねんな。きりたくんみたいな子どもって，何が悪いんかわからないっていうか，Pで出会わなければ，たたいたりしても悪ガキかなって見るかもしれへんけど。あそこで出会ってるから，何が問題なんかなって見てしまう。それで，恵さんに言いつけてるみたいやん。

恵さん：あの後，主人に報告っていうか，インタビューされました，みたいなことを話したんですね。きりたってなんかあるとばあってたくみたいで，周りの人が見たら病的な感じする（※私は病的という言葉は使っていないが）くらいなんやってって。そうなんや，いや，限度をようわかってないからなって，そういう会話になりました。言いつけてるではなくて，ちょうど３年生になってきてるし，私たちの前では見せないから，知っておいた方がいいと思うんですね。

私：はたから見てたらね，とげとげしい感じが，彼の悪い印象となってこっちに受け止められて，どうなんかな。恵さんがおうちでどんなふうにしてるんかなって思ってたんよね。それで，恵さん，あんまり困ってないよね。なのにＡ園に行くのも，支援籍をとるのも積極的やん。

恵さん：そうですね。

私：そのへんはなんでなんかな。

恵さん：Ａ園に入ったらよくなる，ここに入ったら（障碍があるという）レッテル貼られるっていうよりも（きりたに必要だからと思って）。私，発達に対しての知識がゼロだったので，何にも調べたりしなかったんですよ。何であんだけ調べなかったのかも不思議でしかたがないんですけど，育児書なんてあてにならないよって両親に言われて，おっとりかまえてたんが最大のいけないことだったんですよね。発達段階についても，今考えたらそのことに関してまったく無関心で。１歳ならこう，２歳くらいならこれができて当たり前っていうことに，無関心だったんですよ。

私：ずっとかわいかったやろ？

恵さん：うーん，もちろんずっとかわいかったんですけど，あれができるこれができるに関しての，目がいってなかった。まったく。ちょっとアレルギーがあったので，その方にばっかり目がいってて。かいてたから。今，あんよができないととか，今は二語文とかね。Ａ園行きませんかって言われたときも，Ａ園はどんなところやろっていうのも（深く考えず）。そこに行ったら歳相応のことができるようになっていくんやな，じゃあ，行か

せなきゃって。
私：それ（歳相応）は，言葉とか，人見知りのこと？
恵さん：[うなずいて] どうにかしなきゃとは思ったんですね。支援籍をおくときは，発達相談があったときに，あっそうなんや，普通学級でいくにはきびしいんやって知って。
私：どんなところが。
恵さん：知的に。対人関係がむずかしいとは思ってなくて。勉強がしんどくなるんやって思って。勉強で劣等感を持たせたらいけないわって，対人関係でこんなにたいへんになってきてるんは，保育園の年長さんの夏前からで，どっちかというと，知的な面でしんどいんやったら，もう無理せんと勉強の面で達成感をえられるところを確保しておきたい（と思った）。どうかな，主人にはそこに籍なくてもいけるんちゃうかなと言われても，いや，劣等感を感じて不登校にでもなったらいやだからって思ったんですよ。
私：どうだった？（小学校に入って）お勉強どうなってるの？
（勉強は大きらいで，はじめてのことにはとりかかりにくいが，なんとかついて行っている話があり）
恵さん：自分の中での達成感を味わわせたかったんだと思うんですけど。だけどちょっとずつ（勉強は）やってますね。
私：（Pに出してもらっている）サポートブックにもほとんどそのこと（達成感を味わわせたい）だけを書いてるようなもんよね。
恵さん：そうですか。主人と相談して（書いている）。
私：（活動が）いややったら「興味ない」とか言うので，無理にさせないでくださいみたいな。
恵さん：書くとき必死で書いてて（あまり，詳しく覚えていないけれど）。たぶん，ボランティアさんには，あまりかまわないでくださいね，でもわからへんかったり，困っていたりしたら教えてくださいねって。わがままな内容だと思うんですけど。
私：とにかく，できなくて劣等感持つんじゃなくて，達成感を味わうようにし

たい，がにじみ出ている。

恵さん：つねにそんなこと思ってる。でも私が一番それを忘れてる，けっこう激励している。私が一番うるさい。やりとげるんやって［こぶしを振り上げ］。一番うるさい。

私：（そうすることで宿題も）やれるんやんな。

恵さん：がんばってやるんやで，やってから遊びやって。体調さえ悪くなければやります。

私：ほとんど普通なんちがう，その感じって。

恵さん：やりやって言ったらやりますね。一生懸命，（先生に訴えて）宿題の量を減らす努力を日々してるんで。（しかし，宿題の量が多くても減らせても）どっちにしろ家でやらされる，って思ってます。1，2年のころは，ある程度ゆっくりさせてからやらせてたんですけど。

私：1年生のころは交流学級に行かへんかったんやろ，それは何で？

恵さん：うーん，どうでしょうね，行くとやっぱり，個別（学級）の先生の後ろに隠れて，様子を見て行けてた。むこうに行くのはお客さんみたいで。交流（学級）にいくと，きっちりしとかなあかん。個別では，ある程度身体を自由に動かせる。交流の方は勉強のモードがどんどん高くなって。行こうと思っても行けなかった。一年のときの先生はすごくいい先生で，はきはきとしてて。打てば響くように反応が返ってくる先生で，（規律を守るという意味で）昭和の先生で。普通なんですけど。（授業中などは）今は静かにねって，そういう感じの対応で，それで，先生として普通なんですけど，今までそういう経験がなかったので，ちょっと敷居が高くなったんですね。2年生の先生は，真逆のやさしい先生で，怒らないで接してくれるから。ちょっとずつ行けるようになった。だけど，やさしい先生はなめる。行きたいときだけ行くわみたいな感じで。3年生になったら，本人たちもずいぶん成長してきたんで。1年生に下の子どもが入ってきたんですよ。お兄ちゃんスイッチが入った。この子どもはか弱いんだと思ったらしくて。その子どものお世話をして。交流の方も（担任が）お兄さん先生で

教室の雰囲気も変わって，行きやすくなったんですね。

私：恵さん自身の気持ちってどんなん？1年生のとき。

恵さん：しまったなって。この子のためにと思って支援学級の籍を取ったんですけど，こっちの方が居心地がいいからって，居ついてしまったんで。1年生のときは普通学級に籍をおけばよかったんかなあって，一瞬思ったんですけど。1年生の始めのころは，楽な方にばかり行かせてしまったのかなって反省はありましたけどね。

　私，小学校に入るときに（きりたに）説明してなかったんですよ。学校とはこういうところやって，ちゃんと説明してなかった。小学校は勉強するところやって。保育園の大きい子が行くバージョンと思ってたみたいで，勉強するところって言ってなかった。

私：普通みんなそう思うわな。

恵さん：私のミス。保育園は終わったのよー［呼びかけるように］。でも普通学級でじっとしていなかったら学級崩壊（などになったら）の原因はきりたやって言われてたかもしれないし。（きりたは）楽しかったり，この子とお友だちになりたいと思ったらぴたっとくっついていく。それを個別の先生が横から（きりたは仲良くしたいということを）説明してくれるんですね。支援籍がなかったら，いつもきりたくんは授業の邪魔をするって言われるかもしれない。

私：きりたくんはどう思ってるの？

恵さん：不思議なのはね，劣等感なさそうなんですよ。ぼくはみんなとちがう特別な存在というポジティブな感覚を持ってる。本人の中ではひねくれるほど劣等感を持ってるって思わせるふしがないんですね。学校で先生と出会っても，どの先生も「きりたくん，がんばってますねえ」って言ってくれる。この1年，どんどん勉強がんばれてるんやって。

私：すばらしいね。

[考察]

　私が3年間，一緒に語り合えるかどうか悩み，やっとのことで伝えた前回のきりたの様子についても，まっすぐに，知っておきたいこととこれも率直に受け止めてくれていてほっとした。
　就学の際，知的な面を心配し，そのことに対して支援籍を取るあらかじめの用意していたとは想像していなかった。きりたは一部の人を除き，他者を自己を脅かす侵入的なものととらえ，立ち入ろうものなら，即座に鋭く攻撃する。そういう防御的な姿勢は当然，保育園や学校の子ども集団の中でもあって，そのことに配慮した選択であろうと考えていたからである。恵さんの語りからは，先生に注意されたり，級友から疎まれたりする体験はいっこうに見当たらず，子どもどうしのトラブルが，傷つきの体験になり，それによって自己肯定感が低下したということではないようだった。
　自分がわが子の発達を意識していなかったことについて，すまなそうに言う件は何度も出てきた。私は，親とはそういうものであるし，むしろその方が大切にしたい素朴な親の心情であると考えているのだが，A園では障碍のある子どもの親という視点が主流であり，発達についての学習会なども多く，また発達相談などをしている私との対話ということで，そのようなスタンスになっているのだろうと思われた。
　恵さんたち家族は，とにかく，きりたに劣等感を持たせない，達成感を持たせることに最大の注意をはらっている。そのために，叱咤激励する母親像が語られた。恵さんは子どもにつき従う母親ではなかった。ここにも私に大きな誤解があった。
　入学に際し，「学校は勉強するところだ」ということを説明していなかったという件は興味深い。逆に，説明しなくても子どもは勉強するところとしての小学校を楽しみにする，この感覚があたりまえのように受け継がれているのはなぜなのだろうかと考えさせられた。きりたは将来の小学校という場を想像することが難しいというイメージの弱さのようなものがあるのだろうか。
　個別学級と交流学級への在籍に関しては，当事者である子どもがどのように

感じるのかという問いかけが，大人が子どもに差し向ける配慮に先立ち必要である。学校にかかわっていると，子どもの内面にある思いや願いを日常生活の中でくみ取ろうという努力はされているのかと感じさせられることが多い。きりたは，2つの学級を行き来できる，「特別な存在」としてポジティブな考えを持っているのだと言う。個別学級と交流学級のあり方として，信じられないほどすばらしいことだと思うのだが，同時に，自分を対象化しない自己感の未熟さがここでも現れているのではないかとも思えた。

対話3　恵さんの「つんつんする」と，私の「とげとげしい」

私：今までの子どもにはね，なんかわからなさがあって，いろいろあって，いい方向に向かっています，みたいな，想定できるストーリーがあったのね。Ｐにくるメンバーも（障碍の中身が）変わったやんか。知的に高い子がくるようになって。きりたくんみたいな子どもはね，すぐには何が苦手なんかわからへんで，本当の障碍，でもないけれど，誰が見ても障碍とわかる子どもの中にいるのも不自然やし。普通の子どもと，たとえば，おけいこごととか，少年野球とかに入るにしても，遊ぶにしても，一緒にはいられないような中途半端さがあるってきくんやけど，そんなんは思う？

恵さん：ありますね，躊躇しますね。行ってみて，楽しくできるかなあっていう，一般の中にとけ込めるかなっていう心配はつねにありますね。初対面で，身体使って，遊具でぱぱぱって遊ぶことはできるんですけど，1回2回はすぐにできるんですけど，人間関係を作ろうとするとフォローがいるんかなって，しんどい場面が出てきた。

私：まだそういうことには出会ってないの？

恵さん：たまに行った公園なんかでね，身体を通して同じ遊びをするのは，運動が好きなんで，それはそれで遊んで，さよなら，で帰るのはいけるんですけど。何かの地域のクラブにでも入ったとして，人間が仲良くなっていくとき，いろんな対応ができるんかな，どんなふうにやるんかなあって，

躊躇がある。大丈夫かなって。サッカー（地域の少年クラブ）とか行く？って聞くと，（きりたは）行かへんって。そう，ま，いいかって感じ。あの子が一番行きたがるのは運動クラブ（Pとほとんどメンバーが同じ体操クラブ。月に２回夜行われている）とP。一番行きたがるのに，一番つんつんするんですよ。なんでそないにつんつんするんてくらい。

私：いつもP楽しみにしてますって（恵さん）言ってくれるんやけど，ほんまなん？どんなふうに楽しみに（してるの）？

恵さん：さあって，爽快な顔するんですよね，（運動クラブが）終わった後。運動クラブに行って，楽しいからかーっとなっていきますよね。運動中，（サーキットのコースを）逆行するのは危険やから注意されると，えらい勢いでつんつんつんてする。１回怒られると（気持ちが）転げ落ちるんで。それが，こうじくん（６年生）とかに遊んでもらうのが楽しかったんですね。限度がわからなくて，何度もちょっかいかけて，こうじくん嫌がってるからやめなさいよって（大人が言うと），わかったって言うんですけど，場に入るとやっちゃう。運動自体は楽しいけど，とやかく言われるのはうっとうしい，それで，つんつんつんつん。トレーナーと接しているときはさわやかな感じ，こっちもちょっと（もめごとにならないか）ドキドキするんですけど。そこでは，ボールとかがあるんで，打ち込んでるんかな。（他の子どもを）たたくのはないと思いますけど。

私：Pはどんなふうに楽しい？

恵さん：プールは楽しいですね。あと，川のデイキャンプは楽しかったって。

私：言うの？あとからも，本当？

恵さん：川のデイキャンプ，すっごい楽しみ。アウトドア派なんやなって思うんですけど，すごい楽しみ，楽しみ方は，心底，活動を楽しみにしてますね。プールとかトランポリンとか楽しんでましたね。友だちのことはたまに文句言ってますね。

私：どんなふうに？

恵さん：かずくんのこと。まさきくんとか規律は正しくしてるから，プレッ

シャーになるみたいで。反抗していく場面とかはないですか？

私：うーん，そんなにお互い接点はないかな。ボランティアのことは？

恵さん：存在感，あんまりないみたい。男の子のボランティアは豪快な感じで楽しかったみたいで。女の子のボランティアさんにはえらそうにしてますね，もしかしたら恥ずかしいと思ってるかもしれない。女の子と一緒に遊ぶなんてって。努くんと2人で遊ばせてほしい。「絶対ボランティアさんと2人で遊ばなきゃだめ？（ボランティアに）遊ぼと言われたらどうしたらいいの？」って言うから，「努くんと遊ぶから見てて下さいって言えばいいんよ」って。恥ずかしい年頃に入ってるんかな。「危険なことがあったりするといけないので，止めるためにいてくれてるんよ」って。

私：ははは，そんなふうに言ってるんや。

恵さん：「ボランティアさんは何で来るん？一緒に遊ばなくてもいいんやね」って，毎回再確認する。「一緒に遊ぼうと言われたらどうしたらいいん」って。真顔でどう対応したらいいか聞かれたときはおもしろくて。

（後略）

[**考察**]

　きりたの生きづらさはどこにあるのかをつかみかねている私の探索が続いている。関係の発達について不安を持っている私は，本当にきりたはPを楽しみにしているのかをさらにしつこく尋ねている。

　そして，恵さんは運動クラブとPでだけきりたは「つんつんする」と言った。この言葉があまりにもさらりと出たので，やり過ごしそうになったくらいなのだが，「つんつんする」は，私が「テンションが上がる」「とげとげしい」と表現したきりたの様子と同じような場面を表現しているのだ。恵さんはいまだに同じものだと思っていないのかもしれない。恵さんにとってこの姿は活動を楽しみにするきりたとセットなので，大きな問題としては浮上せず，「限度がわかっていない」という子どもの一般的な姿としてとらえられている。私には他者を寄せつけない姿とセットになっているので，さらに否定的な印象となって

受け取られたのだった。
　こういう姿は，運動クラブとPでだけ見せるということである。それならば，自分を出せる場，それでも受け止めてもらえる場としての意味が運動クラブと，Pにはあるのではないだろうか。
　きりたにとってのボランティアは，何らかの緊張を持って出会う対象なのかもしれない。恵さんは，「恥ずかしい年頃に入っている」と，「普通」の男の子としてのきりたの心情を想像するのだった。しかし，恵さんが思っている以上にきりたはボランティアとかかわっており，ボランティア個人に対しては，直接的な安全基地とはしていなくとも，Pの場全体については甘えても，無理難題を言っても，「つんつん」しても許されるところとの認識があるのではないだろうか。

3　総合考察

（1）　恵さんにとってのきりた，私にとってのきりた

　恵さんとの対話でもふれたように，当初私は，きりたとPという場で出会ったことによって，この子どもの問題は何だろう，何だろうという探る目と，それまでに出会った自閉症のある子どもたちとの体験に基づいて，自己感の発達を当てはめようとする目できりたとかかわっていたように思う。そういうあり方をしていて，1年目はいっこうに関係の深まりが実感できず，主体としてきりたの輪郭がつかめないまま，乱暴で，とげとげしい感じばかりが図になっていた。これが十分に自閉的な子どもであれば（おかしな表現だが），体験世界のちがいが始めから顕著であるように感じられるため，それはそれとして，自分につきささることはないのだが，言葉を使い，奔放に動いているように見えるきりたのあり様を，幼児までさかのぼる未熟な幼さとは考えられなかった。そこに，私にかかわってくるときはいつも攻撃的という姿があるゆえ，私にはきりたに対する腫れ物にさわるような緊張があり，「この子どもを受け止めることができるだろうか」という不安がつねにあった。

第6章　事例：自己肯定感の形成

　2年目のきりたからは，私に対しての認識があいまいであることに気づく。生意気に振る舞っている外見ほどには自己感が育っていない，未熟さゆえの行動ではないかと考えられる。「おまえなんか好きになると思うなよ」という，ほとばしるような感情を直接ぶつけられたことで，皮肉にもつながりを感じることができた。

　3年目になると，きりたは私に関心を示すようになる。2年間の体験の共有の積み重ねによって，私の位置づけ，役割がわかるようになることが，私もまた一個の主体であるという気づきにつながる。そうなると私の中のきりたに対する苦手さは解消され，相乗的な関係の深まりは私の喜びともなる。

　恵さんには，私とはまったく異なるきりた像があった。人見知りが過度である，言葉が遅いと言われても，恵さんにはきりたとわかりあっている感覚があった。いつもかわいい，いつも一人のかけがえのないわが子であるきりたには，そのペースが守られる環境が整えられていた。親子だからこそのシンプルさで，社会規範に照らして正さなければならないことは正すという姿勢が一貫している。きりたの成長につれ，問題と見られることが出てきても，どのことに対しても，その都度了解の仕方が更新されている。夫と共に今，ここのきりたをわかろうとし，そのわかり方でいいと思っている。恵さんはきりたに心配はあっても「わからない」という状態になったことはないのだった。だから，私には「とげとげしい」と感じられることも恵さんには「つんつんする」というやわらかな表現になる。

　最後のプールの件のどんでん返しに私は動揺し，落胆した。恵さんにも告げることも躊躇した。この執拗に人を攻撃する行為については，いまだによくわからない。「障碍の特性」という見方が必要なのかと私を迷わせた。そうなのかもしれないし，あくまでも全存在をかけて，何かを訴えている表現であるのかもしれない。恵さんの中の一般の子どもと変わらないきりたの捉え方，しつこく人をたたくのは限度がわかってないためだろうという解釈を聞き，今思うのは，きりたの行動がどんな特徴をもっていて，何が障碍の本体なのかということを考え続けるより，今，ここのきりたがどういう不安や思いによって自分

を防衛したり，攻撃的になったりするのかといったことを考え続けることの方が大切であるということである。

（2）　きりたの自己感

　1年目のきりたはもっぱら，努の行為にのることで，活動に快の情動を得，それが安心感のよりどころでもあった。他の人への能動的なかかわりは少なく，出会いがしらの出来事を生きており，自分の心に起こる不安や葛藤の訴え方がとりあえず他者を攻撃するというあり方しかないため，心的な親密性がきりたにも，かかわる人の側にも深まりにくかった。

　2年目，意図が明確になり，行動にまとまりが見られるようになった。「お前なんか好きになると思うなよ」の言葉から，好きになってほしい気持ちはあることもわかった。他者に映る自己についての意識が芽生えたなら，そこで立ち止まって，自分のあり方を考え，協調的な行動や思いやりの態度でもってそのような自己になればよいのだが，思いと行為のずれがまだあるようだった。

　3年目，意図を遂行する自己は安定してきた。そして，エピソード8のように，身近な人の心情を，「自分ならば」と置き換えるようなこともし，感情，思考を自分でとらえるようになった。ここでは，人に喜ばれる，「良き自己」「なりたい私」を感じていたのではないかと思う。このように，「他者」との間主観的な体験を積み重ね，他者を通して自分を理解することで，内的な自己認識を深めていった。

　努にドッジボールがうまくないことを指摘され，嫌な気持ちを味わった。本来，自己肯定感をそこなう場面であるにもかかわらず，そのようには見えなかった。他の子どもが自分をどう見るか，「他者による自己像」に向き合ったPでのはじめての姿である。自分に降りかかってくる困難，自分で解決しなければならない苦痛や不安を，自分の問題として受けとめ，自覚し，解決しようとし，自分を理解し直してみることが行われたのだった。「3年生だから」と説明をつけて，これからの未来の自分に希望を託す。ここに，きりた自身に，それぞれちがっていて，それでいいということの気づき，自らを変える力を

持っていることへの気づきが生まれ,「私」というものに対する了解が広がる。自己肯定感を形成するためには,他者とのかかわりを通した感情や認識の体験の積み重ねによって生まれる「内なる自己」による,自分自身による了解が必要なのではないか。きりたの課題は,低下した自己肯定感を取り戻すことではなく,自己を信頼できるものとして安定させることであり,その大きな一歩を踏み出したところなのではないか。自己を理解し直すことと,自分を大切にしようと思う気持ちとは不可分なものなのである。

(3) きりたにとってのPという場の意味

　エピソードにも出てきているように,私は恵さんがいつも言ってくれる「きりたはPを楽しみにしています」という言葉は,他の保護者や,私たちスタッフに対しての遠慮やねぎらいの気持ちからでているのかもしれないと,半信半疑で聞いていた。これは多分に,きりたの様子からは,楽しんでいるという確信が持てなかったことと,私の「きりたがわからない」という思いを反映していたであろう。そして,対話でも恵さんは,きりたはPの「活動を楽しみにしている,楽しんでいる」ことを強調された。恵さんも,きりたが大人の介入がないところで同世代の子どもとどんな対人関係を営むことができるのかという不安を持っていたし,きりたも人との接面でとげとげしい姿を見せることがあったのは事実なのだから,人とのやりとりや,対人関係の中で自己を充足しているとは言えないという側面もある。その流れの中で,私には大きな発見があった。私が「とげとげしい」と表現し,恵さんが「つんつんする」と呼んだきりたの姿は,運動クラブとPでだけ見せる姿だった。「一番行きたがるのに,一番つんつんする」場所である。そうすると,きりたにとってPは,家とも学校とも違った姿を出せる場と考えることができる。そこに,きりたの自己感の変化についてのヒントがあるのではないだろうか。そこで,最後にきりたにとって,Pとはどういう場所なのか,その場の持つ意味を考察する。

　1つ目に,Pは「今,ここの活動」を楽しむだけの場所であるということである。通常の療育はアセスメント,目標の設定,到達度の評価,次の目標の設

定という形で行われる。Pのすべての活動は，何かの目標を達成するためとか，次のステージの準備のために行われているのではない。意図していなくても，子どもは様々に変容する。しかし，いずれも，子どもも周りも関係も，後から振り返ると変わっていたとふと気がつくのである。恵さんはきりたが劣等感を持たないようにと，考えられるだけ心をくだいてきたことがわかった。しかし，A園は保育園の手前のもの，支援学級籍は，やる気モードになったときに交流学級に移れるようにするためのキープの場所，というふうに，何かのあらかじめの用意の場所なのではないか。そして，現実の保育や学校の生活にはどうしても制約が多い。きりたにはそのことはわかる。何かとは言語化できない居心地の悪さが蓄積されていく。Pはそれが解放できる，そうしてもよい場所として，認識されているのではないか。落ち着いた時間にふっと表現される父親のことも，また，そういう意味があったのではないかと思われる。

　2つ目に，努の存在である。関係の発達は，人とのかかわりの中でしか生まれない。努の行為に乗っかって，願いを実現していったきりた。努という先導者を手がかりに活動を楽しみ充実感を持つ。そして，大げさに述べるならば，その後の努からの独立。2人の関係を見ていくと，きりたにはそうとは意識されていないかもしれないが，依存から自立へという，努を「重要な他者」とした，きりたの対人関係の発達があったのではとも思われる。

第7章
自閉症のある子どもの関係発達の様相
——自己感をめぐって——

 今回私は障碍児学童保育Pという場で偶然出会った子どもたちとかかわる中で，それぞれの大きな変化に立ち会うことができた。ここでもう一度，議論しつくされていなかった事柄について考察しながら，自閉症のある子どもの自己感の形成をたどっておきたい。

1 自閉症のある子どもの自己感の形成

(1) 間主観性がはたらきにくい乳児期

 母親たちの語りから，どの子どもにも生得的な間主観性の弱さがあるということが浮かび上がった。定型発達の場合，生後早期から養育者と子どもの間にしっくりなじむ感じがある。おそらく定型発達の子どもの体験世界には「私」の能動性の向こう側では「あなた」の受動性があり，私の受動性の裏側に「あなた」の能動性があるという構造が自然と組み込まれているが，自閉症のある子どもたちはそれを欠いている。
 桃とまさきは，養育者と間主観的なかかわりを生きていくことができないために，母親と一緒にいることが安心感につながらず，多動の姿が見られた。
 きりたの場合は2人とは少しちがっており，母親とは間主観的な関係を築いている。しかし，その関係を軸に他の人ともその関係に入れるわけではなかった。定型発達の子どもでも見慣れない人に出会うと不安から泣いたり，ぐずったりする「人見知り」はごくありふれた姿であるが，やがて慣れと共に解消する。きりたのそれは，そういう状態ではなかった。間主観的関係を築けない母

親以外の他者は，まだ他者とはならない「外部」とでもいうべき得体のしれない不気味なものとして自分に迫ってくるだけであった。いずれにしろ，自閉症のある子どもたちは感情や意図の交感に基づいた相互的な関係に入ることがむずかしく，混沌とした世界に生きている。

そして，養育者が感じる通じ合いの困難さの度合いによって，当然ながら養育者の子どもへの思い，次にしたことにバラエティが生まれた。

（2）「自らなす」自己感――養育者との間主観的な関係を主軸としない自己感

定型発達の子どもは養育者との間主観性を自分自身の安心感として生き，養育者との情動的かかわりとセットになって，体験的に中核的自己感と中核的他者感は同時に生み出されるわけだが（Stern, 1985a/1989），養育者との身体的なつながりを欠く状態の自閉症のある子どもの自己感とはいかなるものであろうか。自分に何らかの意味を持つものが一つもない世界に，これもまた意識されていない身体でそこにある。自分に向かってくるものは，ただわけのわからないものとして迫ってくるのである。それに対して，はじめは泣くなどの反応で，後には噛みつく，走るなどの行為によってそれらからなんとか逃れようとする。この自らの動きに原初的な自己感が伴うのではないかと仮定し，ここでそれを「自らなす」自己感と名付ける。

桃やまさきはここではないどこかに行ってしまうという多動があった。そのとき動く自己の身体を内側から感じることは可能である。こうして養育者との関係を主軸としない，動作感覚としての自己感は生まれ，安心感を求めてその行為を続ける。定型発達の場合，中核的自己感はたとえば養育者があやすことによって子どもが笑い，養育者もうれしい顔になるというふうに，お互いが影響しあい映しあうような関係に基礎を置いている。そこには目には見えない気持ちのやりとりがある。しかし，「自らなす」自己感にある子どもは自分の動きによって出会うもの，見えているものは変化するが，それらが（他者との関係性に基づく）中軸的な自己感のもとに位置づけられることはない。それゆえ，はじめは自分の周りにある人も物質とかわらないものとして同様に存在してい

ると考えられる。馴染みのある感覚に埋没することで，安心感を得ようとしていると考えると，常同行動にもこれが当てはまる。子どもは直感的な快，不快の原初的な感覚だけで動いている。

（3） 子どもに世界の安定をもたらすための養育者のそれぞれの努力

　通じ合いが感じられない，この子のことがわからないという状態から，養育者たちは何らかの手立てを求めて動き始める。薫さんは桃のつかみどころがないような状態を嘆く日々を経たのち，手当たり次第に，周りの物を写真に切り取って提示するということを行った。これは後になって構造化のプログラムの視覚支援だと気づくことになった。劇的に子どもに変化があったというのは薫さんが感じた事実である。

　まさきは家族の配慮によって，物事の表面には見えていないニュアンスをわかっていった。これらの養育者の努力は，子どもに自分が住んでいる世界をわかりやすく提示することに向けられていた。子どもは一つ一つの場面の状況をまずパターンとして記憶に保存していく。物と人とが同列の世界を生きる子どもにとっては，自分が住む世界の秩序の一端を知ることがすべての始まりとなるのかもしれない。養育者の努力と，子どもとの暮らしの積み重ねによって，住む世界が馴染みのある光景となってくる。「自分がどこにいる」「自分の周りに何がある」などのことが，しだいに身体でわかってくると，その中で自分が快適になるようにと何くれとなく養育者が自分に差し向けてくれている行為が雑多な体験から選り分けられるようになり，養育者を「重要な他者」として認識し始める。それは次第に愛着となり，養育者との関係が安定することで，子どもと養育者がお互いに落ち着いてくる。

　養育者のしたことには問題行動を改善したいという側面があるかもしれないが，それだけではなく，養育者の願い，すなわち子どもを「わかりたい」「つながりたい」という動機につねに支えられている。それによって子どもが落ち着くことは，養育者にとっては，問題行動を改善したということにとどまらない意味を持ち，子どもがわかるという実感を生む。この養育者の気持ちの変化

が，まだ，対人関係に開かれていない子どもたちにとっては，子どもの世界の背後に控える対人関係からなる世界の安定化という意味を持ったのだと思われる。

（4）「行為の主体としての」自己感から「手応えのある」自己感へ
――「共にある」体験の意義

　養育者との間に安心感の構造を得，自分を取り巻く世界についての理解を一つ一つ重ねていくと，自閉症のある子どもの中にも欲求や，意図，などが明確に形成されるようになる。やむなく「自らなす」しかなかった自己感は，自分の中にわきあがるものによって行為を形成し，自分で自分の行動を起こしているその主体になるという意味での「行為の主体としての」自己感に変化する。がしかし，まだ，スターンのいう中核的自己感にあたるわけではない。自己の発動性，自己の能動性によって周囲が変わることはわかるが，養育者との相互交流のある間主観的な世界に生きているわけではないからである。

　間身体的・間主観的な自己と他者が成立するためには，相互の身体を介して自己と他者が通じ合い，その通じ合いを通して自己と他者が分化しなければならない。相手との体験が，つながり合いながらも個々のものである，自己と他者の「共にある」体験にならなければならない。この自己感の変化について，桃の描いた絵と，まさきと私の関係の変化をもとに考えてみたい。

①桃の場合

　桃が幼稚園のころ，最初に描いた絵は紙面いっぱいのピアノの鍵盤であった。定型発達の子どもの描画には，情動や社会的記号といった知覚で得た情報以外の空想の世界が紙面上に構成されている（村上，2008）。たとえば，芋ほりをした場面を絵にすると，たいてい自分が紙面の中央に位置し，力の入った手が大きく描かれたりする。ピアノの鍵盤は，桃に見えている空想の入らない純粋な世界であろう。

　小学校1年生のころの桃は，家族の他に幼稚園の担任の先生など，身近な人

たちの認識はあり，関係を築くことはできていた。そして描画に出てくる桃自身は，いつも子ども番組のキャラクターになっていた（第4章の図3）。凧揚げをしている自分や玉入れをしている自分を大きく描いていることからも，「行為の主体としての」自己感はあったと思われるのだが，このときの桃はまだ自分を十分表象できないのである。

身体としての自己を把握することができるためには，私たちが自己の身体を内側から感じてとらえると同時に，外側から見られる対象となる身体としてもとらえられることが必要である。桃にはこうした他者の視点が希薄だった。スターンの言う主観的自己感にあれば自分の主観的体験が他者と共有可能であることが体験されているが，桃はそれが十分でないため，次の段階，自他についての表象が未熟であった。

事例で取り上げた小学校2年生のころの私や田中君の絵（第4章の図1，2）には，自分と一緒にいる私たちがそれとはっきりわかる姿で描かれている。このことを薫さんは，「Pで楽しいことがあると人間が出てくる」と語った。この年は，"人形かくし"，"かくれんぼ"など見つける―見つけられるといった受動と能動の具体的な遊びをたくさんした。夢中になって遊びこむと，相手の運動が桃の身体において直接体験される。この直接体験にともない他者が纏っている感じ（他者性）が桃に伝わる。他者と自己とはお互いが「共にある」者としてまず桃の世界に立ち現れてくるのである。そこに心地よさを見出すことによって，言わば身体が「覚醒」していくのだと思われる。こうして自己と他者の通じ合いから間身体性に開かれ，さらにそれが「遊びが楽しい」という心地よい情動と混ざり合うことによって，安心感に満ちた間主観的関係が生まれた。人形かくしの様子からも，桃はこの時点ではまだおそらく人それぞれに内心があるということは十分理解していなかっただろう。しかし，楽しいという情動に支えられ，ここでの体験は（束の間のものとは言え）自他が「共にある」体験になった。このように子どもの側が特定の人と共にあろうとし，感情状態を共有しようと積極的になるところに成立してくる自己感を「手応えのある」自己感と名付けたい。「手応えのある」自己感で臨む対人関係は，間

身体性に開かれた相互に主体的なもの（少なくともその萌芽）である。

　しかし，小学校3年生のときの描画（第4章の図4）はまた，ただ机の上に広げられたノートが描かれ，空想の入らない，見えているままの世界にもどったと感じられる。ここで考えられることは，その時々に，桃と周囲の人がどのような関係を築き，桃がどのように心を揺さぶられるかによって，桃の間主観性（間身体性）のはたらきは大きくなったり，小さくなったりするのではないかということである。情動が揺さぶられなかったこのときは，間身体性はまた回路を断たれ，細密に記憶されたそのときの視覚情報で得られていた純粋な世界に逆戻りしたのである。このように「行為の主体としての」自己感が，「手応えのある」自己感に飛躍するためには，直近の人との体験が「共にある」体験にならなければならない。そこには安心感に包まれた雰囲気と，情動の役割が不可欠であると考えられる。

②まさきの場合

　まさきの場合はどうだろうか。幼少期から振り返り，私と「棒人間」でやりとりをする前までを考えていく。

　まさきは多動の時代を経て，純さんとの間主観的な通じ合いはそれなりに築けていたが，それはまだ「スイッチが入ったり，切れたりする」と純さんが感じるようなとぎれとぎれのものだった。そのため，人々が自然と身につけていく物事の暗黙の意味がわかりにくかったと思われる。それについては，養育者の配慮によって，一つ一つわかっていくという過程があった。まさきは児童期までにある程度，表象化された次元を獲得し，「行為の主体としての」自己感を持っていた。

　そのようにして迎えた3年目のP，過去2年場を共にしている経験があったので，私（のりちゃん）がどのような役割をとる者かという認識はあった。この年の三文字しりとりなどのことば遊び，「引っ越しおばさん」についての連呼などは，リズム，抑揚などがまさきの身体を覚醒させるものだったようで，その行為を通じて私とまさきの間には快の情動と安心感の共有が生まれ，「共

にある」体験が開かれたのである。そして，私の感情の理解まで関心が高まっていったものと思われる。

　桃，まさき，2人の自己感の変容をまとめると，まず，環境の持つ機能において，雰囲気が子どもを疎外しない，脅威にさらさないという条件がクリアされていることがあって，「行為の主体となる」自己感から，特定の人に能動的行為が振り向けられる。相手との個別具体的な，身体的な体験，相互交流の繰り返しによって，その人がまとっている感じ（他者性）をつかむ。それが，快の情動に裏づけられると，固有の存在としてその人が浮かび上がる。そうすると，子どもの側は，受動を感じる間身体性に開かれると共に，そこに受け止めてもらえるという信頼のようなものが生まれる。相互に主体的な自己と他者（そうした自他関係の世界の萌芽）が確立する。こうして成立してくる「手応えのある」自己感が煮詰まってくることによって，さらにそれが表象される次元に向かうのだと考えられる。

（5）　表象された次元の獲得から「私」というものについての意識へ

　他者と「共にある」体験を経，「手応えのある」自己感の時期になると，自他を意識した自己意識が形成される。自他をどのように意識しながら，「私」というものについての意識を形成していったのか，その芽生えのところを，まさきの事例をもとに，受動―能動の他者とのやりとり関係から「内なる他者」を育てる過程としてとらえていく。

　中等部1年生のころのまさきは，やりとりは続かないものの言葉を使い，物事の表象はある程度できていた。自分のすることの見通しを持ち，その場に参加している人たちについての認識もあった。

　Pの場で，過去の経験から，特定の大人には自分の主観は理解されているという安心感を生きていたと思われる。まさきが好んで描いていたハッピー新聞の「棒人間」たちは，空想遊びの一つであった。それに大人が関心を示してくれることは自分の存在を認められるような体験であった。すなわち，自分自身に普段から向けられていた他者からの関心が，自己の代替物（棒人間）にも振

り向けられることによって，その代替物が「自己の表象」の位置にまで高められていくのだと考えられる。その過程をまさき自ら推し進めようとするかのように，まさきはさらに自分を押し出すことが多くなっていった。

しかし，そんなとき，同世代の子どもから，おもしろくないという否定的な言葉を浴びせられる。まさきにとって，それは，自分の存在をも否定されたようにひびいただろう。

中等部2年生の夏，自分だけでは受け止めることができないものに出会い，まさきは自分を他者から守ろうとした。それが，剣を持つ「棒人間」に表れている。「棒人間」はまさきが自己を守る情動を投影するものとして使われた。

まさきとした言葉遊びは私にとってもおもしろかった。それはまさきにも十分伝わっていたと思われる。2人の体験が「共にある」体験になるにつれ，快の体験の積み重ねによって，「棒人間」が剣を手放す。こうして，「棒人間」はPで活動する自分も含めた人々を表すものになっていった。「私は私たち」という自己意識の芽生えだった。

和田君とまさきにも過去の活動の積み重ねがあり，まさきは「手応えのある」自己感でもって「のりちゃん」と和田君には接しており，自分のすることを受け止めてくれるだろうという予測があったのだろうと思われる。

一方，家庭でのまさきは，純さんの願いから，家族のために生活年齢にあった役割を果たしている。あるいは，学校生活の中で，当番や係りなどの活動を経験している。この頃の「引っ越しおばさん」の話題で，罪と罰について考えてもいた。いろいろな場所での経験の積み上げがあり，どのようなことが社会的に善なのかといった，規範意識も高まっている。それにそった，ほめる，感謝する，といった概念がまさきにはあった。そこで，人を肯定的に評価することに「棒人間」を使おうと試みたのであった。

まさきは自分の企てによってこれから起きることをイメージしてプランを持っていた。「棒人間」はまさきの情動を投影しているものだが，この企てはまさきにとっては愉快な遊びの一つなのだった。「棒人間」を可視化できる形で置いておき，現実の他者とのやりとりに使った。そして，私も和田君もたい

そう喜んだ。その感情がわかり，自己に対する安心感・信頼となってまさきに映し返された。こうして表象の次元における「棒人間＝私」は，徐々に豊かな内容を獲得していったのだと思われる。

　最終日のプールは，その場全体の一体感も大きく，まさきの「私」の意識の成立をさらに後押しした。二次元の世界に生きていた「棒人間」はまさきと私の身体の一部となって立体化した三次元のものになった。ここにおいて，表象化された自己が，再度（間）身体的な次元と溶け合い，血肉の通った「私」の意識にまで高まったのではないか。こうして，そこにいた現実の人との生き生きした対人関係の世界が開かれたのだった。「私は私」という自己意識がより明確になることによって，「私は私たち」という友だちの世界に漕ぎ出したのだった。

　他者との肯定的な映し合いが繰り返され，それが，間身体的な次元での自己感の成立，自己の表象化，自己と他者の両者の溶け合いを導き，まさきの自己意識と人との輪を広げる志向性の基になったと考えられる。

（6）　その後の感情の理解と対人関係
——自分を直視することから生まれるゆずれる部分

　本項では最終的な自己感の段階として「軽度」と呼ばれる子どもが自己肯定感を持つまでを，きりたの歩みを振り返り，彼が他者を受け止めていこうとするようになるまでの心の育ちとして考えてみたい。

　桃やまさきの自己感と連続したものとしてきりたを考えられるのかどうか，とても悩んだ。語弊があるかもしれないが，おそらくきりたは，桃やまさきとちがい，将来的には定型発達と呼ばれる多数派の人たちと人生を送ることになるだろう。しかし，自己感の成立という観点から言えば，きりたはやはり桃やまさきに近いプロセスを経ていったのだと思われる。それがまさに「軽度」と呼ばれる広汎性発達障碍のある子どもの悩みの深いところである。

　きりたは母親とは間主観的な関係を十分に築いていた。ただし，それはまだ多分に母親による寄与が大きいものであり，きりたの自己感もじつは背後から

母親によって大きく支えられたものであった。

　1歳半の発達検査の後通った療育事業では，生活全体の時間が構造化されている。集まりの会をして，お散歩に出かけ帰るとお昼ごはん，というように，毎日同じことが繰り返される。見通しが持ちやすく，未知なるものに出会うことをなるべく減らそうとして組み立てられている。また，母親と分離する時間をとることで，離れても必ずまた一緒になれるということを繰り返し，愛着を形成し，安心感を育むことも意図されている。園内での子ども同士の関係は，大人によって調整もされており，外傷体験となるような対人トラブルも避けられるようになっている。もともと母親との通じ合いのあったきりたは，ここで，「行為の主体としての」自己感を確立した。言葉も少しずつ出るようになり，「自分は何でもできる」という万能感を生きていた。ただし，それはある意味でまだ脆弱な自己感であっただろう。この万能感が破綻するときに，彼が現実をどのようにとらえるかというところにおいての弱さがあらわれる。

　地域の保育所の子ども集団に入って状況は一変する。他の子どもたちが存在することには気づいているが，おそらく「〇〇ちゃん」と認識している友だちは少なかったことだろう。自分を取り巻く世界を他者と共有してかかわり合って生きることの生来的な弱さは，イメージの弱さとなって，このころのきりたについて回っているのではと思われる。保育所生活の中で，じつはわからなさにいろいろ遭遇しているが，それを直視することを無自覚に避けていた。世界がつねに自分を中心に回っているかのように，世界を自分に理解しやすいようにとらえていく傾向，固く閉じた融通の利かない世界にとどまろうとする傾向が強かったのではないだろうか。それゆえ，その世界を脅かす人とのかかわりになると，攻撃的な姿勢で自分を守るようになった。

　Pでの1年目，きりたはここがどんな場であるのか不安でいっぱいだったはずだ。唯一，療育事業で見知っていた努がいたことは，きりたにとって暗闇を明るく照らす光だった。努のすることに乗る形で，自分の思いを他者を通じて実現しようとする。努に願いを託すあり方が生まれた。努がいるときは「行為の主体としての」自己感を取り戻す。行動を規定する枠がある方がきりたは動

第7章　自閉症のある子どもの関係発達の様相

きやすい。することが決まっている時間はそこにおさまることで，安定していられる。自分の心地よいという感情の把握もできる。とがめられることはあまりないこともあり，自分の思いや意図を実現できる体験の繰り返しの中，きりたにとってＰは安心して自分を解放できる場所になった。

　Ｐでの２年目，行動にまとまりができる。他者とのやりとりを通して「手応えのある」自己感も育ってきて，他者を一人の心を持つ主体としてとらえることはできるようになっていた。ただし，相手の言うことはわかるが，受け止められない状態であった。きりたに必要なことは自分の構築している世界の壁を乗り越えて，現実を見ようとする心の育ちではなかったか。

　Ｐでの３年目に入る前に，下級生が入学してきたことなどで，「手応えのある」自己感はよりしっかりと確立していった。Ｐでも参加者一人一人がどのような人かわかり，自分にとってどんな人なのかが意識されていた。まさきが「棒人間」を通して時間をかけて歩んでいったプロセスを，きりたは案外すっと通過していった。自己を表象化する能力は，相当程度持ち合わせていたのかもしれない。きりたにおいてはあくまで「手応えのある」自己感がより複雑な内容を持つようになることが問題だったと言える。それが煮詰まってくると，きりたは自然と自己と他者を置き換えてその立場，感情を考えることができるようになった。「私」の意識が成立し，自己を多面的にとらえることができると，願いがかなわない場面でも，「私」の問題は何だったのかということを直視するようになり，現実を受け入れることができるようになっていった。そして，守るべき自分の領域にゆずれる部分が生まれる。他者は，自己と他者を知るための他者になり，そうやすやすと傷つかない自己感は，自分にたいする信頼感になり，自己肯定感につながっていった。きりたには，この自己肯定感を持って，これから出会うであろう不測の事態としての現実を受容することが期待される。

　きりたのような子どもは，事例中に私が感じたようにやりにくい子どもという思いを大人が抱きやすい。また，対人関係の問題が，規範を身につける，我慢することをわからせるといったきりたの個の問題に還元されやすい。かかわ

る側の内部にどのような感情がおきているのかの省察が求められる。そして，関係を築くことも，変化することも時間がかかるということを心しておかなければならないだろう。

2 自己感の発達を支えるために

（1） 自閉症のある子どもの自己感の発達

　自閉症のある子どもの自己感の発達を整理すると以下の通りである。
　①間主観性が弱いことから養育者との通じ合いによらない「自らなす」自己感から自己を立ち上げる。これは他者との通じ合いがない世界から帰結する独特の自己感，定型発達の中核的自己感とはその構造を異にする自己感である。
　②養育者の努力やかかわりによって，「馴染みの光景」としての養育者との間にとりあえずの安心感を持てるようになる。
　③世界が一定程度秩序だったものになってくることによって，その世界を変えていけるという感覚を持つ。意図や要求を背景にした自らの能動性を生きる，「行為の主体としての」自己感が現れる。ただし，この段階ではまだ人に向かうことと，ものに向かうことは同列である。
　④「行為の主体としての」自己感を基盤として，個別具体的な他者との交流を体験する。その交流が「楽しさ」や安心感などの肯定的情動に裏付けられることによって，身体が活性化し，他者と「共にある」者としての自己感の萌芽が生じる。そうした「共にある」体験が積み重ねられることによって，間身体性・間主観性が開かれ，「手応えのある」自己感が成立していく。「手応えのある」自己感の時期，特定の人（とくに信頼・安心できる人）に対してだけの対人志向性に開かれる。子どもの側が，共にあろうとし，心の主題を共有しようとしてより能動的になる。相手の側も子どもとのかかわりに手応えを感じやすくなり，主体としてのその子どものあり様がしっかりつかめるようになっている。相手の映し返しが子どもの自己の存在を充実したものにする。
　⑤「手応えのある」自己感は，自他意識の基礎となるものであるが，自閉症

がある子どもの場合，いったんこの状態に入れても，その後の子どもの情動のあり様によって容易にほどけてしまう（「行為の主体としての」自己感に舞い戻ってしまう）ことが多く，いつも他者とつながれるわけではない。

⑥物事の表象化が進む。子どもが用意した自己の代替物に対して，他者が関心を示すことによって，それは「自己の表象」の位置を獲得していく。同時に，その「自己の表象」を用いて，他者とコミュニケーションをすることによって，「自己の表象」はより豊かなものになっていく。

⑦他者との内容豊かな交流体験が煮詰まると，「手応えのある」自己感（間身体的な次元における自己）と「自己の表象」とが溶け合い，「私」の意識，「私は私たち」の意識が成立してくる。

⑧子どもによっては，自分におきていることが何なのかをしっかり見つめることができるようになり，うまくやれている，うまく問題を解決できたという経験を積み重ねる中で，自己肯定感が生まれてくる。

（2） 子どもが独力で生み出さねばならない初期の安心感

スターンの自己感の発達理論は生後間もない段階で，養育者―子ども間に間主観的な通じ合いやわかりあいが起こっていることを原点に，乳児の主観的体験について推論し，その対人関係の発達をたどった。本書第2章2節ではこのスターンの提出した理論的枠組みを下敷きに，言語的自己感以降の自己意識の発達をワロンの自我二重性，鯨岡の関係発達の議論とつなぎ，子どもの自己感の発達を他者との関係性において考えた。

そして，第2章3節では，村上（2008）の着想を援用し，養育者と自閉症のある子どもの通じ合いが乏しいというところを起点に，間主観的関係とは別のルートで自己感を発達させる展開を試案として示した。

考察の結果見出された自閉症のある子どもの自己感の発達のユニークな点は，まず「自らなす」自己感から自己を立ち上げるところである。養育者との共同性から出発していないため，通常，間身体性に基づく安心感を，独力で生み出さなければならなかった。

多くの養育者たちが取り組んでいるように，子どもが住んでいる世界がどのようなものであるかを理解させるためには，構造化のプログラムの中の絵カード，スケジュールの図表などが有効であった。これらは，間身体性に基づく意味世界の理解とその後の子どもの表象の弱さを助けていると思われる。このように自閉症児を取り巻く環境を整備することは未知なるものの恐怖感を減らし，世界の安定的秩序をもたらす一助になりうるだろう。養育者と間主観的関係があるならば難なく参入できる人々の共同性からの疎外は，子どもの周りの環境を整えることで状況認知的なパターンとして記憶されることによって，ある程度は埋め合わせることができるようだ。そして，養育者との愛着が築けた後は，形をまねるといったことによって，「行為の主体としての」自己感まで成立するように思われる。子どもはその都度の試行錯誤によって，自分の要求を押し出し，日常の生活を送ることができるかもしれない。しかし，人と人との関係性に根ざして育つ自己感や他者感を伴わないまま生きることで，その先の豊かな世界を知る道が閉ざされるのではないか。

(3) かけがえのない存在として認められる体験の重要性

今一つの特徴的な点は，「手応えのある」自己感から，言語的自己感に向かって表象化が進むプロセスである。ここを時間をかけて，繰り返していねいに経験を積み上げることによって通過していく。

心地よい情動体験によって身体の働きが活性化すると，子どもの世界における他者の存在感（他者性）が大きくなってくる。受け止めてもらうことによって安心感が生まれ，その人と一緒に行動しようとする。人に向かう気持ち，つながりたいという子どもの動機が，他者との気持ちの共有体験に基づいている。つまり，他者と自閉症のある子どもとの体験が，いかに「共にある」体験となるかが焦点である。

自他のつながりあいから発達する自己感は，お互いを映しあう関係にこそ，その源泉がある。共にあろうとする大人は，つながりあえないことの悲しさを自分のこととして生きる。子どもの不安，不確実さに耐え，それでもなお，つ

ながろうとし，暮らしの中に共有の生活世界を立ち上げようとするのはそのことが自らの喜びになるからである。子どもに，成り込み，きめ細やかにその情動を感じようとする。子どもの側にとって不可欠なのは，そのような育てる人とのかかわりによって得られる，かけがえのない存在として認められる体験である。それがあってはじめて子どもは，能動的に人に向かうことができ，自分が他者と共に生きているという実感を持つようになっていくのであろう。

ワロンがその自我発達論で描いた養育者が，子どもからのはたらきかけに対して応えるだけの「受動的環境」（大倉，2011）のごとくであったのに対して，つながりにくかっただけ余計に桃にもまさきにも他者からのはたらきかけが必要であったことを強調したい。

村上（2008）は，自閉症のある子どもの発達とは新たな次元を次々と発見していく過程であるとした。子どもだけが独力で見つけていくのではない。子ども自らの努力・方策と見られることも，「育てる―育てられる」という営みがからみあっている，「育てる」者と子どもが共同で作り上げているものなのである。

私が少しでも近づきたかったのは，子どもと養育者が「生まれてきてよかった。この世は生きるに値する」と自分の生を肯定する力になるような日々の営みであった。着実に変容を遂げていった子どもたちの姿が，何らかの答えになっていればと願わずにはおれない。

終　章
子どもの固有の生を肯定する

1　自閉症のある子どもを育てる

　これまで出会ってきた自閉症のある子どもとその家族に寄り添いたいという研究の動機は，今ある子どもの症状から自閉症の原因を求めたり，症状の成り立ちを探求したりする従来のオーソドックスな研究や症状の改善を目指す療育論とは根本的にちがっている。自閉症のある子どもとその家族の個別具体の生の営みをとらえたいという私の思いは，私自身が一人の子どもを育てていく体験と響きあい，自閉症のある子どもを育てるということ自体への関心につながっていった。

（1）　**方法論から切り開かれてきたもの**
　個別具体の生の営みをとらえるためには，私がその場に臨み，事象に出会い，感じることが必要であった。偶然にもPという場と出会い，自閉症のある子どもとかかわり，私自身が関係の一つの極となって，両者のからみあいそのものを考察の対象とし，その体験をたどりながら記述することができた。その上で，母親たちと対話をするということを通してそこから見た自閉症のある子どもの内的世界とその母親の内的世界に迫る方法を志向した。
　当初私は，母親たちと，子どもと共にあることの悲しみやつらさ，そして，喜びなどをぴったり重なりあうように体験して分かちあうというような，わかりあうことを目指す態度を追求しようとした。そうしないとその人を理解したことにならないのではないかと思っていたからだ。だが，Pを見学に来た学生

との一件から，私が自分の体験をすべて相手にわかってもらえないことと同じように，当事者になり替わることはできないと知ることは当然の結末であった。

その後のひろみさんとの対話（第3章）によって，「表現と理解」の関係から共同へという，方法的態度を志向し，まずはお互いの思いを知ろうとする関係を作ることを目指した。そこから浮かび上がってきた「共に生きていこうという願いを持って実践に当たる」という方向性は，私の臨床実践にとっても，当事者との関係のあり方について貴重な気づきを与えてくれた。

（2）3つの事例から切り開かれてきたもの
①自閉症のある子どもの自己感の形成

日常的な「育てる―育てられる」関係性から自閉症のある子どもと母親をとらえようとするとき，私の頭につねにあったのは，子どもの「心を育てる」ということだった。私の中でこの言葉は，第1章で批判してきた，良き行動を形成するということの対極にあるものであるとは感じられていたが，しかし，あまりにも広く，取り押さえることがむずかしい概念であるため，どこから迫ればよいのかすぐには鍵が見つからなかった。子どもの自己感の形成に着目することで，自閉症理解に他者との関係性の視点を導入するための理論的足場を構築しようとしたのだが，そのことには，養育者の大きな願いである，子どもの「心を育てる」ということのある面を照らし出し，その内実の一端を示せるのではないかという期待もあった。

養育者との関係性からその発達を考えるという意味では，山上（1999），小林（2000），石井（2002），平井（2009）らの心理療法的アプローチ（第1章）につながる部分はある。一方で本書は，自己と他者を自明のこととせず，子どもと養育者が「関係」するとはいかなることなのか，その内実にまで迫ろうとした。先行研究は子どもの症状の改善を第一義として展開されること，養育者を「共同療育者」と位置づけることなどと合わせて，本書との異同がある。

村上（2008）を援用したのは（第2章），その着想が，自閉症のある人が持つ自他の経験構造を，否定性を含まずに形成的に記述することを可能にするも

のだったからである。村上は養育者と自閉症のある子どもの通じ合いが乏しいというところを起点に,間主観的関係とは別のルートで自己感を発達させていくという展開過程を示唆していた。

　事例の分析は,村上の着想と,スターンの提出した自己感の発達理論の枠組みを下敷きに,言語的自己感以降の自己意識の発達についてはワロン(Wallon, 1956a/1983, 1956b/1983),麻生(1992),浜田(1992b)の内なる他者の形成,自我二重性,鯨岡(鯨岡, 1997, 1999；鯨岡・鯨岡, 2004)の関係発達の議論を拠り所にして,他者との関係性において考えた。

　主なところでは,村上の理論における間主観的な関係から安心感の構造が生まれる時点を,スターンの「共にある」体験の出発と重ねて考えた。スターンの理論は,とくに生後間もなくの無様式の体験,非言語の世界にあって,vitality affect,情動調律などがいかに重要であるかを示したものであるが,だとすると自閉症のある子どもが母親としっくりいく関係に入れないということが何を意味するのかについて,それは逆説的な意味での示唆を与えてくれた。ただし,スターンの理論は,「育てる者」の実感にまでは届いていないと思われる。

　また,本書では,人と向かい合う場には相手に向けられる何がしかの感情,意識が含まれており,人はそれら知覚したものをまとめ上げるという村上の視点を,人としての身体の共同性により,情動が伝播していくというワロンの議論と重ね,そこから形の模倣,やりとり関係,さらに表象の世界につながっていくのだと考えた。ワロンは,人ははじめから周囲の人々と何らかの共生的関係をもち,身体で通じ合っているものがあり,自我形成の過程そのものに他者との関係性が深く入り込んでいるとした点,とくに交替やりとり遊び,一人二役行動を通しての表象の成り立ちを示した点について,本書の大きな参照点となった。しかしワロンにおいてもまた,養育者はあくまで子どもに応える役回りであって,その内的体験やより積極的な働きかけには関心をはらっていない。

＊

　私の主眼は「育てる―育てられる」という関係性から子どもの発達を考える

ことであり，養育者も個別具体の生を生きているということを積極的に組み込みたかった。それに応えてくれたのは鯨岡である。鯨岡は「育てる者」の内的体験を尊重する。心を育てるという姿勢に重きを置いている。発達障碍についても，母親を「原因」と見るのではなく，母親の「育てる」営みがその子の状態像と切り離せないこと（それは定型発達の場合も同様である）を主張していた。しかし，鯨岡においてもまだ，自閉症の子どもの心がどのように育つかについて明確にはなっていない。この点を補うべく村上やスターン，ワロンを組み合わせたのが，本書の理論的立場である。一言で言えば，村上の理論的枠組みに，「育てる者」の視点を組み込んだものだと言っても良い。

　安心感の構造は環境を調整することである程度獲得できる。そして，その後の自己感の発達，心地よい情動の体験から，子どもの対人志向性が開かれるところや，表象化が進むプロセスには，子どもと養育者が一個の主体としてお互いを映し合う関係や，他者からのはたらきかけが重要であり，「育てる者」の存在が不可欠であることを見出した。これによって，快の情動を共有できる経験が他者との関係からの自己理解を進める（別府，2007）といった主張を，ある程度，実証的に説明できるのではないだろうか。また間主観的な体験を経て愛着者が内在化された他者になり，自己意識の析出が可能になる（杉山，2009）という主張を，認知発達の面からではなく，自己感の形成からとらえることが可能になると思われる。

②自閉症のある子どもについての理解

　自閉症のある子どもも，自分一人の世界を大事にしたいという面と，人とのかかわりの中で生きていきたいと感じられる面があること，困難を乗り越え自由を広げることと，それによって新たな束縛を受けることなど，両義的な存在であることも描かれた。また，人は一つの決まった道筋を歩んでいくのではなく多様な変化する構造を持つ可能性があることも示した。このような視点に立つことで，自閉症のある子どもには何かが欠損しているとか，劣っているとかいった世の中の人々が漠然と抱いている偏見を揺り動かすことができるのでは

終　章　子どもの固有の生を肯定する

ないかと考える。その上で，自閉症のある子どもも，間主観性に開かれ，情動に開かれる可能性が十分にあることも示された。共同的関係の中で生きていく，社会的な関係の中にこそ個としての人格が作り上げられていく芽がある。子どもを「わかる」「わかってもらえる」幅が広がることは，本人も周りも生きやすくなることに通じる。

　きりたの自己感の発達を，桃やまさきとつなげて考えられるのかどうか迷ったことは，先に述べた。「軽度」と呼ばれる広汎性発達障碍のある子どもは，表面上は，言葉を使い，人とコミュニケーションしているように見える。そのように周りの人たちも接する。軋轢や，衝突が生まれることが多い。それとも関連して，言葉の使用も，意図の伝達はできているかもしれないが，他者との関係性や主体としての体験との絡まり合いが不足して，齟齬が生まれている可能性がある。このように，自己感の形成を考えることで，子どものとらえ方が広がる可能性も生まれた。

③養育者の位置づけをとらえ直す──自己感の形成と養育者

　第2章4節では，医療モデルからの共同療育者としての位置づけと，当事者としての思いにかかわらず「支援される者」として見る，福祉の目からの一方的な位置づけを批判した。養育者は，たんに社会から子育てを委託されている存在ではない。まして，自閉症のある子どもの問題行動を減少させ，社会に迷惑をかけないようにするために生きているのではない。事例では養育者はそれぞれ自分の子どもをわかろうとして，心を尽くしていた。障碍というものに対する社会の共同主観から逃れられず，ときには子どもを観察するような構えとなってしまうこともあるが，養育者にとって一番の喜びになるのは，わが子が生き生きする姿，心の交流が感じられたときであった。子どもにしていることには，その人にとっての意味がある。子どもと「共に生きる」ことを宿命づけられていても，「共に生きる」ことの中身を新たにしていくのは，自分自身である。

　そして，どの人もこの子どもといることは楽しい，おもしろいと思う場面に

もたくさん出会っている。そういう意味で，養育者は，共同療育者や支援される者という位置づけにおさまらない，もっと自立的で固有の存在である。たしかに子どもに自閉症があるということは，少数派に属し，その人にとって独特の意味をもたらす体験かもしれない。養育者は子どもの発達を促進する環境の一部ではなく，子どもに安心を与え，自己感を共に作っていく他者であるという点では通常の子育てと大きく重なっており，子どもを育てることに希望と喜びがあることも同様である。私は今回，研究協力者となってもらった母親たちの前ではただ，子どもを共にまなざす者であり「専門家」ではなかった。臨床に携わる人たちに求めることは，障碍のある子どもの養育者であるという存在に先んじてあるその人に敬意をはらい，一人の生活者として尊重し，共に子どもを育てる者としてつながり合うことである。

2　自閉症のある子どもへのまなざし

(1)　人と人とが出会うこと

　Ｐでは子ども一人一人を学生ボランティア（高校生・大学生）が担当する。保育・教育に関心があり，障碍のある子どもと出会いたいという明確な動機を持つ生徒・学生も多いが，友だちに誘われてなんとなく来たという生徒・学生もいる。保育当日，はじめて子どもたちに出会った彼らに私たちが最初に言うことは，担当の子どもから離れないことと，あなた自身が楽しんでねという2点だけである。多くの生徒は，障碍のある子どもにかかわることもはじめてであり，保育について何の知識もスキルも持ち合わせていない。恐る恐るといった感じで子どもに向かったり，反対に，さあ遊んであげようと気負った姿勢で子どもに近づいたりすると，するりと避けられることもある。そういうことを経て，しだいに身体を頼りに子どもの思いを感じ取ろうとすることに懸命になっていくのである。そして1日子どもといるとほとんどの生徒が，何らかの手応えを得られるようだ。はじめはどのように接したらいいか困惑するものの，次第に子どもが自分に関心を向けてきたり，頼りにしてくれたりするようにな

ると,「〇〇ちゃんが笑ってくれてうれしかった,楽しかった」「どこか通じ合ったような気がする」そんな感想を寄せてくれる。ボランティア自身はまったく意識していないだろうが,はじめの子どもに対する手応えのなさが,結果的に子どもをよく見,よく感じる構えにつながると考えられる。子どもを見ることと,自分を見ることの往還がされ,子どもがいることで自分がそこに存在できる,そういうことが,自覚されることに先立ち成されているのであろう。1回だけの出会いの生徒もいる。その人たちも,これからの人生の中で,何かの折にこの体験を思い起こしてくれるとうれしい。

　大学生になってもボランティアを続けてくれる人は高校生ボランティアを経て,なお子どもたちにかかわろうとする人たちである。その人たち同士で,こんなことがあった,こんなときはどうしている,とそれぞれの経験を話し合い,受け止め合い,認め合う機会がある。そして何年か続けて子どもたちといると,必ず何らかの子どもの変容に気がつく。これはこの上ない喜びである。子どもの姿に大人たちは励まされ見事に一体感が生まれる。まさに子どもたちがボランティアを育ててくれるのだろう。このようにして,Pにかかわった多くの若者が充実感と共に自分の生き方を考え,小・中学校,支援学校の教師,療育事業の保育士,言語聴覚士と自分の進路を定め巣立っていった。私も含め,そこには自分が生かされているという喜びがあるからであろう。Pの活動の中で,「育てる者」と子どもは間主観的体験の上に成り立つ出会いを体験する。参加する者がある体験をしたときの情動や身体の感覚,達成感の中で出合う自分,体験の中に見出す新しい自分への気づき,そういうものがPにはある。このようにして,自分が「存在していること」についてより深く考えあえる場なのだ。

（2）　子どものペースを守る

　ボランティアが1対1で子どもを担当するのは,はじめは子どもの安全を確保することと,個々の子どもが無理に集団に合わさなくてもよいようにという意図があったと思われる。それによって結果的に,Pの大人は子どもに何かをさせようと身構える必要がなく,基本的に子どものしたいことに添うように考

えることができた。そうはいっても，まったくすることが用意されていないことは「自らなす」自己感にとどまっている子どもや，きりたのように秩序の枠があった方が動きやすい子どもにとっては苦痛である場合もある。そこで，今ある子どもの興味・関心に添った遊びをゆるやかな枠組みとして提供している。それが料理，制作活動，プール遊びなどのプログラムである。このように，大人が活動を作り，子どもを導いていくあり方と，子どもが活動をしやすくして大人やボランティアがそれを包むことのバランスが，柔軟性をもって絶妙にとれているのではないかと思う。

　私は活動の中で，しばしばボランティアとの１対１のあり方が子どもの集団への参入を妨げるのではという迷いを抱いたが，どの事例も物語っているように，集団か個別かという二者選択で語ることはふさわしくなかった。まずは誰かしらとの結びつきを保証することは，ここが安心できる場であることを示し，その上で子どもが自分の行為をまとまりのあるものとして体験することができるような配慮となった。まずこの１対１の関係の中で，ボランティアが思いを感じようとする構えで子どもと並んでおり，誰かと何かを共有する取り組みを通して情動を共有する体験を積む。それはやがて，子どもの一緒に遊びたい，つながりたいという意欲を引き出すことにつながった。

　また，子どもは新しい関係性の中で，共感する体験ばかりではなく，傷ついたり，混乱したりする体験にももちろん出会う。そのときには子ども自らいつの日か変容する力を持っていることを信じ，動じず静かに待つ。

　子どものニーズに応えるということがよく言われる。それはしばしば個別のニーズということに置き換えられて使われているが，個だけで完結するための配慮には新しい世界への希望がない。子どものどこかしらに，人はいいものだ，側に誰かがいてくれるのはうれしいことだ，という気持ちが芽生えたときに他者と意味をつなげながら対人関係の世界を広げていくのだと思う。Ｐでは入りたいときに入り，出たいときに出られる，出入り自由の集団を子どものそばに用意しておけたことが，プラスに作用していると考えられる。

（3） 療育論の対立を超えて

　近年，発達障碍のある人の存在が社会に認知され，その概念が定着しつつある。それにつれてやみくもに子どもを「集団に合わせる」という発想は減少しているのではないかと思われる。それと入れ替わるように台頭してきたのが「障碍の特性」という考え方である。「障碍の特性」に配慮してその子どもが生きやすいようにするための，子どもが育つ場での発達障碍の早期発見は，それに携わる者に誇らしい気持ちを抱かせる（田中，2008）。そして，「障碍の特性」という考え方は，子どもが生きづらさから解かれるための「特性」に合った唯一の正しい方法があるかのような幻想を振りまくことにならなかっただろうか。

　特性に配慮することは，子どもに安心感をもたらす上では一定の役割を持つと考えられるが，自分を作り上げていくのに不可欠な新しい世界との出会いを視野に入れたとき，行き詰まりが生じる。

　また，この考え方を推し進めることには，自閉症のある子どもにかかわる人にとって，2つの問題があると考える。一つ目は，障碍は子どもの個にあるものとして，子どもをその機能で細分化する点である。生きている全体としての子どもを見失ってしまう。

　今一つは，予断をもって子どもに向かうことで，かかわる側が自分を省察する契機を逃すということである。

　ただ，実践はこの子どもを受け入れなさい，ではすまない面がある。社会の共同主観においてもそういうわけにはいかない。あるがままを認めることと，今この子どもをどうするかの両方に応えなければならない。療育論の対立を超えて，自閉症のある子どもの安心感を確保することと，「心を育てる」という点に各論のメリットを持ち寄ることができるであろう。Pでしていることからわかるようにそれは特別なことではない。子どもたちに関心を持ち，子どもの好きなことを分かちあい，喜びと自信をもってかかわっていくことを感じてほしい。

（4） あらかじめの固定された枠組みから離れる

　本書では，主体としての子どもが，他者とのかかわりの中から新しい自己のあり方を発見し，自己感を形成していく過程を明らかにしようとした。そのことを踏まえるとき，私たちにできることは，自らのあり様を省察しながら，子どもとの間に何が起きているのか感じることである。そうすると，やがて自分の思惑を離れ，自分が想定した事態に留まらないことが両者の間に立ち現れてくるのである。

　子どもにとって外の世界がわかりはじめることは，内面に生じる新たな不安に出会うということでもある。この事例の後，まさきは「かっこいい」とか，「えらいね」など，人から自分を評価されるような言葉（それらはすべて肯定的なものであったにもかかわらず）をかけられることをとても嫌がる時期があった。ある価値に縛られることへの拒否が色濃く出たと感じられた。新たな自己感を得る前には，たいてい，行きつ，戻りつするような困難な時期があるように思われる。自分で自分を新しく形作っていくというあり方を支え，よりどころとなるのは，つねに自分の存在や思いを大切にしてもらっているという「無条件な承認」の感覚であろう。

　事例で取り上げた子どもたちが体験したことは，子どもの生活世界が，周囲の物や人との関係，その子どもの生きる文化との関連で再編，再体制化されていくこと（鯨岡，1986）であったように思われる。そのことは，出来事の後に子どもの変容として気づかされるものであった。次に必要なことは，子どもに導かれる中で子どもが教えてくれる。

（5） 自閉症のある子どもとして見ることと，年齢相応の生活を重ねてきている子どもとして見ること

　本書ではＰの場で起きたことに焦点化して検討をしてきたため二者関係が議論の中心になっている。しかし，子どもたちはその生活年齢相応に経験を重ねている。きょうだい関係や学校での毎日，他の子どもたちとの軋轢など，いろいろな体験がその子どもを形作っている。事例の3人の子どもも，Ｐ以外のと

終　章　子どもの固有の生を肯定する

ころで憧れの友だちができたり，熱中できる好きなことができ，それを媒介にして人とつながることがあったりと，心を揺さぶることにたくさん出会った。それらは彼らが豊かな人生を送るためになくてはならないものになっている。そのようなことに出会うためには，年齢相応の暮らしを送る一人の子どもとして素朴に子どもをまなざすことも「育てる」ことの重要なもう一つの視点であろう。繰り返し，繰り返し，生活の上での実感を伴う本物の体験を身に被ること，その中に子どもの感覚を揺さぶることが用意されているのだろう。

(6) 自閉症のある子どもと「共に生きる」社会を遠くに見据えて

　私が通勤に使う電車の沿線には障碍児・者のための学校，療育施設や就労の場が多くあり，車内でも障碍のある人をたくさん見かける。そして私はそこに乗り合わせている人々がどのような思いを抱いてそこにいるのかを気にかけている。まったくかかわりがないと思っている人，「何をするかわからない」と訝しがっている人，障碍のある人との何らかのかかわりの体験のある人，当事者家族まで，じつに様々な自閉症についてのとらえ方があることが想像できる。

　私が勤務する大学で，担当している授業を受講している学生の中に自閉症のあるきょうだいを持つ学生がいる。彼らは自閉症のある人の家族としての困難な体験を経てもきているであろう。しかし，彼らがユーモアを交えながら，またときには自虐的にきょうだいたちを語るとき，彼らをどんなに大切に思っているかがにじみ出て，他の学生の心を打つのである。

　また，学生が障碍児・者施設の実習を終えて帰ってくると必ず自分の中の障碍児・者観の変化を語ってくれる。多様性を認め合う社会を模索することも，私たち自閉症のある子どもを「育てる者」たちに与えられている別の角度からの課題である。繰り返しになるが，自閉症のある人との出会いの体験は，その課題に対する一つのアプローチとして大きな可能性を感じさせる。

3 今後の展望と課題

　本書では，障碍児学童保育Pで私が体験したエピソード，およびそれについて母親たちと対話するという方法で，自閉症のある子どもの自己感の形成過程を考察してきた。
　自閉症のある子どもはあるところまで，定型発達とはちがった形で自己感を作り上げていくが，やはり，人生を楽しく充実したものにするためには人とのつながりが必要であるし，それは養育者をはじめとする大人の「育てる」という営みの中で共同で作り上げていくものである。つまるところ，人を「育てる」という営みにおいて何を大切にしていくかを考えると，その子どもの存在を認めるというところに立ち返ることとなった。
　私自身の研究の課題を挙げて論を閉じたい。一つは重度と呼ばれる自閉症のある子どもの思春期，性の目覚めの時期の自己感についてである。その時期は，まさに自己の身体が「覚醒」する様子がうかがわれ，自分の欲求を満たすために意識が他者にダイレクトに向かうことがある。それまで他者をないもののように振る舞っていたあり様を考えると急激な変化であり，自己感の変容にも大きな可能性が感じられる。しかし，この分野はたいへんデリケートな問題であるため，養育者にとっても子どもの行動の悩みは深刻であり，いかにコントロールするか，または封じ込めるかという方向に向かうようである。そのため，この時期の子どもを取り上げることが研究になじむかどうかということを方法も含めて再度検討しなければならないであろう。
　今一つは，これからも増加が予想される[11]「軽度」と呼ばれる自閉症のある子

---

[11] 発達障碍のある子どもが増えているかどうかは，議論が分かれるところだが，特別支援学級の在籍児童数が増加していることは確かである。発達障碍の概念が確立し，保育・教育の現場に浸透していった結果としての側面と，第2章5節で指摘したような，問題を洗い出す大人のまなざしによる影響などが関連しているとの見方が本書の立場である。

終　章　子どもの固有の生を肯定する

どもの多様な姿を一人一人精査し，自己感の変容についての理論を錬成することである。養育者との間主観的な関係は比較的早くに結ばれているため，その後の発達の様相は千差万別，子どもの姿は多様である。一人一人に寄り添うことを抜きにして生きづらさを分かち合うことはできない。その上で，その子どもが他者とよりよい関係を結べるようになっていくために，「育てる者」のあり方はいかなるものであるべきかについて糸口を見出し，保育・教育に携わる人たちによりわかりやすい形で提示していきたい。

　そして，私はこれからもＰでの実践を続ける。Ｐに集う子どもと養育者たちに教えられ，子どもの変容の喜びを皆と分かち合っていきたい。

あとがき

　書き進むにつれ，本書を手に取って下さった皆さんにお伝えしたいことが，よりはっきりしてきたように思います。
　私はＰ以外でも，保育園，幼稚園で特別支援の助言を求められたり，子育ての相談にのったりする機会があります。そこでお会いするすべての方の「この子のために」という切実な思いに突き動かされながら，一緒に子どものことを考えたいと思ってきましたし，これからもそのつもりです。しかし，「子どもの心を育てる」という，ひびきは美しく，自明のことと思われるこの言葉のわかりにくさ，あいまいさに私も苦慮してきました。あいまいさにの中にも大切なことがあるとは感じていても，具体的な手立てがほしいという保育者の願いもわかります。また，「子どもの心を育てる」ということを伝えるために発した「子どもの気持ちに寄りそって」が苦痛だった，というお母さんの本音もうかがいました。そんな日々，私自身の中に子どもをまなざす軸となるものがぜひとも必要でした。「自己感」という概念を鍵にすることで，子どもに「よき行動」を獲得させるはたらきかけとは異なる「育てる者」の存在の意味，重要性を私なりに考えることができました。皆さんにも，それが届くことを願っています。

　今夏の障碍児学童保育Ｐも子どもたちと学生ボランティアの笑顔と充実感の中で終わりました。私がＰにかかわって10年の年月が流れました。はじめのころに出会った子どもたちはＰを巣立って社会人になり，お母さんたちも次の世代の人たちが活躍してくれています。
　Ｐの活動を通して変わっていく子どもの姿を，また一生懸命育てているお母さんたちの思いを，その姿をぜひ，読んでいただきたく思います。Ｐを巣立っていった子どもたちのお母さんたちとも，そのつながりは今も途切れることが

ありません。たわいもないおしゃべりの中にも，深刻な話題のときにも，私はなんとも言えない心地よさを感じます。どのような私であってもきちんと受け止められることをうれしく思います。これは，人が生きていくことの悦びの原点ではないでしょうか。そのような関係をPにかかわる人たちは作ってきたのです。

　本書は，京都大学大学院人間・環境学研究科に提出した学位論文「自閉症のある子どもの関係発達――「育てる―育てられる」という枠組みでの自己感の形成を中心に」を加筆修正してまとめたものです。
　私は40歳を超えて鯨岡峻先生の研究室に入れていただきました。この場所の温かさも，また厳しさも，私にとってはかけがえのないものでした。丁寧なご指導と多くの貴重なご助言，ご校閲を賜りました鯨岡峻先生に心より感謝申し上げます。先生にめぐり合えたことで，後半生の生きる指針を得ることができました。
　岡田敬司先生はいつも優しいまなざしで私を見守って下さいました。研究が果たしてまとまるのだろうかと苦しかった時期，先生が事例を評価して下さったことで前進への意欲を取り戻すことができました。ありがとうございました。
　緻密に議論を組み立てるための準備の大切さから，文章の校正まで，大倉得史先生には，本当に丁寧にご指導していただきました。甚だ未熟ではありますが，先人の知見から思索をめぐらせ，その上で自分の言葉で語ることをこれからも心に刻んでまいります。ありがとうございました。また，研究の仲間である鯨岡研究室，岡田研究室，大倉研究室の皆様に深く感謝します。皆さんの存在がどれほど私の心の支えになったことでしょうか。
　私に自閉症のある子どもとのかかわりの原点を授けて下さった，よう君とかずこさんに感謝します。また，長期にわたり研究に協力して下さったトシ，ひろみさん，桃，薫さん，まさき，純さん，きりた，恵さんとそのご家族の皆様，障碍児学童保育Pにかかわるすべての皆さんに感謝します。これからも楽しいことをたくさんしましょう。

あとがき

　本書はミネルヴァ書房の吉岡昌俊氏のお手をわずらわせながらこの世に生まれることができました。吉岡さん本当にありがとうございます。

　研究の長い時間の途中に私は母を亡くしました。母の人生は人に尽くす人生であったように思います。私が2度目の学生になったとき一番喜んでくれたのも母でした。病床にあってもなお私の言葉にしていない気持ちを察し，気づかってくれました。養育者と子どものことを考えるとき私はいつも心の中で母と対話しています。本書を今は亡き母，渡邉純子に感謝をもって捧げます。

　私の誕生日，4月2日は国連が定めた「世界自閉症啓発デー」です。これもひろみさんが教えてくれました。発達障碍の概念の広がりとともに自閉症のある人の生きづらさへの理解が進むかに思えますが，事態はそう簡単には好転していかないようです。すべての自閉症のある人の固有の生が肯定され，社会全体で包み込んでいくことができますように，微力ではありますが本書がその一助になることを願ってやみません。
　本書は多くの方々との出会いに支えられ，そこで皆様から与えられた事柄の中から生まれたものです。皆様との貴重な出会いに今一度感謝申し上げます。

　　2014年11月

　　　　　　　　　　　　　　　　　　　　　　　　　　　　山崎徳子

引用・参考文献

American Psychiatric Association (2013) *Diagnostic and statistical manual of mental disorders : DSM-5.* (高橋三郎・大野裕 (監訳) (2014)『DSM-5精神疾患の診断・統計マニュアル』医学書院)

麻生武 (1992)「すみやかに私が『私』になっていく子どもの事例から」浜田寿美男 (編)『「私」というもののなりたち』ミネルヴァ書房　pp. 41-65.

Baron-Cohen, S. (1987) Autism and symbolic play. *British Journal of Developmental Psychology,* **5**, 139-148.

Baron-Cohen, S. (1995) *Mindblindness : An essay on autism and theory of mind.* MIT Press. (長野敬・長畑正道・今野義孝 (訳) (1997)『自閉症とマインド・ブラインドネス』青土社)

Baron-Cohen, S. (2008) *Autism and asperger syndrome : The facts.* Oxford University Press. (水野薫・鳥居深雪・岡田智 (訳) (2011)『自閉症スペクトラム入門――脳・心理から教育・治療までの最新知識』中央法規出版)

Baron-Cohen, S., Flusberg, H., & Cohen, D. (1993) *Understanding other minds.* Oxford University Press. (田原俊司 (監訳) (1997)『心の理論――自閉症の視点から (上)』八千代出版)

Baron-Cohen, S., Leslie, A., & Frith, U. (1985) Does the autistic child have a theory of mind? *Cognition,* **21**, 37-46.

別府哲 (2007)「高機能自閉症児の自己の発達と教育・支援」田中道治・都築学・別府哲・小島道夫 (編)『発達障害のある子どもの自己を育てる』ナカニシヤ出版　pp. 68-81.

藤野博 (2006)「特別支援教育における臨床発達心理学的アプローチ――生涯発達的視点に基づくアセスメントと支援」本郷一夫・長崎勤 (編)『別冊

発達28 特別支援教育における臨床発達心理学的アプローチ——生涯発達的視点に基づくアセスメントと支援』ミネルヴァ書房 pp. 56-66.
船津守久・李木明徳（2001）「子育てのバリア——自閉症のある子どもを育てる母親の子育ての語りから」『特殊教育学研究』8，65-75.
浜田寿美男（1992a）「自閉症をどう記述するか」浜田寿美男（編著）『「私」というもののなりたち』ミネルヴァ書房 pp. 151-216.
浜田寿美男（1992b）「自我が形成されるとはどういうことなのか」浜田寿美男（編著）『「私」というもののなりたち』ミネルヴァ書房 pp. 67-99.
浜田寿美男（2002）『身体から表象へ』ミネルヴァ書房
平井信義（1968）『小児自閉症』日本小児医事出版社
平井正三（2009）「自閉症のこころにせまる——精神分析の立場から」『そだちの科学』11，48-53.
Hobson, R. P.（1993）*Autism and the development of mind.* Psychology Press.（木下孝司（監訳）（2000）『自閉症と心の発達——「心の理論」を越えて』学苑社）
稲波正充・小椋たみ子・Rodgers, C.・西信高（1994）「障害児を育てる親のストレスについて」『特殊教育学研究』32(2)，11-21.
石井哲夫（1971）『自閉症児がふえている』三一新書
石井哲夫（2002）『自閉症児の心を育てる』明石書店
石野秀明（2001）「2～3歳時の子どもの存在/自己のありようを記述する試み——主体間の両義的な力動的関係という観点から」『発達心理学研究』12(2)，110-122.
石坂好樹（2009）「自閉症の認知理論の現在」髙木隆郎（編）『自閉症——幼児精神病から発達障害へ』星和書店 pp. 61-85.
海津敦子（2002）『発達に遅れのある子の親になる——子どもの「生きる力」を育むために』日本評論社
神尾陽子（2009）「自閉症への多面的アプローチ——発達というダイナミックの視点から」『そだちの科学』11，10-14.

Kanner, L. (1943) Autistic disturbances of affective contact. *Nervous Child*, **2**, 217-250.（十亀史郎・斉藤聡明・岩本憲（訳）（2001）『幼児自閉症の研究』黎明書房　pp. 10-55.）

木下孝司（1995）「他者の心，自分の心──心の理解の始まり」麻生武・内田伸子（編）『講座発達心理学2』金子書房　pp. 163-192.

木下孝司（2008）『乳幼児期における自己と「心の理解」の発達』ナカニシヤ出版

小林隆児（2000）『自閉症の関係障害臨床』ミネルヴァ書房

小林重雄・園山繁樹・野口幸弘（編著）（2003）『自閉性障害の理解と援助』コレール社

古賀正義（1997）「質的調査法とは何か」北澤毅・古賀正義（編）『〈社会〉を読み解く技法──質的調査法への招待』福村出版　pp. 14-20.

輿石薫（2005）『育児不安の発生機序と対処方略』風間書房

久保紘章（1982）「障害児を持つ家族」加藤正明・藤縄昭・小此木啓吾（編）『講座家族精神医学3・ライフサイクルと家族の病理』弘文堂　pp. 159-175.

鯨岡峻（1986）『心理の現象学』世界書院

鯨岡峻（1997）『原初的コミュニケーションの諸相』ミネルヴァ書房

鯨岡峻（1998）『両義性の発達心理学』ミネルヴァ書房

鯨岡峻（1999）『関係発達論の構築──間主観的アプローチによる』ミネルヴァ書房

鯨岡峻（2002）『「育てられる者」から「育てる者」へ──関係発達の視点から』日本放送出版協会

鯨岡峻（2005）『エピソード記述入門──実践と質的研究のために』東京大学出版会

鯨岡峻（2006）『ひとがひとをわかるということ──間主観性と相互主体性』ミネルヴァ書房

鯨岡峻（2009）「特別支援教育の理念と発達の考え方」『教育と医学』**57**(12)，

84-93.

鯨岡峻・鯨岡和子（2004）『よくわかる保育心理学』ミネルヴァ書房

松田道夫（1967）『定本育児の百科』岩波書店

Mesibov, G. B., Shea, V., & Schopler, E. (2004) *The TEACCH Approach to autism spectrum disorders.* （服巻智子・服巻繁（訳）(2007)『自閉症スペクトラム障害の人へのトータル・アプローチ──TEACCHとは何か』エンパワメント研究所）

箕浦康子（編著）（1999）『フィールドワークの技法と実際──マイクロ・エスノグラフィー入門』ミネルヴァ書房

宮崎隆太郎（2004）『増やされる障害児』明石書店

文部科学省（2003）「主な発達障害の定義について」

文部科学省（2007）「『発達障害』の用語の使用について」

森岡正博（2006）『自分と向き合う「知」の方法』筑摩書房

村上靖彦（2008）『自閉症の現象学』勁草書房

村松陽子・門眞一郎（2009）「自閉症スペクトラムの療育と支援」高木隆郎（編）『自閉症──幼児精神病から発達障害へ』星和書店　pp. 163-179.

無藤隆（2007）『現場と学問のふれあうところ──教育実践の現場から立ち上がる心理学』新曜社

中根晃（1983）『自閉症の臨床──その治療と教育』岩崎学術出版社

中根晃（1996）『自閉症児の保育・子育て入門』大月書店

中根晃（1999）『自閉症』日本評論社

中根晃（2004）「自閉症は『自閉』症ではないこと」『そだちの科学』1, 110-113.

夏堀摂（2001）「就学前期における自閉症児の母親の障害受容過程」『特殊教育学研究』**39**(3), 11-22.

西研（2001）『哲学的思考──フッサール現象学の核心』筑摩書房

西研（2006）「大人になること，自由になること」苅谷剛彦（編）『いまこの国で大人になるということ』紀伊國屋書店　pp. 307-328.

西村清和（1989）『遊びの現象学』勁草書房

大日向雅美（2002）『母性愛神話とのたたかい』草土文化

岡田智（2008）「自閉症スペクトラム障害児へのソーシャルスキル・トレーニング――心の理論/社会的認知の視点を含んだ臨床実践に基づく効果と課題の検討」『日本特殊教育学会大会発表論文集』p. 45.

岡本夏木（2005）『幼児期――子どもは世界をどうつかむか』岩波書店

奥田健次・井上雅彦（1997）「自閉症児における家庭中心型指導による早期教育」『障害児教育実践研究』5, 25-34.

大倉得史（2011）『育てる者への発達心理学』ナカニシヤ出版

太田昌孝（2006）『発達障害』日本評論社

乙武洋匡（1998）『五体不満足』講談社

小澤勲（1984）『自閉症とは何か』精神医療委員会（2007　復刊　洋泉社）

Pennington, B. F., & Ozonoff, S.（1996）Executive function and developmental psychopathology. *Journal of Child Psychology and Psychiatry and Allied Disciplines*, **37**, 51-87.（十一元三（訳）（1998）「実行機能と発達病理」高木隆郎・M. ラター・E. ショプラー（編）『自閉症と発達障害研究の進歩〈Vol. 2〉』星和書店　pp. 278-335.）

Premack, D., & Woodruff, G.（1978）Does the chimpanzee have a theory of mind? *The Behavioral and Brain Sciences*, **1**(4), 515-526.

Rutter, M.（Ed.）（1971）*Infantile autism : Concept, characteristics and treatment.* Churchill Livingstone.（鹿子木敏範（監訳）（1978）『小児自閉症』文光堂）

坂口美幸・別府哲（2007）「就学前の自閉症児を持つ母親のストレッサーの構造」『特殊教育学研究』45, 127-136.

榊原洋一（2007）『脳科学と発達障害――ここまでわかったそのメカニズム』中央法規出版

坂本裕（2001）「教師による母親の事情にあわせたコンサルテーション――母親が自閉症であるわが子の入浴行動の形成を支援した事例と身支度行動の

形成を支援した事例を通して」『特殊教育学研究』**38**(5), 79-85.

佐々木正美（1992）「親や家族が子どもの障害の『診断』『状態像』を適切に受容し，機関と家庭内教育の連動を進めるために」安田生命社会事業団（編）『発達障害児・不登校児の親・家族への援助と相互協力』安田生命社会事業団　pp. 1-50.

佐竹真次（2006）「ポジティブ行動の促進による支援」本郷一夫・長崎勤（編）『別冊発達28　特別支援教育における臨床発達心理学的アプローチ――生涯発達的視点に基づくアセスメントと支援』ミネルヴァ書房　pp. 84-95.

Schopler, E., Brehm, S. S., Kinsbourne, J., & Reichler, R. J. (1971) Effect of treatment structure on development in autistic children. *Archives of General Psychiatry*, **24**, 415-421.

Schopler, E., & Mesibov, G. B. (Eds.) (1984) *The effects of autism on the family*.（田川元康（監訳）（1987）『自閉症児と家族』黎明書房）

Schopler, E., Reichler, R. J., & Lansing, M. (1980) *Teaching strategies for parents and professionals.* (*Individualized assessment and treatment for autistic and developmentally disabled children*, vol. 2.) University Park Press.

Stern, D. N. (1985a) *The interpersonal world of the infant*. Basic Books.（小此木啓吾（監訳）（1989）『乳児の対人世界　理論編』岩崎学術出版社）

Stern, D. N. (1985b) *The interpersonal world of the infant*. Basic Books.（小此木啓吾（監訳）（1991）『乳児の対人世界　臨床編』岩崎学術出版社）

杉山登志郎（2009）「学童期における心と脳の発達」『そだちの臨床――発達精神病理学の新地平』日本評論社　pp. 161-176.

滝川一廣（2004）『こころの本質とは何か』ちくま新書

田中昌人（1985）『乳児の発達診断入門』大月書店

田中昌人（1987）『人間発達の理論』青木書店

田中康雄（2008）『軽度発達障害――繋がりあって生きる』金剛出版

田中康雄（2009）『支援から共生への道――発達障害の臨床から日常の連携へ』

慶応義塾大学出版会

谷口明子（2006）「病院内学級における教育的援助のプロセス」『質的心理学研究』**5**, 6-26.

戸部けいこ（2001～2010）『光とともに…——自閉症児を抱えて』秋田書店

Trevarthen, C., & Hubley, P.（1978）Secondary intersubjectivity：Confidence, confiding and acts of meaning in the first year. In A. Lock（Ed.）, *Action, gesture, and symbol : The emergence of language.* Academic Press. pp. 183-227.（鯨岡峻（編訳著）（1989）「第2次相互主体性の成り立ち」『母と子のあいだ』ミネルヴァ書房　pp. 102-162.）

蔦森武夫・清水康夫（2001）『親がこどもの障害に気づくとき——障害の告知と療育への動機づけ』『総合リハビリテーション』**29**(2), 143-148.

内山登紀夫（2002）「TEACCHの考え方」佐々木正美（編）『自閉症のTEACCH実践』岩崎学術出版社　pp. 15-39.

宇田川久美子（2004）「自閉傾向のある子どもとのコミュニケーション的場を広げる——'真似ること'の役割とその意義」『保育学研究』**43**(1), 27-38.

請川滋大・星信子（2004）「学級がうまく機能しない状況をどう考えるか（Ⅱ）——小学校からの自由記述回答を中心に」『北海学園大学学園論集』**122**, 137-154.

梅津耕作（1975）『自閉児の行動療法』有斐閣

若林慎一郎（1983）『自閉症児の発達』岩崎学術出版社

Wallon, H.（1938）Rapports affectifs：les émotions., H. Wallon（Ed.）, La vie mentale. Vol. VIII de 《*L'encyclopédie Française*》.（浜田寿美男（訳編）（1983）「情意的関係——情動について」『身体・自我・社会——子どものうけとる世界と子どもの働きかける世界』ミネルヴァ書房　pp. 149-182.）

Wallon, H.（1946）Le rôle de 《l'autre》dans la conscience du 《moi》. *J. Egypt. Psychol.*（浜田寿美男（訳編）（1983）「『自我』意識のなかで『他

者』はどういう役割をはたしているのか」『身体・自我・社会——子どものうけとる世界と子どもの働きかける世界』ミネルヴァ書房　pp. 52-72.）

Wallon, H.（1947）*L'Evolution psychologique de l'enfant*.（波多野完治（監訳）（1983）「子どもの心理的発達」『ワロン選集（上）』大月書店　pp. 117-152.）

Wallon, H.（1949）*Les origines du caractere chez l'enfant : Les preludes du sentiment de personnalite*. Presse Universitaire de France.（久保田正人（訳）（1965）『児童における性格の起源——人格意識が成立するまで』明治図書出版）

Wallon, H.（1956a）Niveaux et fluctuations du moi. *L'Evolution psychiatrique*. I.（浜田寿美男（訳編）（1983）「自我の水準とその変動」『身体・自我・社会——子どものうけとる世界と子どもの働きかける世界』ミネルヴァ書房　pp. 23-51.）

Wallon, H.（1956b）Les étapes de la personnalité chez l'enfant. *Le probléme des stades en psychologie de l'enfant*. Paris, P.U.F.（浜田寿美男（訳編）（1983）「子どもにおけるパーソナリティの発達段階」『身体・自我・社会——子どものうけとる世界と子どもの働きかける世界』ミネルヴァ書房　pp. 231-244.）

鷲見聡（2007）「自閉症スペクトラムの原因について——多因子疾患説を中心に」『小児科臨床』**60**(3), 481-488.

WHO（2003）*International statistical classification of diseases and related health problems*.（融道男・中根允文・小見山実・岡崎祐士・大久保善朗（監訳）（2005）『ICD-10 精神および行動の障害——臨床記述と診断ガイドライン』医学書院）

Williams, D.（1992）*Nobody nowhere*. Crown.（河野万里子（訳）（1993）『自閉症だったわたしへ』新潮社）

Wing, L.（1976）Epidemiology and theories of aetiology. In L. Wing（Ed.），

Early childhood autism (2nd ed). Oxford Pergamon Press.

山上雅子（1997）『物語を生きる子どもたち――自閉症の心理療法』創元社

山上雅子（1999）『自閉症児の初期発達――発達臨床的理解と援助』ミネルヴァ書房

山崎徳子（2005）「つながったと思えること――障害児保育の場の〈感性的なコミュニケーション〉を記述する」京都大学大学院人間・環境学研究科修士論文

《著者紹介》

山崎　德子（やまさき　のりこ）
　1959年生まれ
　2010年　京都大学大学院人間・環境学研究科博士後期課程研究指導認定退学
　現　在　常磐会学園大学国際こども教育学部准教授
　　　　　博士（人間・環境学）
　論文
　「自閉症児の母親はいかに子どもを『分かる』か──対話からさぐる自閉症児への向かい方」『応用心理学研究』第34巻第2号，2009年
　「『みんなの中の私』という意識はいかに育つか──自閉症のある中学生の自己意識の変容の事例から」『保育学研究』第48巻第1号，2010年

　　　　　　　自閉症のある子どもの関係発達
　　　　　──「育てる─育てられる」という枠組みでの自己感の形成──

　　　2015年3月30日　初版第1刷発行　　　〈検印省略〉

　　　　　　　　　　　　　　　　　　　定価はカバーに
　　　　　　　　　　　　　　　　　　　表示しています

　　　　　　　　　著　　者　　山　崎　德　子
　　　　　　　　　発　行　者　　杉　田　啓　三
　　　　　　　　　印　刷　者　　藤　森　英　夫

　　　　　　　発行所　株式会社　ミネルヴァ書房
　　　　　　　607-8494 京都市山科区日ノ岡堤谷町1
　　　　　　　　　　　電話代表　(075)581-5191
　　　　　　　　　　　振替口座　01020-0-8076

　　　Ⓒ山崎德子，2015　　　　　　　亜細亜印刷・兼文堂
　　　　　　　ISBN978-4-623-07274-3
　　　　　　　　Printed in Japan

原初的コミュニケーションの諸相 鯨岡　峻 著	Ａ５判　320頁 本　体 3500円
関係発達論の構築──間主観的アプローチによる 鯨岡　峻 著	Ａ５判　362頁 本　体 3600円
関係発達論の展開 ──初期「子ども―養育者」関係の発達的変容 鯨岡　峻 著	Ａ５判　360頁 本　体 3600円
よくわかる保育心理学 鯨岡　峻・鯨岡和子 著	Ｂ５判　216頁 本　体 2400円
保育の場で子どもの心をどのように育むのか ──「接面」での心の動きをエピソードに綴る 鯨岡　峻 著	Ａ５判　312頁 本　体 2200円
自閉症の関係障害臨床 ──母と子のあいだを治療する 小林隆児 著	Ａ５判　308頁 本　体 3500円
「関係」からみる乳幼児期の自閉症スペクトラム ──「甘え」のアンビヴァレンスに焦点を当てて 小林隆児 著	Ａ５判　260頁 本　体 3200円
身体・自我・社会 ──子どものうけとる世界と子どもの働きかける世界 H.ワロン 著　浜田寿美男 訳編	四六判　276頁 本　体 2500円
〈子どもという自然〉と出会う ──この時代と発達をめぐる折々の記 浜田寿美男 著	四六判　220頁 本　体 2000円
関係性の発達臨床──子どもの〈問い〉の育ち 山上雅子・古田直樹・松尾友久 編著	Ａ５判　242頁 本　体 2500円

──────── ミネルヴァ書房 ────────
http://www.minervashobo.co.jp/